„An Morgen wag ich nicht zu denken"

Ein Buddhist im Obdachlosenheim

Zu diesem Buch

Dieses biographische Buch erzählt meinen Weg durch die raue soziale Wirklichkeit auf der Suche nach Freiheit.

Über den Autor

An was sind die Dinge zu bemessen? Was ist der allgemeingültige Maßstab im Leben eines Menschen? Wie sind die Dinge wirklich? Unabhängig von den zahlreichen Meinungen. Gilt deine oder meine Wahrheit? Das ist die zentrale Frage, der sich Autor Ralf Scherer in seinen Büchern widmet. In dieser Biographie erzählt er, welche Wirren er durchleben musste, um diesen freiheitsgebenden Maßstab letzten Endes im Zen-Buddhismus zu finden.

„An Morgen wag ich nicht zu den-ken"

Ein Buddhist im Obdachlosenheim

Bibliografische Information der Deutschen National-
bibliothek:
Die Deutsche Nationalbibliothek verzeichnet diese Pu-
blikation in der Deutschen Nationalbibliografie; de-
taillierte bibliografische Daten sind im Internet über
http://dnb.dnb.de abrufbar.

Herstellung und Verlag:
BoD – Books on Demand, Norderstedt
ISBN 978-3-7528-6812-8

Für Olli

Inhaltsverzeichnis

"Gott, der die Menschen erschafft und belebt, wollte, dass alle gleich seien, er hat alle denselben Lebensbedingungen unterstellt, alle zur Weisheit gezeugt, allen die Unsterblichkeit versprochen, niemand ist von seinen himmlischen Wohltaten ausgeschlossen. Denn wie er allen gleicherweise sein einzigartiges Licht zuteilt, für alle die Quellen fließen lässt, die Nahrung bereitstellt, allen die süße Ruhe des Schlafes gewährt, so schenkt er allen Gleichheit und Würde. Niemand ist bei ihm Sklave, niemand ein Herr, wenn er für alle derselbe Vater ist, sind wir mit gleichem Recht alle Freie."

Laktanz, ca. 250 – 320, Apologet, Kirchenvater

Vorwort

„Was du willst und was du kriegst, sind zwei Paar Schuh", hieß es einmal in einem bekannten Western. Ein Spruch, der auf mein Leben ganz sicher zutraf.

Ich wollte reich werden und stürzte stattdessen auf der sozialen Leiter immer weiter ab. So tief, dass ich schließlich verarmt in einem Obdachlosenheim landete. Selbst meine sehr gute Bildung hatte mich davor nicht bewahrt.

So besteht dieses biographische Buch aus zwei großen Kapiteln:

Das erste beschreibt meinen Weg nach unten. Ein Weg, auf dem ich mit all dem in Berührung kam, was die sozialen Fragen einer Gesellschaft ausmachen. Dingen wie Börse, Leiharbeit, prekäre Arbeitsverhältnisse und Hartz IV.

Das zweite Kapitel schildert mein Leben im Obdachlosenheim und charakterisiert einige der Bewohner. Es beschreibt darüber hinaus meinen verzweifelten Versuch an diesem schwierigen Ort zurechtzukommen und durch den Zen-Buddhismus meine seelische Gesundheit zu bewahren.

Ein weiteres, kleineres Kapitel am Ende des Buches beschreibt, was aus der Erfahrung dieses Lebensweges heraus zur Verringerung der Armut und Schaffung einer liebevollen Gesellschaft erwähnenswert ist.

Ralf Scherer, 2018

Mein Weg nach unten

Ich war ...

... vor Svenja[1] und Tom, dem ständig streitenden Paar
in der Wohnzelle hinter mir, zum alten hageren Hans
geflüchtet, der mich netterweise für eine Nacht bei
sich aufgenommen hatte.

Doch selten passte der Satz „Vom Regen in die Traufe"
besser als in diesem Moment, denn statt der mir
sehnlichst erhofften Nachtruhe bei Hans stand dieser
in der Nacht alle zwei Stunden auf und taumelte wie
ein Schlafwandler über mich, der ich auf dem harten
Boden seiner kleinen Zelle lag. Hin zum Kühlschrank,
dessen Licht mir beim Öffnen direkt in die Augen schi-
en, um dann laut schmatzend den Nudelsalat zu essen, den Gerd, einer seiner Nachbarn, für ihn
gemacht hatte.

Ich lebte jetzt bereits ein Jahr im Obdachlosenheim
und stand den völlig bekloppten Eigenarten der Bewohner noch immer fassungslos gegenüber.

Und wieder einmal fragte ich mich, wie ich es hinbekommen hatte sozial so abzustürzen. Ich, der genau
das Gegenteil von all dem gewollt hatte. Ich wollte
reich werden. Nicht des Geldes wegen, sondern wegen der Freiheit, die mir das Geld bieten sollte, etwa
die, nicht dort wohnen zu müssen, wo ich nicht wohnen wollte.

---

1 alle Namen geändert

Und überhaupt hatte für mich alles einmal so hoffnungsvoll begonnen...

1966 geboren, wuchs ...

... ich zusammen mit meinem drei Jahre älteren Bruder Thomas gesund und munter im schönen Saarland auf. Im Großen und Ganzen eine schöne Kindheit, mit einer liebevollen und fürsorglichen Mutter, aber einem Vater, den ich als schwierig empfand. Oft war er seltsam unnahbar, ja geradezu kalt, und immer wieder kam es vor, dass er, ohne ersichtlichen Grund, mit uns, seiner Familie, tagelang nichts redete.

Etwas aber konnte man ihm nicht vorwerfen, nämlich dass er nicht zumindest materiell für die Familie sorgte.

Als Beamter im Mittleren Dienst im Rang eines Verwaltungsinspektors beim Amtsgericht Saarbrücken hatte er eine auf Lebenszeit unkündbare Stelle, die der Familie Sicherheit gab.

Wenn diese Stelle auch keinen größeren Reichtum einbrachte, so ließ sie es aber auch an nichts mangeln. Konkret hieß dies, dass immer genügend zu essen da war, dass wir eine Eigentumswohnung bewohnten, deren moderate Hypothek monatlich bei der Bank abbezahlt wurde, dass wir ein - wenn auch meist gebrauchtes - Auto fahren konnten und dass wir meist jedes Jahr einen schönen mehrwöchigen

Urlaub innerhalb Deutschlands hatten.

Eine doch beachtliche Bilanz, bedachte man, dass mein Vater 1939 kurz nach Ausbruch des Zweiten Weltkrieges geboren wurde und früh Vater und Mutter verlor und sich bereits als junger Mann weitgehend alleine und völlig mittellos durchs Leben schlagen musste. Etwas was sicherlich Spuren bei ihm hinterließ und ein Grund für seine wiederholt auftretenden emotionalen Unzulänglichkeiten war.

All diese Dinge, das schöne Wohnen, das täglich feine Essen, meine Mutter war eine hervorragende Köchin, Comics und Schallplatten kaufen, Kinobesuche, ein schönes Fahrrad, schöne Kleidung, neue Sportschuhe, Sportverein, waren für mich so selbstverständlich, dass ich gar nicht auf die Idee gekommen wäre all dies vielleicht einmal nicht mehr zu haben. Einmal hungern zu müssen, lag völlig jenseits meiner Vorstellung. Es kam mir gar nicht in den Sinn.

1987 machte ich ...

... dann das Abitur. Weil ich die 12. Klasse wiederholen musste, war ich bereits 20.

14 Jahre Schule, eine lange Zeit. Und wenn ich auch gerne zur Schule ging, vor allem die ersten 4 Jahre der Grundschule gehörten zu den glücklichsten, war ich dann doch froh diesen langen Lebensabschnitt hinter mir zu haben und einen neuen zu beginnen. Längst

war sichtbar geworden, dass es an der Zeit war von zuhause auszuziehen und ein eigenes Leben zu führen. Mein Vater und ich nervten uns alleine schon durch die Anwesenheit des Anderen.

Meine Mutter hingegen hätte es, glaube ich, gerne gehabt, wenn ich nie ausgezogen wäre. Für sie war es sehr schwer zu akzeptieren, dass all die Jahre des Aufziehens ihrer beiden Söhne wie im Flug vergangen waren. Sie schien damit ihre Aufgabe im Leben verloren zu haben und sich schmerzlich bewusst werden, dass sie älter wurde.

Doch Auszuziehen war nicht so einfach. Wo sollte ich hin, solange ich noch keinen Ausbildungsplatz hatte und eigenes Geld verdiente? Diese Frage zu beantworten, dazu hatte ich aber noch etwas Zeit, denn bereits 3 Monate nach dem Abitur stand der 15-monatige Pflichtwehrdienst bei der Bundeswehr an. Er entkrampfte auch die Wohnsituation zuhause bei meinen Eltern, denn ich würde nur noch an den Wochenenden zuhause sein und unter der Woche in der Kaserne schlafen.

Der Wehrdienst selbst interessierte mich nur wenig. Ich betrachtete ihn eher als ein notwendiges Übel, das es halt hinter sich zu bringen galt. Ich war nie militaristisch eingestellt, sah aber vor die Wahl gestellt „Wehrdienst oder Zivildienst" den Wehrdienst als das kleinere Übel an, vor allem weil er zeitlich kürzer war und mir aufregender erschien.

Und ich glaube, ich hatte die richtige Wahl getroffen, denn meine Bundeswehrzeit als Fernmelder beim Fernmeldebataillon 2/920 in Kastellaun bei Koblenz war bis auf wenige unerfreuliche Ausnahmen richtig gut. Selten hatte ich eine solche Kameradschaft erlebt und selten hatte ich so lachen müssen wie dort. Es war, wenn oft auch ungewollt komisch, eine lustige Zeit. Und sie riss mich regelrecht aus dem Liebeskummer, den ich gerade aufgrund der Trennung von meiner ersten Freundin durchmachte.

Der Wehrdienst begünstigte aber nicht nur das wohnliche Zusammensein, er gab mir auch Zeit mich allmählich zu bewerben. All dies fand statt noch bevor es das Internet gab, d.h. es blieb einem nichts anderes übrig als sich Zeitungen zu kaufen, meist eine überregionale Samstagsausgabe, und darin die Stellenangebote durch zu forsten.

Und ich gebe zu, mein Vater war mir, trotz des Drucks, den er wieder einmal ausübte, eine große Hilfe. Er sah direkt welche Anzeige in Frage kam und welche nicht. Ich hatte dafür keinen Blick, weil es mich bis dahin nicht wirklich interessiert hatte. Auch ein konkreter Berufswunsch hatte sich bei mir nie so richtig herauskristallisiert.

So war ich eigentlich froh, dass er mir bei der Suche half, aber ich wusste auch, ein falsches Wort von mir oder auch nur ein gelangweilter desinteressierter Blick, würde ihn zum Ausflippen bringen und den Haussegen schief hängen.

Von den zahlreichen ...

... Inseraten, die mein Vater und ich durchkämmten, stach dann eine Stellenanzeige besonders ins Auge, die der Landwirtschaftlichen Sozialversicherung Württemberg, kurz LSV genannt. Sie hatte ihren Sitz in Stuttgart und eine Mitarbeiterzahl von etwa 600.

Keineswegs war die LSV aber mit einer privaten Versicherung zu verwechseln. Vielmehr war sie eine Behörde, eine Landesbehörde, die für die Belange des Landwirts zuständig war und sich aus der sog. Landwirtschaftlichen Berufsgenossenschaft, Krankenkasse und Alterskasse zusammensetzte.

Hatte der Landwirt also einen Arbeitsunfall oder wurde er krank oder zog er sich aufs Altenteil zurück, wurde die LSV aufgrund gesetzlicher Vorschriften tätig.

Die LSV Württemberg suchte in ihrer Stellenbeschreibung Abiturienten für eine dreijährige Ausbildung im sog. gehobenen nicht-technischen Verwaltungsdienst. Sie sollte mit dem Titel „Diplom-Verwaltungswirt" abschließen und einem Fachhochschulstudium gleichgestellt sein.

Doch war das noch nicht das endgültige Ziel der Stellenausschreibung. Die LSV forderte darüber hinaus, dass der Bewerber bereit sein müsse, sich in einer sich unmittelbar anschließenden eineinhalbjährigen EDV-Zusatzausbildung zum Programmierer ausbilden zu lassen, um letztlich in der EDV-Abteilung der LSV zu arbeiten. Insgesamt würde die Ausbildung also viereinhalb Jahre dauern.

Ich fand dieses Stellenangebot sehr interessant, nicht so sehr wegen des Verwaltungsrechts, das mir ziemlich öde und trocken schien, vielmehr wegen der EDV, die mir als eher mathematisch orientieren Menschen schon eher lag. Ganz abgesehen davon, dass die EDV als ein Beruf mit Zukunft galt.

Ich bewarb mich also und wartete ab. Und siehe da, alsbald erhielt ich einen Brief mit der Einladung zu einem Vorstellungsgespräch in Stuttgart. Die Bundeswehr gewährte mir hierzu einen Tag Sonderurlaub, den ich ihn unserem altgedienten kauzigen Spieß, den alle nur Ohrensau nannten, in einem mehrminütigen eiskalten Schweigeduell abgerungen hatte. Mit dem Zug fuhr ich hin und hinterließ beim Gespräch mit dem Personalchef wohl einen guten Eindruck, denn einige Wochen später erhielt ich eine Einladung zu einem schriftlichen Eignungstest. Die erste Hürde hatte ich genommen.

Durch die Einladung ermutigt, wollte ich mich gut auf diesen Test vorbereiten. So kaufte ich mir ein kleines Büchlein, in dem eine Unmenge der üblichen Testfragen aufgelistet waren und studierte es ausgiebig. Eine der Aufgaben war eine simple Addition oder Subtraktion dreier einstelliger Zahlen, Einmaleins-Niveau, und eigentlich kein Problem, doch lag die Schwierigkeit darin so viele Rechenoperationen wie möglich in einer bestimmten Zeit zu lösen. Man wollte wissen, ob der Bewerber auch unter Zeitdruck klar kam.

Als ich zur Wache am kaserneninternen Munitionsdepot eingeteilt war, übte ich diese kleine Rechenaufgabe stundenlang im Kopf, das scharf geladene Gewehr über der Schulter. Und tatsächlich, als der Einstellungstest in Stuttgart dann stattfand, kam unter zahlreichen Aufgaben spezieller und allgemeiner Natur, auch diese kleine Übung dran.

Wieder verging einige Zeit bis der Test ausgewertet worden war. Und dann lag der Brief der Zusage im Briefkasten. Die LSV Württemberg hatte mich wirklich genommen, ich hatte es geschafft.

Später ...

... erfuhr ich, dass sich auf den Ausbildungsplatz mehr als 500 Interessenten beworben hatten. Von diesen waren nach dem mündlichen Vorstellungsgespräch noch ca. 120 übrig geblieben, die man dann zum schriftlichen Test einlud. Nach diesem blieben noch 6: 3 Frauen und 3 Männer. Und einer von diesen war ich.

Von 500 Bewerbern gehörte ich der Meinung der LSV nach, oder vielmehr der um Objektivität bemühten Auswertung ihres Tests nach, zu den 6 besten.

Ich musste schmunzeln, als der Personalchef mir dann

noch begeistert erzählte, dass eine der zahlreichen Aufgaben im Eignungstest nie zuvor umfangreicher als durch mich gelöst worden sei. Es war die o.g. kleine Rechenaufgabe.

Ich war also drin, und mein Vater flippte vor Freude schier aus und zeigte wieder einmal seine enorme Großzügigkeit. Als unklar war, ob ich in der kurz bemessen Zeit bis zum Beginn der Ausbildung im Raum Stuttgart eine Wohnung zur Miete finden würde, schließlich war ich nicht ortsansässig, hatte keine Kontakte und gab es auch kein Internet, kaufte er kurzerhand eine kleine Wohnung im Raum Stuttgart und ließ mich für die Dauer der Ausbildung mietfrei in ihr wohnen.

In dieser Hinsicht war mein Vater wirklich außergewöhnlich. Irgendwie war er, wenn es ihm sinnvoll erschien, überaus großzügig. So hatte er bereits meinen Führerschein bezahlt, nicht nur den 3er für den PKW, sondern sogar den 1er, den Motorradführerschein, was meiner Mutter wegen der Unfallgefahr nicht so richtig recht war.

Manchmal verwirrte mich seine Großzügigkeit, denn sie passte so gar nicht zu seiner sonstigen Kälte. Und oft machte er solch tolle Aktionen durch seine häufig auftretende miese Art wieder kaputt.

1988 zog ich dann nach Stuttgart um. 21 Jahre hatte ich bei meinen Eltern im Saarland gelebt. Meine Mutter hatte beim Abschied Tränen in den Augen und umarmte mich. Mein Vater und ich gaben uns freundlich die Hand. Mein Bruder half mir zusammen mit Eric, meinem sehr guten Freund aus Kindertagen, beim Umzug.

Die erste Zeit ...

... in Stuttgart, so ganz allein in dieser großen Stadt, war schon eine gewaltige Umstellung. Auch zu erkennen, dass der Kühlschrank leer bleibt, wenn „Mami" ihn nicht füllt, war gewöhnungsbedürftig.

Trotz des Abiturs, das mir formell die Hochschulreife bescheinigte, war ich in manchen Lebensbereichen doch erstaunlich unreif und unselbständig. So ernährte ich mich Im ersten Jahr nach meinem Auszug ausschließlich von Nutellabroten und einem seltsamen Bolognese-Fertiggericht, das ich nur in einem Wasserbad warmzumachen brauchte und das ähnlich verpackt war wie Hundefutter in goldfarbenen viereckigen Dosen.

Mies zu essen lag keinesfalls daran, dass mir das Geld für besseres Essen gefehlt hätte, denn die Ausbildungsvergütung der LSV Württemberg als Dienstanwärter, wie man die Auszubildenden im gehobenen Dienst nannte, gehörte mit monatlich 1.200 DM netto zu den höchsten, die bezahlt wurden. Sie lag selbst über dem, was ein Bankkaufmann in der Ausbildung verdiente. Und da ich auch mietfrei war, hatte ich zum Leben wirklich genug Geld zur Verfügung.

Mein erster Arbeitstag war fast schon ein Ereignis. Ein Empfang vom Allerfeinsten. Vom Ausbildungsleiter über den Personalchef bis zum stellvertretenden Geschäftsführer war alles vertreten als wir 6 Auserwählten in der LSV Württemberg antraten.

Seit vielen Jahren waren wir die ersten, die im Gehobenen Dienst wieder ausgebildet wurden. Jahrelang hatte die LSV Württemberg lediglich im Mittleren Dienst ausgebildet, wobei der Unterschied darin lag, dass der Azubi im Gehobenen Dienst alle drei Gesetzesbereiche erlernen musste, also Alterskasse, Krankenkasse und Berufsgenossenschaft, der Azubi im Mittleren Dienst nur eines der Genannten. Die Ansprüche im Gehobenen Dienst waren somit ungleich höher.

Stolz wurden wir den einzelnen Abteilungen vorgestellt und durch das große Gebäude geführt. Durch die Kantine, die Versammlungsräume, alles doch ziemlich edel. Wir 6 wurden sehr zuvorkommend behandelt. Es war klar, wir hatten gute Chancen in der Behörde einmal die Chefs von morgen zu sein.

Von diesem ...

... ersten erfreulichen Arbeitstag an, durchlief ich die zahlreichen Abteilungen der LSV, um die Praxis der Verwaltung zu erlernen. Mal saß ich einige Wochen hier, mal dort, mal im 5. Stock, dann im 8. Stock, dann im flachen Nebengebäude, meist an einem kleinen

Beistell-Schreibtisch unter den Fittichen eines erfahrenen Sachbearbeiters. Und wenn die 3 Jahre der Ausbildung vorbei wären, hätte ich fast alle Stationen des großen Gebäudekomplexes durchlaufen.

Unterbrochen wurden diese 3 Jahre durch das Erlernen der Theorie, die in mehrwöchigen Lehrgängen in Kassel, in einem Schulungsgebäude, das sich Verwaltungsseminar nannte und wie ein Internat aufgebaut war, gelehrt wurde. Alle Landwirtschaftlichen Sozialversicherungen in ganz Deutschland schickten ihre Azubis und Dienstanwärter dorthin. Es war deren allgemeine Ausbildungsstätte mit hauseigenen Dozenten.

Mehrmals im Jahr machte ich mich also auf nach Kassel, um dort die Lehrgänge zu besuchen. So richtig passte mir das nicht, denn nun würde ich mich in zwei Städten kaum auskennen. Der erste Lehrgang fand bereits statt, als ich gerade mal zwei Monate in Stuttgart lebte und noch immer versuchte mich dort zu recht zu finden.

Die Lehrgänge hatten aber auch ihr gutes, nicht nur, dass der Unterricht erst um 8 Uhr begann und höchstens bis 14 Uhr dauerte, d.h. der Arbeitstag trotz voller Ausbildungsvergütung gerade mal 6 Stunden dauerte, es gab auch kostenloses Frühstück, Mittag- und Abendessen in der Kantine. Die schönen kleinen Zimmer waren ausgestattet mit Bett, Schreibtisch, Dusche und WC. Für Ausgleich sorgte ein poolartiges Schwimmbad, eine Kegelbahn und eine hauseigene

Kneipe. Es war wirklich vom Feinsten.

Natürlich gab es all das nicht umsonst, denn der Unterricht war vollgepackt mit Theorie, mit unzähligen Paragraphen, einer riesigen Stofffülle, der man sich intensiv widmen musste. Aber die Umstände zu lernen und sich auf die Abschlussprüfung vorzubereiten waren bestens. Die LSV Württemberg hatte alles getan, dass sich ihre Azubis und Dienstanwärter auf die Ausbildung konzentrieren konnten.

Irgendwann ...

... gingen die drei Jahre der Ausbildung zu Ende und es kam der dreimonatige Abschlusslehrgang. Ewig zog er sich hin bis er endlich in der schriftlichen Prüfung gipfelte. Einer die aus sechs jeweils fünfstündigen Klausuren bestand und den Stoff der gesamten zurückliegenden drei Jahre zum Inhalt hatte. Mit ihrer sich später noch anschließenden mündlichen Prüfung ließ dieser Abschluss, zumindest was die Stofffülle betraf, die Anforderungen des Abiturs weit hinter sich.

Der Lernstress war enorm, eher schon eine Qual, und zur Kompensation fraß ich mich täglich bei McDonalds voll und hatte bald, trotz des vielen Sports, den ich trieb, zum ersten Mal in meinem Leben einen leichten Bauchansatz. Aber mit dem Bestehen der Prüfung dann endlich auch den Abschluss, das Diplom, in der Tasche.

Ich war nun mit 23 Jahren der jüngste männliche Verwaltungsinspektor in der gesamten LSV Württemberg. Nur meine drei Kolleginnen hatten es früher geschafft, weil sie nicht durch einen Pflicht-Wehrdienst zeitlich belastet worden waren.

Mit 23 hatte ich den Rang erreicht, den mein Vater erst mit 37 errungen hatte. Nicht dass es mir darum gegangen wäre, aber es war eben so. Bei ihm, der er immer „nur" im Mittleren Dienst beschäftigt war, war „Inspektor" das Ende seiner Laufbahn, bei mir der Beginn.

Alsbald begannen dann auch schon die EDV-Lehrgänge, u.a. bei IBM und Computer Associates. Und nachdem ich auch sie erfolgreich abgeschlossen hatte, kam ich in die große EDV-Abteilung der LSV Württemberg.

Ich war jetzt mit 24 Jahren Programmierer im gehobenen Dienst. Und wenige Jahre später, mit dem 27. Lebensjahr, unkündbar.

Ein auf Lebenszeit angestellter sogenannter „Quasi-Beamter", ein Dienstordnungs-Angestellter, was den Vorteil hatte, das man auf das jeweilige Bundesland bezogen blieb und nicht wie der Beamte innerhalb ganz Deutschland versetzt werden konnte. Man hatte als DO-Angestellter alle Vorteile des Beamtentums und doch nicht all dessen Pflichten.

Das Leben stand mir offen.

Alles in meinem ...

... Leben war bis dahin doch ziemlich gut gelaufen, doch kaum hatte ich zwei Jahre in der EDV gearbeitet und war froh nach all den Jahren von Schule, Abi, Wehrdienst und Ausbildung endlich Ruhe zu haben, auf eigenen Füssen zu stehen und zu genießen, wofür ich das alles getan hatte, ja auch stolz darauf war, dies alles gemeistert zu haben, wurde ich 1994 ernsthaft krank. Von einer Sekunde auf die nächste kippte ich eines Morgens an meinem Schreibtisch um und wurde vom Hausmeister der LSV umgehend ins Krankenhaus gefahren.

Es war nicht so, dass ich ohnmächtig gewesen wäre, aber ich war wie benommen. Mein Blutdruck, der bis dahin immer normal gewesen war, also etwa 130 zu 80, betrug plötzlich krasse 220 zu 160, und das, obwohl ich nicht rauchte, nicht trank, kein Übergewicht mehr hatte und noch immer viel Sport trieb. Irgendetwas war massiv aus dem Gleichgewicht geraten.

Das Krankenhaus entließ mich am selben Tag ohne etwas gefunden zu haben, aber sie hatten nicht richtig nachgeschaut. Im Gegensatz zu ihnen war mir sofort klar, dass mit meinem Körper etwas nicht mehr stimmte. Dafür kannte ich ihn viel zu gut.

Wie sollte ich den Zustand der Krankheit beschreiben? Es gab ein ganzes Bündel von Symptomen: Da war neben dem seltsam hohen Blutdruck ein immer wieder auftretendes unangenehmes Kribbeln in den

Armen, dazu immer wieder Übelkeit und ein ständiger Schwindel, das Scharfstellen meiner Augen war manchmal beeinträchtigt, dazu Sprech- und Gedächtnisstörungen, sowie Wortfindungsschwierigkeiten. Und vor allem eine extreme Erschöpfung, auch dann wenn ich gerade 12 Stunden geschlafen hatte.

Es war als hätte mir irgendetwas alle Energie abgesaugt. So erschöpft wie ich von diesem Tag an ständig war, waren nicht mal die, die eine Woche im Puff durch gefeiert hatten.

In den folgenden Wochen und Monaten suchte ich, immerhin privat krankenversichert, einen Arzt nach dem anderen auf und musste, nachdem ich, vom Allgemeinmediziner über den Internisten bis zum Neurologen, sechzehn Ärzte durch hatte, ernüchtert feststellen, dass sie alle meinem seltsamen Krankheitsbild gegenüber völlig überfordert waren.

Blind stocherten sie herum, ein Blutbild nach dem anderen, hier ein Mittelchen, da ein Mittelchen, ohne dass sich irgendeine Besserung ergeben oder ich überhaupt nur einmal gewusst hätte, was mir fehlt. Keiner der Ärzte war in der Lage eine überzeugende Diagnose zu stellen.

Etwa vier Wochen blieb ich der Arbeit krankgeschrieben fern. Noch immer hatte sich nichts an meinem grässlichen Zustand geändert. Das Vertrauen, das ich vor allem auch wegen des vielen Sports, den ich trieb, immer in meinen Körper und seine Belastbarkeit gehabt hatte, war zutiefst erschüttert.

Ich versuchte das Beste aus der Situation zu machen und schleppte mich wieder zur LSV und versuchte so normal wie möglich weiterzuarbeiten, was mir aber kaum gelang. Vor allem dann nicht, wenn mein Kurzzeitgedächtnis so verrückt spielte, dass ich am Ende eines Satzes schon dessen Anfang vergessen hatte, oder ich mir wegen Sprachstörungen irgendwas zurecht stotterte, oder wenn mir so schwindlig war, dass ich kaum gerade stehen konnte. Oft musste ich, um nicht aufzufallen, „normales Verhalten" regelrecht berechnen und spielen, was mich sehr anstrengte.

Auch war meine Auffassungsgabe stark verlangsamt. Manchmal kam es mir vor als könne ich nur noch in Zeitlupe denken. Wie sollte man in diesem Zustand vernünftig programmieren?

Als dann ...

... nach einem unerfreulichen Arbeitstag, in der einer meiner Vorgesetzten eine abfällige Bemerkung über meinen Krankheitszustand machte und mich tief verletzte und damit das Fass endgültig zum Überlaufen brachte, unternahm ich etwa ein Jahr nach dem Ausbruch der Krankheit einen Selbstmordversuch, bei dem ich völlig dilettantisch versuchte, mir die Pulsadern aufzuschneiden.

Mir war überhaupt nicht klar gewesen, wie kompliziert das Öffnen der Adern rein technisch gesehen tatsächlich war. Unmittelbar nachdem der Versuch fehlgeschlagen war, rief ich meine Ex-Freundin Ute an, die mich sofort in ein Krankenhaus brachte und die nicht sehr tiefen Wunden genäht wurden.

Wochen später sprach ich dann mit meinem höchsten Vorgesetzten in der EDV, dem Referatsleiter, und erläuterte die Situation, so wie ich sie verstand. Mir war nichts mehr anderes übrig geblieben als mit ihm zu reden, denn die Krankheit hatte alleine durch das wiederholte Krankschreiben längst zu viel Auffälligkeit in der LSV geschaffen. Gerüchte über mich schwirrten durch die Abteilungen.

Beide Unterarme noch immer verbunden, aber von einem Sweatshirt verdeckt, erzählte ich ihm von meinem Selbstmordversuch. Was wohl ein Fehler war, denn bei ihm kam das trotz seines grundsätzlich menschlichen Verständnisses so an, als sei ich für die Arbeit in der LSV nicht stressresistent genug.

Ich war kurz zuvor noch zum Oberinspektor befördert worden, doch nun kam mir zu Ohren, dass ich in der LSV Württemberg wohl nicht mehr weiter als das kommen würde. Mit 28 Jahren bereits aufs Abstellgleis geschoben zu werden, gefiel mir natürlich nicht, und ich überlegte, ob es nicht besser sei zu einer anderen Behörde zu wechseln.

Ich wusste, dass die LSV Rheinland-Pfalz mit Sitz in Speyer einen Programmierer suchte. Es würde dieselbe Stellung wie bei der LSV Württemberg sein, nur würde ich unbelastet von Krankheit und dem „Makel" des Selbstmordversuchs sein, denn ich hatte, nachdem ich schlechte Erfahrungen mit meiner Offenheit gemacht hatte, nicht vor meinem neuen Arbeitgeber davon auch nur eine Silbe zu erzählen.

Hinzu kam, dass ...

... ich jetzt bereits 8 Jahre in Stuttgart lebte und mit der Stadt nie so richtig warm geworden war. Im Gegenteil, ich war zunehmend genervt von den Schwaben, von ihrem ständig verneinenden „Ha noi, das goat nette", von ihrem „militanten Kehrwochenfanatismus", von den ewigen Staus rund um den Pragsattel, von ihren ländlich geprägten „Schmalzbrot-Besenwirtschaften" statt einer vernünftigen urigen Kneipenszene, wie ich sie vom Saarland her kannte.

Die Schwaben waren jedenfalls ein Menschenschlag, mit dem ich mir schwer tat. Doch ausgerechnet in dem Moment, als ich nach einem kurzen Vorstellungsgespräch, das reine Formsache war, beschloss nach Speyer zur LSV Rheinhessen-Pfalz zu wechseln, verliebte ich mich in eine schöne Schwäbin.

Ihr Name war Stefanie. Sie war zu diesem Zeitpunkt 31, 2 Jahre älter als ich, und arbeitete als Sachbearbeiterin zwei Stockwerke über der EDV im Krankenkassenbereich der LSV Württemberg. Hin und wieder kam sie zu einem meiner Kollegen zum Plausch in die

EDV, wodurch auch ich sie kennenlernte.

Ich fand es super, dass diese bezaubernde Frau es fertiggebracht hatte, auf mich zuzugehen und sich selbst zu überzeugen, ob man diesen Menschen mögen könne, trotz mancher Kollegen, die sich hinter meinem Rücken lustig machten, wenn ich durch diese seltsame Krankheit umher torkelte.

Was die Krankheit betraf, so suchte ich noch immer verzweifelt nach einem Arzt, der mir helfen konnte. Es war so in diesen letzten Monaten, in denen ich noch in Stuttgart lebte, dass ich einer Buchhandlung ein Buch fand, das von einem gewissen Prof. Dr. Hilgers, einem anerkannten Immunologen mit Praxis in Düsseldorf, geschrieben wurde. Es hieß „CFS, Chaos im Immunsystem". Hilgers beschrieb darin haargenau die Symptome, die bei mir auftraten. CFS stand für das Chronische-Müdigkeits-Syndrom (Chronicle Fatigue Syndrome).

Mich in dem Buch klar erkennend, schöpfte ich wieder Hoffnung und bat sofort um einen Termin in seiner Düsseldorfer Praxis. Und siehe da. Nach eingehender Untersuchung stellte Hilgers dann tatsächlich die Krankheit CFS bei mir fest. Ich hatte mich nicht geirrt.

Leider galt dieses Syndrom ähnlich der Autoimmunerkrankung Multiple Sklerose als unheilbar, was mich schwer erschütterte. Aber endlich, endlich hatte ich eine Diagnose, und endlich wurde ich in meiner Schilderung der Symptome ernst genommen, nachdem viele Ärzte, weil sie nichts fanden, schon versucht hatten mir einzureden, dass ich mir die Krankheit nur einbilde. Jetzt hatte mich eine wirkliche Kapazität der Schulmedizin bestätigt. Ein gutes Gefühl.

Aber was war an diesem schlimmen Tag als ich am Schreibtisch zusammenbrach geschehen? Immer mehr schien darauf hinzudeuten, dass an diesem Tag in meinem Körper ein Virus ausgebrochen war und die Krankheit mit ihren zahlreichen Symptomen ausgelöst hatte.

In Verdacht kam der sogenannte Epstein-Barr-Virus, ein an sich wohl harmloser Virus, den die meisten Menschen in sich tragen, der aber bei einem kleinen Teil, wohl vor allem bei den Menschen, die geistig und körperlich stark engagiert sind, und genau das traf auf mich ja zu, verheerende Auswirkungen haben kann. Auch wurde dieser Virus immer wieder mit dem sog. Pfeifferschen Drüsenfieber in Verbindung gebracht.

War es auch sehr erfreulich, dass die von Prof. Dr. Hilgers eindeutig gestellte Diagnose die Möglichkeit gab, alle Besserwisser und Schwätzer, die selbsternannten Ärzte, in die Schranken zu weisen, so schien selbst eine Kapazität wie er sich mit der Behandlung meiner Krankheit doch schwer zu tun.

Er gab mir sehr hohe Vitamin C Infusionen, verschrieb L-Carnithin und Aminosäuren, um mein Immunsystem aufzubauen und zu stärken, machte äußerst detaillierte Blutbilder, doch mir wurde abgesehen von dem befreienden Gefühl endlich ernst genommen zu werden, einfach nicht besser.

1996 zog ich ...

... dann von Stuttgart nach Speyer. Ein blödes Timing, denn durch meine gerade beginnende Beziehung mit Stefanie fiel es mir dann doch schwer Stuttgart zu verlassen und eine Fernbeziehung führen zu müssen.

Ich hatte mir in Speyer eine Wohnung zur Miete besorgt. Als Beamter (oder besser Dienstordnungs-Angestellter, ein Begriff, den aber niemand kannte) im gehobenen Dienst, war dies keinerlei Problem. Es reichte eine einzige winzige Suchanzeige in einer Speyerer Zeitung aus, und ich wurde mit Wohnungsangeboten nur so überhäuft. Zusammen mit Stefanie klapperte ich dann einige Wohnungen ab und entschied mich für eine große 106 qm Wohnung, zu Fuß fünf Minuten weg von der Arbeitsstelle.

Noch immer war ich sehr krank, hatte aber durch das Hochgefühl der Verliebtheit und das Verständnis, das Stefanie mir gab, mehr innere Kraft mit dieser chronischen Krankheit umzugehen.

In diesem angeschlagenen Zustand begann ich meine Arbeit als Programmierer in der EDV-Abteilung der LSV Rheinland-Pfalz. Eine Abteilung, die wesentlich kleiner war als die der LSV Württemberg und lediglich aus etwa 20 Mitarbeitern bestand.

Zunächst froh über die neue Arbeit und frisch verliebt, wurde es bald zum kollegialen Alptraum. Unterlagen wurden einem aggressiv aus der Hand gerissen, Daten, die man zum Programmieren brauchte und sich über Tage oder gar Wochen mühsam aufgebaut hatte, wurden ohne Rücksprache einfach gelöscht. Auch der kleinste Fehler, den man machte, führte dazu, dass man aufs Übelste angeschrien und persönlich, und dabei weit unter der Gürtellinie, angegriffen wurde. Die neuen Kollegen waren so primitiv und asozial, dass es einem die Sprache verschlug. Wo war ich da nur hineingeraten?

Der Chef der EDV, ein cholerischer Mann Mitte fünfzig, war der völligen Überzeugung, dass jede arbeitsbezogene Kommunikation schädlich sei und zu unterbleiben habe, sodass es aufgrund fehlender Besprechungen immer wieder vorkam, dass zwei Programmierer, ohne dass sie es wussten, am selben EDV-Programm arbeiteten und sich gegenseitig behinderten bzw. die Arbeit doppelt gemacht wurde.

Natürlich war mit diesen Leuten, die es in ihrem Kleingeist nicht einmal verkrafteten, wenn ein teureres Auto als das ihre auf dem Behördenparkplatz stand, jedes kreative Arbeiten von vornherein zunichte gemacht, und natürlich wurde es zur täglichen Qual dort Tag für Tag zu arbeiten. Und natürlich machte mein noch immer schwieriger Krankheitszustand die Sache nicht einfacher, doch selbst wenn ich völlig gesund gewesen wäre, wäre eine fruchtbare Zusammenarbeit mit diesen Leuten sehr, sehr schwierig gewesen.

Erschwerend kam hinzu, dass ich mir langsam aber sicher doch eingestehen musste, dass Prof. Dr. Hilgers mit der Behandlung meiner Krankheit nicht wirklich weiter kam, zumal der berufliche Stress durch das schlechte kollegiale Umfeld meinen Zustand noch verschlimmerte. Was tun? Ich hatte doch schon so viele Ärzte aufgesucht, sogar einen Spitzenmann wie ihn. So begann ich mich außerhalb des Feldes der Schulmedizin nach Heilung umzusehen. Auch Stefanie ermutigte mich dazu.

Ich war der Meinung, dass es nun an der Zeit sei, Leute aufzusuchen, die einen ganz anderen Ansatz der Heilung mitbrachten. Warum nicht mal einen Heilpraktiker aufsuchen? Zwar würde ich diesen privat bezahlen müssen, aber wenn er mir würde helfen können, würde ich dafür liebend gern Geld ausgeben. Was nutzte es mir, wenn meine private Krankenversicherung zwar viele teure Behandlungen und Arzneimittel übernahm, aber nichts davon half?

Jemand erzählte mir von einem Heilpraktiker in einem Nachbarort. Er habe seine Kinder, die irgendwelche Wehwehchen hatten, zu ihm gebracht, und er sei sehr zufrieden gewesen. So ging auch ich dorthin, und als ich an der Reihe war, untersuchte mich ein junger Mann mit einer Wünschelrute. Ich saß verdutzt da und versuchte verzweifelt nicht zu lachen. Und ich wollte wirklich auch nicht lachen, denn wer kann schon mit Sicherheit sagen, was funktioniert und was nicht. Ich war jedenfalls offen für alles. Ich hatte der Schulmedizin so viele Chancen gegeben und sie hatten sie alle nicht genutzt. Jetzt war eben mal was anderes dran. Der Heilpraktiker murmelte irgendwas, verschrieb auch was, und das wars. Mir ging es nicht besser, und ich ging nicht mehr zu ihm.

„Ok, das war nichts", räumte ich ein, doch auch bei einem Arzt konnte der erste Versuch ja ein Fehlschlag sein und man gab dem nächsten Arzt eine Chance, und so beschloss auch ich einem weiteren Heilpraktiker eine Chance zu geben. Mir lag deren Ansatz einfach mehr, etwa der nicht eine Tablette für alle zu verabreichen, sondern ganz individuell auf den Patienten abzustimmen. Es gab kein Mittel, das alle über einen Kamm scherte. Was für den einen Gift war, konnte für den anderen Medizin sein.

Doch bevor ...

... ich einen neuen Heilpraktiker fand, geschah noch etwas, was mich sehr schmerzte, ja mich regelrecht umhaute: Die Beziehung mit Stefanie zerbrach. Nach gerade mal acht Monaten mit ihr, mussten wir uns eingestehen, dass es mit uns nicht weiterging. Das war wirklich hart, für sie und für mich. Eigentlich hatte ich Schluss gemacht. Warum? Ich kann keinen wirklichen Grund nennen, ich wusste nur, ich halte es in ihrer Nähe nicht mehr aus und konnte dies auch nicht mehr länger vor ihr verbergen. Meine Gefühle für sie waren von einem Tag auf den anderen einfach weg.

Als ich dies erstmals bemerkte, war ich zu Tode erschrocken. Ich wusste von da an, die Beziehung rettest du nicht mehr, wenn ich auch alles dafür versuchte.

Stefanie keinen wirklichen Grund für den Verlust meiner Liebe nennen zu können, machte mich völlig fertig. Ich fand es ihr gegenüber absolut unfair von mir. Eigentlich war sie die Frau, die ich mir als Mann immer gewünscht hatte, doch irgendwie kam ich mit ihr nicht mehr zurecht. Im Nachhinein glaube ich, dass es gar nicht an ihr lag, sondern ich ein grundsätzliches Beziehungsproblem hatte, das wahrscheinlich auch mit jeder anderen Frau aufgetreten wäre.

Vor allem die Frage, was meine Krankheit mit dem Gefühlsverlust zu tun haben könnte, beschäftigte mich unentwegt. Der Gedanke, dass also vielleicht ein Virus daran schuld sein könnte, dass die Beziehung gescheitert war, erfüllte mich mit Grausen, denn welche Möglichkeiten hätte ich dann gehabt ein Scheitern zu verhindern. War ein Symptom der Krankheit vielleicht eine Gefühlslosigkeit?

Aber ich wusste auch, dass es nicht richtig gewesen wäre, alles nur auf die Krankheit zu schieben. Klar machte sie die Dinge nicht leichter, und so mancher Stress in der Beziehung wäre ohne sie nicht aufgetreten, aber Krankheit hin oder her, so beziehungsfähig, wie ich immer von mir angenommen hatte, war ich nicht.

Durch die Trennung von Stefanie wurde mir erstmals im Leben die menschliche Unzulänglichkeit bewusst: Etwas zu wollen, aber nicht zu können. Ich wollte Stefanie lieben, und wie ich das wollte, ich hätte alles dafür gegeben, aber ich konnte nicht. Die Liebe war einfach nicht mehr da.

Und ebenfalls zum ersten Mal suchte ich mir Hilfe in Form einer Psychoanalyse. Einmal in der Woche sprach ich mit einem erfahrenen Jesuitenpater einer kirchlichen Beratungsstelle in Mannheim, die sich Offene Tür nannte. Ich wollte unbedingt aus der gescheiterten Beziehung lernen, damit sich ein solcher Gefühlszusammenbruch bei einer erneuten Beziehung nicht mehr wiederholen würde.

Doch nicht ...

... nur wegen des Trennungsschmerzes, sondern auch bezüglich meiner körperlichen Gesundheit unternahm ich weitere Schritte. Ich telefonierte mit einem Kollegen aus meiner alten EDV in Stuttgart, und er empfahl mir eine Gemeinschaftspraxis zweier Heilpraktiker in München. Auch er war sehr krank gewesen, und kein Arzt hatte ihm helfen können. Geradezu von der Praxis schwärmend, nannte er die beiden die besten Diagnostiker in Deutschland. Er schwärmte so sehr, dass ich mir sagte, das muss ich mir selbst ansehen. Sofort rief ich dort an und bat um einen Termin, und als ich dieses Mal mit dem Zug nach München fuhr, wurde es ein Volltreffer.

Innerhalb nur eines Jahres in der Behandlung dieser Naturheilpraxis ging es mir von Monat zu Monat besser und besser. Nacheinander verschwanden alle diese grässlichen Symptome, die brutale Müdigkeit, der Schwindel, das verschwommene Sehen, das Stottern, die Gedächtnisstörungen und Wortfindungsprobleme, und ich wurde wieder völlig gesund.

Das verdiente den Namen Heilkunst und die beiden Heilpraktiker meinen tiefsten Dank. Die Ärzte, die teilweise schon davon gesprochen hatten, mich in mein Schicksal zu füge, ja mir sogar rieten, ich solle mir mehr Haushaltsgeräte kaufen, um meine geringe Energie zu schonen, bzw. mich auf die psychische Schiene abschieben wollten, nur meine Verachtung.

Niemand möge mich fragen, was die beiden Heilpraktiker genau taten, um mich zu heilen, denn auch wenn sie es mir erklärten, so ganz genau hatte ich es nie verstanden. Aber einige Stichworte kann ich nennen: Iris- und Kirliandiagnose, Bioresonanz, chinesische Heilmedizin, Fünf Elemente, Globuli. Für die Schulmedizin alles mehr oder weniger Teufelszeug. Doch der Erfolg, d.h. meine Heilung, gab den Heilpraktikern Recht. Und ich musste es auch nicht verstehen. Hauptsache sie wussten, was sie taten und das taten sie.

4 lange Jahre, von 1994 bis 1998, war ich sehr krank gewesen.

In dieser Zeit ...

... vor meiner Heilung, also in der Zeit, in der alles noch Mist war, ich noch sehr krank war, meine Beziehung gescheitert und das Arbeitsumfeld unerträglich war, reifte in mir der Wunsch all dem zu entfliehen. Frei davon zu sein.

Ich sehnte mich nach Freiheit, und als ich auf das Jahr 1998 zugehend so allmählich über den Trennungsschmerz hinweggekommen war und dank der Heilpraktiker mehr und mehr zur Gesundheit zurückgefunden hatte, wollte ich diesen Wunsch konkret angehen und verwirklichen.

Tatsächlich hatte die Überwindung des Trennungsschmerzes und die wiedererlangte Gesundheit mir bereits viel Freiheit zurückgegeben, letztere etwa die mich endlich wieder verabreden zu können und nicht abwarten zu müssen, wie es mir an dem entsprechenden Tag gehen würde.

Doch ich wollte jetzt, da es mir wieder richtig gut ging und ich wieder voll da war, noch weit darüber hinaus. Ich wollte für all das, was mich belastete, eine Lösung finden, die mir die Last nehmen sollte. Und das einzige, was als Belastung übrig geblieben war, war das miese kollegiale Arbeitsumfeld der LSV Rheinland-

Pfalz.

Es wollte mir überhaupt nicht einleuchten, warum ich einzig wegen des Geldes, das ich als Programmierer verdiente, gezwungen sein sollte, mich im Job tagtäglich in einer nicht unerheblichen Stundenzahl mit Menschen abgeben zu müssen, die mir völlig gegen den Strich gingen und mich zutiefst aufregten. Wenn ich aber nicht arbeitete, woher kam dann das Geld, nicht nur um mich zu ernähren, sondern auch um den Lebensstil zu leben, den ich als angenehm betrachtete?

So kam ich nach intensiver Überlegung zum Ergebnis, dass Freiheit nicht ohne Geld möglich sei, und ich beschloss diese Freiheit zu verwirklichen.

Nicht etwa nur ein paar tausend (damals noch) D-Mark. Nein, das hätte nicht gereicht. Ich wollte, so unvorstellbar das für manchen auch klingen mag, die Million. Ich wollte eine Million DM.

Und diese Million sollte erst der Anfang sein. Ich wollte so viel Geld, dass ich alleine von den Zinsen gut würde leben können. Ich wollte, dass ein für allemal Schluss war mit der Frage nach Geld, um mich gelassen auf andere Dinge konzentrieren zu können. Dinge, die ich gerne tat. Ohne Zeitdruck, ohne Hetze. Und vor allem wollte ich die Freiheit besitzen „Nein" zu dem sagen zu können, was ich nicht wollte. Ich wollte keinesfalls mehr wegen Geld Dinge tun oder mich mit Menschen abgeben müssen, die mir nicht lagen. Das

Geld sollte mich davor schützen.

Mir war dabei völlig klar, dass man mit Geld nicht alles kaufen konnte und es in seinen Möglichkeiten auch begrenzt war. Ich war dafür ja das beste Beispiel, hatte ich doch am eigenen Leib erfahren, dass es Dinge im Leben gab, die unbezahlbar waren. Dinge, die keinen Preis benannten, etwa die Gesundheit. Doch selbst sie war durch Geld leichter zu erhalten, zu heilen oder zu ertragen. Denn hätte ich als Programmierer nicht recht gut verdient, wäre es mir kaum möglich gewesen des öfteren die von Speyer aus weit entfernte Heilpraxis in München aufzusuchen und Zugreise wie auch Heilpraktiker zu bezahlen.

Wie aber kommt ...

... man zu Geld? Eine gute Frage. Schnell wurde mir klar, dass ich zum Thema Vermögensaufbau mehr wissen musste.

Und wie so oft, wenn man gedanklich zu etwas bereit ist, findet man dann auch die Werkzeuge, um die Verwirklichung des Gedankens anzugehen. Ein wichtiger Bestandteil meines Vermögensaufbaus wurde das Bestseller-Buch „In sieben Jahren Millionär", geschrieben vom Finanzcoach und Multimillionär Bodo Schäfer. Wieder und wieder las ich es.

Ich war von diesem Buch völlig fasziniert, vor allem davon, dass Schäfer verdeutlichte, dass es grundsätzlich überhaupt möglich war Millionär zu werden. Vor der Lektüre seines Buchs schien auch mir dies doch ziemlich abwegig zu sein. Eher eine Spinnerei statt ein tatsächlich durchführbares Unterfangen.

Schäfers Ansatz des Vermögensaufbaus war ein ganzheitlicher. Er machte deutlich, dass es in erster Linie nicht darum ging zu arbeiten und zu sparen, sondern er setzte viel tiefer an: Bei der Überprüfung der eigenen Glaubenssätze. Wie dachte man über Geld? Sah man es als etwas Schlechtes an, als, wie von Pink Floyd in „Money" besungen, die Wurzel allen Übels, oder kam man zu dem Schluss, dass Geld auch seine guten Seiten haben und man mit ihm etwas Gutes bewirken könnte?

Es ging Schäfer darum zu verhindern, dass man sich selbst blockierte, indem man etwas wollte, von dem man innerlich nicht überzeugt war. Vor allem aber ging es ihm auch darum, dass man als Persönlichkeit reifte. Und machte dies nicht auch Sinn? Wie oft hatte man von Lottogewinnern gelesen, die all ihr Geld wieder verloren hatten. Ein großes Vermögen, von einer schwachen Persönlichkeit besessen, würde sicherlich nicht lange ein großes Vermögen bleiben.

Was mir ...

... an Schäfer aber auch gefiel, war sein Umgang mit Banken. Er machte klar, dass die Schuld, also ein Bankkonto im Minus, einen an die Bank fesselte und erst das Guthaben es ermögliche das Konto zu kündigen und zu einer anderen Bank zu wechseln, also auch hier die Freiheit zu besitzen, wie bei meinem Arbeitsplatz, wegen des Geldes nicht gebunden zu sein.

Ich hatte bis dahin eher das Gegenteil getan. Mein Konto war, seit ich die Ausbildung abgeschlossen hatte, immer bis zum Anschlag überzogen, und zwar genau so weit wie mein Dispo reichte. Lag er als Inspektor gehaltsbedingt bei 6.000 DM, war ich mit 5.900 DM im minus, lag er als Oberinspektor bei 10.000 DM, war ich mit 9.700 DM im minus. Etwas was die Banken gerne sahen, weil sie sich diese Überziehung natürlich gut bezahlen ließen. Sie waren ja gar nicht daran interessiert, dass ein Kunde sein Konto im Guthaben hielt. Nein, sie waren daran interessiert, ihre Kunden durch die Schuld an sich zu binden.

Das alles änderte ich jetzt. Wie auch bei meinem Arbeitgeber wollte ich nicht, dass das Geld verhinderte, jederzeit kündigen zu können. Eine unerfreuliche Situation verlassen zu können. Alle Bindungen, alle Fesseln, wollte ich nun sprengen.

Es war auch Schäfers Buch, das mich überzeugte, wie wichtig zum Vermögensaufbau der Zugang zu Wissen war und mich schließlich dazu brachte mir erstmals einen PC, einen Laptop, zuzulegen und einen Internetanschluss einzurichten. Ich hatte dies bis dahin immer abgelehnt, weil ich im Job ja Tag für Tag mit Computern, auch wenn dies Großrechneranlagen waren, zu tun hatte und ich mich nicht auch noch nach Feierabend damit befassen wollte. Doch jetzt sah ich das ganz anders. Mir war klar geworden, dass das Internet die wichtigste Informations- und Wissensquelle sein würde. Man würde um das Internet nicht mehr herum kommen.

Ging es Schäfer auch nicht in erster Linie um das Sparen, so betonte er, dass es zunächst doch auch wichtig sei, um überhaupt einmal Kapital zu besitzen, das dann besser eingesetzt werden konnte, etwa an der Börse. Und so begann auch ich meinen Vermögensaufbau mit Sparen. Wie in dem Buch angegeben, machte ich mir genaue Aufstellungen über Einnahmen und Ausgaben, trug sie in Excel ein und verschaffte mir zum ersten Mal einen bis auf den Pfennig genauen Überblick. Vorher war das immer so ein Wischiwaschi gewesen, und oft erfolgte noch eine unangenehme Überraschung, wenn plötzlich noch eine große Summe von meinem Konto abgebucht wurde, an die ich nicht mehr gedacht hatte. Aber jetzt wusste ich über jeden Pfennig, den ich einnahm oder ausgab, genaustens Bescheid.

Dann schränkte ich meinen Konsum sehr stark ein und lebte nur noch von 6 DM (3 Euro) am Tag für Essen und Trinken. Auch Schäfer hatte das so getan, er hatte sogar nur von 5 DM gelebt. Gerade der Konsum hatte soviel meiner Ausgaben ausgemacht: Hier noch eine CD, da noch eine Zeitschrift, hier was essen, dort in einer Kneipe was trinken etc.

Als Programmierer verdiente ich damals (1998) ca.

3.200 DM netto und war nun alleine durch den stark eingeschränkten Konsum in der Lage trotz meiner 106 qm großen Wohnung, die mich 1.400 DM Warmmiete kostete, im Monat fast 1.500 DM zu sparen. Zuvor war mir dieses Geld Monat für Monat durch die Finger geronnen.

Natürlich spürte ich schon auch den Schmerz meines selbst auferlegten Sparens durch Konsumverzicht. Etwa in meiner Stammkneipe nur noch einen einzigen Kaffee zu trinken und sich dort dennoch länger aufzuhalten, war innerlich nicht so einfach. Auch etwas zu sehen, was ich gerne gehabt hätte, mir aber nicht zu kaufen, war neu für mich.

Ich lebte vom Konsum her betrachtet also wie ein eher ärmlicher Mann, was mir aber nicht wirklich etwas ausmachte, weil es ja einem Zweck diente, von dem ich überzeugt war. Und es sollte ja nur für wenige Jahre sein, nicht für alle Zeiten. Sich für einige Zeit zusammenzureißen, um ein großes Ziel zu erreichen, hielt ich für völlig vertretbar.

Einen Tipp von Schäfer fand ich super. Er riet immer einen 1.000-DM-Schein in der Brieftasche bei sich zu haben, nicht um ihn auszugeben, sondern um sich langsam an größere Summen zu gewöhnen. Das kannte ich aus meiner Erziehung so nicht. Da hörte ich jeden voller Angst rufen: „Oh Gott, wenn dir das jemand klaut, oder du deine Brieftasche verlierst". Aber es ging darum zu fühlen, dass auch ein solch großer Geldschein im Grunde nichts Besonderes war.

Ich besorgte mir also einen Tausender, und tatsächlich, es funktionierte. Fühlte ich mich anfangs noch etwas unsicher und prüfte mehr als sonst, ob meine Brieftasche noch da war, war es bald völlig natürlich für mich immer einen Tausender bei mir zu haben.

Auch hielt ...

... ich, wie Schäfer das vorgeschlagen hatte, Ausschau nach weiteren Einkommensquellen. Etwa durch einen Nebenjob. So stellte ich mich bei einer kleinen Softwarefirma vor, nicht aber um zu programmieren, sondern weil sie jemanden für eine Hilfstätigkeit brauchten. Doch sie entschieden sich für jemanden anderen und konnten gar nicht verstehen, warum jemand in meiner beruflichen Position überhaupt einen solchen Hilfsjob machen wollte.

Ich überlegte weiter und mir fiel ein, dass meine „Superkollegen" aus der EDV immer davon geprahlt hatten, dass sie samstags Überstunden machten, die ihnen sehr gut bezahlt wurden. Hierbei hatten sie jeden, der nicht auch dazu bereit war, das Letzte für die EDV zu geben, als Faulenzer beschimpft.

Natürlich hatte ich es immer abgelehnt auch noch samstags in den Drecksladen zu marschieren. Irgendwann ist ja auch einmal Schluss, und wenn das Personal montags bis freitags für die anfallenden Arbeiten dauerhaft nicht ausreicht, und hier war es längst zum jahrelangen Normalfall geworden, dann muss eine

Behörde eben auch mal noch neue Leute einstellen.

Doch jetzt sah ich das ganz anders und dachte: „Wieso willst du dir einen mies bezahlten Nebenjob suchen, wenn du doch einfach nur jeden Samstag Überstunden machen musst, um mehr Einkommen zu erzielen. Zumal du entsprechend deiner Stellung die Überstunden bezahlt bekommst, was ganz sicher über dem liegt, was die kleine Softwarefirma dir für eine Hilfstätigkeit bezahlt hätte". Und so machte ich es dann auch.

Als ich samstags in der EDV auftauchte, wunderten sich meine „Kollegen" natürlich über meinen plötzlichen Sinneswandel, und natürlich war ihnen das jetzt auch nicht recht. Vorher angemotzt, weil ich samstags nicht arbeitete, wurde ich jetzt angemotzt, weil ich genau das tat. Und bald schon hieß es, ich wolle die die LSV nur abzocken, was aber eher auf sie zutraf, auf jene, die dies schon viele Jahre so taten und sich immer als „Helden der Arbeit" aufgespielt, dann aber unter den großen Din A 5 Programmlisten das Kreuzworträtselheft versteckt hatten.

Ich hatte es mir schon gedacht, dass sie nur so taten, als würden sie samstags so viel arbeiten. Wer die Fresse, so wie sie, so weit aufriss, konnte nur wenig dahinter haben. Im Grunde hatten sie nur Angst davor, von mir entlarvt zu werden. Deshalb war es ihnen nicht recht, wenn ich auch samstags kam.

Nur fünf Monate ...

... nachdem ich mich entschlossen hatte, reich zu werden, hatte ich bereits 8.000 DM gespart. Ich eröffnete ein Depotkonto bei der Comdirect, einer Tochter der Commerzbank, und kaufte mir für das Geld erstmals in meinem Leben Aktien.

Hatte Schäfer noch dafür geworben eher mit konservativen Aktien zu beginnen und mit der Erfahrung dann zu spekulativeren überzugehen, so lachte mich mein Kumpel Knut, den ich aus dem Fitnessstudio kannte und mit dem ich mich bestens verstand, aus. Er selbst hatte auch seit einiger Zeit in Aktien investiert.

Was er sagte, leuchtete mir ein, er meinte, du verstehst nicht, was für enorme wirtschaftliche Möglichkeiten das Internet bietet.

Ähnlich wie Knut, kaufte auch ich nun Aktien, deren Geschäftsfeld mit dem Internet verbunden waren. Aktien wie Amazon, EMC, CMGI, Yahoo etc.. Aktien, die ich mir aus mehreren Börsenzeitschriften, die ich abonniert hatte, auswählte.

Überhaupt war das mit dem Spekulativen und Konservativen so eine Sache. Auch eine konservative Daimler-Aktie konnte sich halbieren und sich spekulativ verhalten.

1998 war die Zeit des Internetbooms, und die Kurse

am Neuen Markt oder an der US-Börse Nasdaq kannten nur eine Richtung: Nach oben. Und tatsächlich, bereits ein Jahr, nachdem ich das Depot angelegt hatte, betrug der Wert meiner Aktien etwa 60.000 DM. Alles was ich sparte oder an Gewinnen machte, legte ich sofort wieder in Aktien an.

Um aber noch mehr investieren zu können, zog ich von meiner großen 106 qm Wohnung, die ich für mich alleine hatte und in dieser Größe nun wirklich nicht brauchte, wieder in eine kleine 30 qm Einzimmerwohnung. Sie war dazu auch noch von der LSV subventioniert, weil diese sie damals, in den sechziger Jahren, für ihre Mitarbeiter bauen ließ. Im Grunde ein typischer Betonklotz mit sieben Stockwerken, in Windeseile hochgezogen um den Bedarf an Wohnungen, der u.a. durch die Behörde entstanden war, zu befriedigen.

Diese kleine Wohnung kostete mich warm gerade mal 385 DM und damit 1.000 DM weniger als die große. Und so hatte ich nun jeden Monat 1.000 DM mehr zur Verfügung, um Aktien zu kaufen. Das war schon richtig klasse.

Auch verkaufte ich meinen alten Dreier-BMW, dessen laufende Kosten höher waren als die des Kleinwagens meiner Mutter, den mir meine Eltern überließen, weil sie sich ein neues Auto kauften. Alles, was ich tat, war nun auf den Vermögensaufbau ausgerichtet. Alles war diesem Ziel strikt untergeordnet.

Inzwischen ging ...

... es an der Börse weiter steil nach oben. Hatte Finanzguru Bodo Schäfer in seinem Buch noch sieben Jahre bis zur ersten Million veranschlagt, so schien das bei mir, dank des Börsenbooms, viel schneller zu gehen.

Ich erinnere mich beispielsweise an eine australische Minenaktie, die ich mir kaufte. Einen Pennystock namens „Deepgreen Minerals", über die eine Börsenzeitschrift geschrieben hatte, dass sie das Minengeschäft aufgeben und sich am Internetgeschäft orientieren wolle. Sicherlich nur ein gestreutes Gerücht, aber wen interessierte das schon. Was allein zählte, war die Phantasie, die eine Aktie auslöste.

„Deepgreen Minerals" war Tage zuvor bereits um 100 Prozent gestiegen, und zwar von 0,01 Euro auf 0,02 Euro, und dennoch stieg ich mit 10.000 DM bei 0,02 Euro ein. Am nächsten Tag stand sie schon bei 0,03 Euro, hatte also 50 Prozent zugelegt, und ich stieg mit 5.000 DM Gewinn wieder aus. An einem Tag an der Börse hatte ich mehr verdient als im gesamten Monat als Programmierer. Es war irre.

Längst hatte mein Aktiendepot nun die 100.000 DM überschritten, und ich fühlte mich bestens. Es war in dieser Zeit schon seltsam jeden Tag, den ich mich noch in die EDV-Abteilung quälte, mir von den „Kollegen" anhören zu müssen, wie unfähig ich doch sei, aber dann doch soviel Geld zu machen. Sollte denn nicht nur der zu viel Geld kommen, der wirklich etwas drauf hatte?

Wenn ich meinem Chef begegnete, dachte ich nur noch: „Ja, hier in deiner kleinen miesen EDV, von der du denkst, sie sei der Maßstab der Welt, bist du vielleicht der Chef, aber mit jeder Deutschen Mark, mit der ich reicher werde, kaufe ich mich von dir und deinen Speichelleckern frei."

Und dieser Freikauf sollte keinesfalls etwas sein, bei dem ich irgendwelche gegen mich gerichtete Konsequenzen tragen müsse, sondern ich würde gehen können, weil ich es kann: Ohne auch nur den geringsten Verlust an Lebensqualität, ohne Einkommenseinbussen, ohne einen neuen Job, ohne Sozialleistung des Staates, einfach so. Ohne jede Unannehmlichkeit. Wie bei einem Lottogewinn. Einfach gehen können, ohne Erklärung, ohne Diskussion, ohne Streit. Das sollte meine Rache für ihre verdammt miese Behandlung mir gegenüber sein.

Und ich wusste, sie würden es hassen, dass jemand einfach so würde gehen können. Insgeheim würden sie mich sogar dafür beneiden. Sie hatten sich längst durch ihr auf Ratenkredit finanziertes Haus und ihre langweilige spießige Ehe Zeit ihres Lebens gefesselt. Für sie würde es keine Möglichkeit geben, dem zu entkommen, alleine schon weil ihnen der Mut fehlte etwas zu wagen, das nicht jeder tat.

Lief es an der ...

... Börse aller bestens, wurde das Betriebsklima in der EDV immer schlimmer und als der Chef mich mit einem umfangreichen Projekt betraute, das alleine einfach nicht zu bewältigen war, schon gar nicht ohne umfangreiche Besprechungen und Abstimmungen, ließ man mich mit voller Absicht gegen die Wand laufen.

Meiner Meinung nach suchte man nach einem Vorwand mich aus der EDV zu werfen. Und fand ihn durch das gescheiterte Projekt auch, woraufhin der Geschäftsführer der LSV, ein junger BWL-Schnösel, meinen Rauswurf nach Rücksprache mit meinem EDV-Chef mal eben zwischen Tür und Angel entschied, ohne mit mir auch nur einmal ein Wort zu wechseln und sich meine Sicht der Dinge anzuhören.

Es hieß dann, so eröffnete mir der Personalchef, der vom feigen Geschäftsführer vorgeschickt worden war, dass ich, weil ich ja auch Verwaltungsrecht studiert hätte, nun als Sachbearbeiter in der Verwaltung der LSV arbeiten sollte, etwas worauf ich mich ja nie beworben hatte und mich auch nie wirklich interessierte. Ich war aus dem Stoff des Verwaltungsrechts jetzt bereits sieben Jahre raus.

Noch am selben Tag des Gesprächs, es war nun Mitte November 1999, saß ich dann bei einem älteren Sachbearbeiter in dessen Büro und wurde, wie ein kleiner dummer Azubi, wieder eingelernt. Er legte mir Verwaltungsakten hin, die ich mir ansehen sollte, um sie anschließend mit ihm zu besprechen. Wenn dieser ältere Mann auch sehr in Ordnung und ihm das Ganze eher unangenehm war, so war es mir gegenüber doch die reinste Demütigung, denn diese Zeit der Ausbildung, die hatte ich als Oberinspektor und Diplom-Verwaltungswirt natürlich schon lange hinter mir.

Höchst erfreulich ...

… ging es hingegen an der Börse weiter, und tatsächlich, innerhalb nur zweier Jahre, nachdem ich mit dem Kauf von Aktien begonnen hatte, betrug mein Depot knapp 300.000 DM. Alleine in einer Woche im Dezember 1999 hatte es 80.000 DM Zuwachs, was vor allem an der Aktie eines US-Unternehmens lag, das in China sein Geschäftsfeld hatte. Sie war innerhalb weniger Monate von 1 $ auf 20 $ gestiegen und ich hatte, in nicht unbeträchtlicher Aktienanzahl, einen großen Teil dieser enormen Bewegung mitgemacht. Es war traumhaft.

Doch ausgerechnet in dieser Woche, da ich diesen Riesensatz hin zur finanziellen Freiheit machte, verstarb meine Mutter völlig unerwartet eines tragischen Todes, der unsere ganze Familie zutiefst erschütterte. Ich kannte das schon, dass ich - sobald ich dabei war Erfolg zu haben - einen Tritt in den Unterleib bekam. Mit meiner Gesundheit war es damals genau so gewesen, als ich all diese Ausbildungen, Prüfungen und Lehrjahre endlich hinter mir hatte und dann krank wurde. Ich musste aufpassen, dies nicht als ein allgemeines Prinzip zu verinnerlichen, dass es mir unmöglich machen würde jemals im Leben Erfolg zu haben.

Die Höhe des Aktiendepots war jedenfalls super. Und ich fand es einfach nur klasse, jederzeit die Möglichkeit zu haben auf das Geld zurückzugreifen. Vor allem auch in diesem jungen Alter von gerade mal 33 Jahren und sich dies auch selbst aufgebaut zu haben. Damit konnte man schon etwas anfangen. Das war schon mehr, als der normale Durchschnitts-Bürger zur Verfügung hatte, wenn er nicht gerade ein Haus geerbt hatte.

Wobei ich mich dann manchmal doch aber auch fragte, was eigentlich meine Arbeitsleistung für dieses viele Geld gewesen sei. Sicherlich, da war der Mut an der Börse überhaupt zu investieren, denn es waren ja keine garantierten Gewinne, man konnte ja auch alles verlieren. Und sicher. Da war auch die Mühe den Konsum einzuschränken, um das Kapital für den Einsatz an der Börse anzusparen. Aber ansonsten? Vielleicht Börsenzeitschriften lesen?

Aber ich sagte mir auch, dass dies halt unser kapitalistisches Wirtschaftssystem ist. Ich habe es nicht erfunden. Und außerdem wird es von allen Seiten unserer sogenannten politischen und wirtschaftlichen Elite mit allem Eifer verteidigt und für notwendig erachtet, ja geradezu als Grundpfeiler unserer Demokratie und Wirtschaftsordnung angesehen und täglich zur besten

Sendezeit in den Medien beworben, also was solls. Wenn es so erstrebenswert ist, wie alle sagen, dann kann ja auch ich es nutzen.

Auch war ich der Meinung, dass das viele Geld bei mir in den richtigen Händen sein würde. Längst hatte ich Kontakt zu einem Tierheim für ausgesetzte Hunde aufgenommen, um zu spenden. Längst gab ich in den Kneipen, wenn ich wusste, dass eine junge Frau oder ein junger Mann sich als Bedienung das Studium finanzierte, hohe Trinkgelder. Mir waren diese sich aus dem Alltag ergebenden „Spenden" lieber, als die von denen ich nicht wusste, ob sie auch wirklich bei denen ankamen, die sie brauchten. Wenn ich aus meinem sozialen Verständnis heraus der Meinung war, Geld zu geben könnte einem Menschen das Leben etwas erleichtern, war ich durchaus bereit meinen neuen Reichtum einzusetzen.

Während ich ...

… mit dem Vermögensaufbau beschäftigt und bestens vorangekommen war, bemerkte ich, dass ich, vor allem durch Schäfers Buch, zwar eine recht gute Führung in Geldfragen hatte, doch dass es mir an Führung im ganz allgemeinen Sinne mangelte. Bereits durch das Scheitern meiner Beziehung mit Stefanie war mir klar geworden, dass ich nicht die beste Trennschärfe zwischen gut und böse besaß. Vor allem mit Menschen, die ich als böse bezeichnete, kam ich nur schwer zurecht. Ich fand zu oft kein Mittel mich gegen sie zu behaupten, höchstens das auf Distanz zu gehen. Aber das war leider nicht immer möglich, etwa im Job.

Eigentlich war für die Beantwortung der Frage von Gut und Böse die Kirche vorgesehen, doch hatte sie mir, der ich ursprünglich evangelisch getauft war, nie etwas gegeben. Im Gegenteil, sie war mir immer nur auf die Nerven gegangen, angefangen vom Besuch in der Sonntagskirche mit ihren öden Predigten bis hin zu meinem Ärger über vergangene Hexenverbrennungen durch die Inquisition und aktuellen weitreichenden Kindesmissbrauch. All dies hatte mich völlig abgestoßen. Wie sollte so jemand anderen erzählen können, was gut oder böse war?

Wenn ich mit der Kirche auch wenig anfangen konnte, so war mir Jesus Christus allerdings alles andere als unsympathisch. Doch konnte ich nicht wirklich einen Zusammenhang zwischen ihm und der Kirche erkennen. In meinen Augen hatte sie sich längst weit von ihrer Basis entfernt. Und so trat ich mit 25 Jahren aus ihr aus.

Mein Handeln, was richtig oder falsch war, bestimmte ich eher aus einer Mischung von Gefühl und Verstand heraus. Doch wusste ich auch, dass beides trügen konnte. Ein wirklich unabhängiger, d.h. objektiver Maßstab zur Beurteilung der Dinge fehlte mir, und ich war mir nicht einmal sicher, ob es so etwas überhaupt geben würde. Gab es etwas, das niemals trog? Etwas das immer die Wahrheit war?

Ich stieß dann, wie könnte es anders sein, wieder einmal auf ein Buch. Und dieses gab mir sehr zu denken, so sehr, dass es für einige Jahre zum Leitfaden, zum Maßstab meines Handelns wurde. Das Buch hieß: „Die 48 Gesetze der Macht", ein Buch von Robert Greene.

Keineswegs war dieses Buch ein esoterisches, vielmehr eines, das den Umgang mit Macht beschrieb: Mit relativer Macht, nicht mit der absoluten Macht, die ich erst Jahre später durch Zen kennenlernen sollte. Worin lag denn der Unterschied? Die relative Macht teilte auf in Sieger und Besiegte, die absolute Macht schuf nur Sieger. Sie überwand den Gegensatz. Sie überwand die Teilung.

Jedenfalls ging es in dem Buch darum, wie der Mensch seine Haut retten konnte. Wie er Intrigen erkannte, ja wie er selbst sein Vorhaben verschleiern konnte, um in einer Gesellschaft voller Egoisten zu bestehen. Es war ein Buch zum Umgang mit bösen Menschen, genau was ich brauchte. Ich wollte meine verdammte Naivität ablegen. Realistischer werden. Mich wehren können. Es widerte mich an, dass in meinen Augen immer die Falschen gewannen.

Ein Gesetz aus dem Buch hieß zum Beispiel „Sage immer weniger als nötig", ein anderes „Glänze durch Abwesenheit, um den Respekt zu erhöhen" und benannte dann berühmte Menschen aus der Geschichte, etwa Ludwig XIV oder Napoleon, die das so gehandhabt hatten.

Gerade das letztgenannte Gesetz interessierte mich sehr, denn es war immer dasselbe. Ging ich in eine Kneipe, so behandelte man mich anfangs noch mit Respekt. Kam ich öfters, wurde der Respekt immer geringer und man überschritt mir gegenüber Grenzen, was mich sehr störte. Irgendetwas schien ich an mir zu haben, was andere dazu veranlasste Grenzen auszuloten. Auszuprobieren wie weit man bei mir gehen konnte.

Wie aber würde ich den Respekt des Anfangs bewahren können? Das im Buch erläuterte Gesetz schien genau darauf Antworten zu geben, etwa indem es vorschlug sich rar zu machen, d.h. den Zauber des Anfangs immer wieder zu simulieren.

In der Zwischenzeit ...

... saß ich mit dem älteren Sachbearbeiter in dessen Büro. Hin und hergerissen den Beschluss des Geschäftsführers mich aus der EDV-Abteilung zu werfen arbeitsrechtlich anzufechten. Es wäre für mich finanziell gesehen ein Kinderspiel gewesen einen guten Fachanwalt für Arbeitsrecht mit der Sache zu beauftragen und mal auszuloten, inwieweit die LSV überhaupt das Recht dazu hatte.

Auf der anderen Seite aber überlegte ich angesichts der bereits erzielten Höhe des Depots und den sicherlich weiter zu erwartenden Gewinnen an der Börse, ob ich mir den Stress einer rechtlichen Auseinandersetzung überhaupt noch antun sollte.

Ich fragte mich, ob es nicht vielleicht besser wäre einfach jetzt schon zu kündigen? Sicherlich, ich hatte erst ein knappes Drittel der beabsichtigten Million, aber ich ging fest davon aus, dass es an der Börse weiter nach oben gehen würde.

Eines fiel mir jedenfalls im Traum nicht ein, nämlich mich wieder in das ungeliebte Verwaltungsrecht einzuarbeiten. Auch wenn ich damit gegen den sympathischen Sachbearbeiter arbeiten musste.

Keinesfalls wollte ich eine Kündigung leichtfertig entscheiden, sondern ging, sogar schriftlich, die Fälle durch, die eintreten könnten. Auch telefonierte ich mit meinem Vater und auf seine Frage: „Hast du dir das auch gut überlegt?", zählte ich ihm auf, warum die Kündigung meiner Meinung nach eine Option sei. Ich sprach davon, dass das Internet wie die Dampfmaschine eine industrielle Revolution sei, davon dass die Kurse zwar hoch seien, aber durch diese Revolution in weiten Teilen doch berechtigt und noch immer Platz nach oben hätten. Und selbst wenn die Kurse runtergehen würden, dann doch sicherlich nur, um eine gesunde Korrektur einzuleiten, vielleicht zehn Prozent, um dann wieder zu steigen.

Viele Börsenzeitschriften und Zeitungen schrieben das so.

So entschied ...

... ich mich dafür den Zirkus zu beenden und kündigte noch im Dezember 1999 für den Mai 2000 meine unkündbare Stellung und schrieb den entsprechenden Brief an den Vorstand der LSV. Im Anbetracht der unerträglichen Situation in der EDV und meinen hohen finanziellen Ressourcen hielt ich dies für vertretbar.

Nach meiner Kündigung grüßte ich von den „Kollegen" aus der EDV, wenn sie mir in den Gängen des Gebäudes zufällig begegneten, keinen mehr, auch nicht die, die jetzt so taten, als hätten sie immer schon auf meiner Seite gestanden. Nicht einmal mehr den Geschäftsführer. Ich erinnere mich, dass ihm einmal die schwere Eingangstür vor die Latz knallte, weil er fälschlicherweise damit gerechnet hatte, dass ich sie, wie alle anderen Schleimer, für ihn offen halten würde. Sie alle waren mir jetzt scheißegal. Ich war geistig längst woanders.

Im Büro, zusammen mit dem älteren Sachbearbeiter, saß ich nur noch da, um die verbleibende Zeit von etwa 4 Monaten abzusitzen. Meist las ich in den „Gesetzen der Macht", den dicken Wälzer ganz offen und provokativ als einziges Utensil auf dem Schreibtisch liegend. Hin und wieder bequemte ich mich in Zeitlupe dazu mein Handy aus der Jacke zu holen, um über meinen SMS-Börsendienst die Echtzeitkurse abzurufen und gelangweilt nachzusehen, ob mit meinem Aktiendepot noch alles in Ordnung war. Ich kam mir vor wie in dem Mafiafilm „Good Fellas", in dem es über den Boss hieß, er bewege sich nur deshalb so langsam, weil er es nicht nötig habe, sich schnell zu bewegen.

Auch der ältere Sachbearbeiter hatte im Anbetracht meiner Kündigung, die sich natürlich in Windeseile herumgesprochen hatte, eingesehen, dass eine Einarbeitung in das Verwaltungsrecht nun nicht mehr nötig sei und ließ es sein mir noch Akten hinzulegen. Sie alle rätselten, was hat der Scherer nur vor? Hat er einen anderen Job? Wechselt er vielleicht zu SAP im nahegelegenen Walldorf? Es war traumhaft. Ich schwieg wie ein Grab. Selbst aus meinem privaten Umfeld wussten nur die allerwenigsten, was ich vorhatte.

Knapp drei Monate ...

... später, im März 2000, kurz bevor ich die LSV endgültig verließ, begann der Aktienmarkt verrückt zu spielen. Die Aktienkurse korrigierten nicht, sondern stürzten ab. Und zwar auf breiter Front. Und auch mit einer solchen Wucht, mit der nicht nur ich niemals gerechnet hätte. Es war zu einem Crash gekommen.

Die Phantasien, die das Internet mit sich brachte, entpuppten sich als eine Blase, die nun platzte, und mein Depot verlor innerhalb nur einer Woche bereits 100.000 DM. Etwas hatte sich an der Börse gewaltig und schlagartig verändert. So wurden die letzten beiden Monate in der EDV doch nicht der Triumph, den ich mir so sehr gewünscht hatte, sondern eher ein Bibbern und Bangen.

Ende Mai hatte ich meinen letzten Arbeitstag in der LSV. War ich auch endlich weg von den verhassten Kollegen aus der EDV, konnte ich meine neue Situation kaum genießen. Ungläubig, ja wie versteinert, folgte ich den Kursen auf meinem Laptop und verstand überhaupt nicht mehr, was da ablief. Alles, was vorher gezählt hatte, all das Gerede vom Internet als die Lokomotive der Wirtschaft, galt nun nicht mehr. Nun wurde vielmehr darüber gesprochen, dass das Internetmodell vieler Unternehmen doch nicht funktioniere, und ich, der noch immer nur von einer Korrektur träumte, verlor im Laufe des Jahres 2000 auch noch den Rest meines Depots.

300.000 DM waren weg, ohne dass ich jemals etwas von diesem Geld gehabt hätte. Verdammt. Verdammt. Verdammt. Mein Kumpel Knut hatte mich noch gewarnt, ich solle mir die Charts der Indizes ansehen, das sähe nicht gut aus, doch ich hatte all seine Warnungen in den Wind geschlagen.

Ich fühlte mich mies. Sehr mies.

Dass das gesamte Geld weg war, lag vor allem auch daran, dass ich kaum mehr diversifiziert hatte, sondern nur noch 2 Aktien im Depot hielt, die aber im Laufe des Jahres über 90 Prozent ihres Wertes verloren und sich davon auch nicht mehr erholten.

Klar war es nicht so, dass ich durch den Crash ein Minusgeschäft gemacht hätte. Nein, das nicht. Ich hatte diese enorme Summe aufgebaut und „lediglich" wieder verloren. In diesem Sinne war also nichts passiert. Ich hatte mich nicht etwa verschuldet. Und dennoch war es für mich natürlich eine Katastrophe. Quasi der Supergau.

Hatte ich vorher wenigen guten Bekannten hin und wieder stolz von der Börse erzählt, und davon, wie einfach das doch sei und dass jeder, der nicht auch an der Börse investiere, doch ziemlich dumm sei, hielt ich nun den Mund und schwieg. Nicht nur mir ging es so. In den bis dahin gut besuchten beredten Börsenforen herrschte jetzt Öde und eiskaltes Schweigen. Ich war nicht der einzige, der vom Platzen der Blase betroffen war, aber ganz sicher einer der wenigen, die aufgrund der Erfolge an der Börse ihre reguläre Arbeit gekündigt hatten.

Mein armer Vater, er tat mir so leid. Nicht nur, dass gerade erst seine Ehefrau nach jahrzehntelanger gemeinsamer Ehe verstorben und er noch immer in Trauer war, jetzt musste er, der immer wollte, dass seine beiden Söhne etwas aus ihrem Leben machen und eine vernünftige Arbeit hätten, auch noch mitansehen, wie die Kündigung seines Jüngsten in einem Desaster endete. Auch wenn wir nicht die besten Freunde waren, hatte ich mir das nie für ihn gewünscht.

Durch den Börsencrash hatte sich alles schlagartig geändert, ich spielte nun nicht mehr den Armen, ich war arm. Ich war ohne jedes Einkommen.

Das ganze ...

... restliche Jahr 2000 lebte ich von den mir durch Konsumverzicht mühsam aufgebauten Ersparnissen. Waren meine Ausgaben auch sehr gering, wurde es knapper und knapper. Schon so knapp, dass ich einen Teil meiner umfangreichen, aus 1.000 CDs bestehende Musiksammlung verkaufen musste, um die Miete, so niedrig sie auch war, bezahlen zu können.

Als Quasi-Beamter, der aufgrund der garantierten lebenslangen Unkündbarkeit keinem Arbeitsplatzverlustrisiko unterworfen war und deshalb auch keine Beiträge an die Arbeitslosenversicherung entrichten musste, hatte ich auch keinen Anspruch auf Arbeitslosengeld. Und als ich schließlich sehr schweren Herzens zum Sozialamt ging, wurde mir dort erklärt, dass ich auch keinen Anspruch auf Sozialhilfe hätte.

Ich war mir nicht sicher, ob das stimmte, denn es hatte doch immer geheißen, dass man in Deutschland niemanden verhungern lässt, nahm es aber hin, und es ist ja auch verständlich, dass das Sozialamt nicht dazu da ist Risiken an der Börse aufzufangen, also Schulden zu vergemeinschaften, zu sozialisieren, während der, der das Risiko verursacht hat, die Gewinne einsackt. Das ist ja etwas, was nur Banken tun, die durch Steuergeld gerettet werden.

Es musste etwas geschehen und zwar schnell. Dass ich überhaupt gewartet hatte bis mir finanziell das Wasser bis zum Hals stand, lag auch daran, dass ich mir nur sehr schwer eingestehen konnte, dass, zumindest für den Moment, das Geld, und mit ihm der Traum von Freiheit, für mich verloren war. Es dauerte seine Zeit bis ich mit dem neuen Jahr, dem Jahr 2001, die Situation akzeptieren und sagen konnte: „Jetzt erst recht, du baust alles wieder neu auf".

Es war 2001 ...

... ich war nun 34 Jahre alt und saß in meiner kleinen ungeliebten Wohnung, die nun durch den Verlust meines Aktiendepots einen völlig anderen Charakter angenommen hatte, nämlich den, dass ich sie nun nicht mehr kündigen konnte, wann ich wollte, sondern vielmehr gezwungen war dort zu wohnen, also an sie gefesselt war; und dachte nach.

Wieder und wieder hatte ich überlegt und die Fehler, die ich an der Börse gemacht hatte, analysiert, und wenn ich auch so manch gravierenden Fehler in meinem Börsenverhalten fand, so konnte ich doch an dem grundsätzlichen, also daran, dass ich Geld als Freiheit erachtete, keinen Fehler entdecken, sondern nur an der Methode diese zu erreichen.

So sollte die Börse das wesentliche Element meines Vermögensaufbaus bleiben, doch dieses Mal wollte ich nicht mehr ein Kleininvestor sein, der nur Spielball

73

von guten und schlechten Börsenzeiten war und die guten Zeiten mit Können verwechselte, sondern ein Trader, der es in guten wie in schlechten Börsenzeiten schaffte den Markt zu schlagen. Also jemand für den gut oder schlecht bzw. gut oder böse keine Rolle spielt.

Meine Absicht war also so viel Geld zusammenzubringen, um damit traden zu können, d.h. ich wollte nach klar analysierter Marktlage und strikter Berücksichtigung eines Risikomanagements bei einem bestimmten Kurs ein- und aussteigen. Ich wollte mich nicht mehr lange im Markt aufhalten, wie ich es zuvor getan hatte und was immer ein Risiko war, sondern von kleinen Bewegungen innerhalb eines oder zweier Tage profitieren.

Stieg man am selben Tag ein und aus, nannte man dies Daytrading, ging es über einen Tag hinaus, blieb aber dennoch in einem zeitlich eher kurzen Rahmen konnte man es Swingtrading nennen. „Swing", weil man kurzfristige Kurschwankungen ausnutzte.

Ich hatte von einigen Tradern gelesen, Leuten wie Linda Bradford-Raschke, Tony Oz oder auch Marty Swartz, die durch das Traden zu Multi-Millionären geworden waren und diesen Reichtum, im Gegensatz zu mir, auch immer bewahrt hatten. Man nannte sie Market Wizard, Magier der Märkte, und genau so einer wollte auch ich nun werden. All die Genannten waren keine Spieler, sondern wussten genau was sie taten. Sie behielten immer die Kontrolle über ihren

Einsatz.

Im Moment war ich von diesen Spitzenleuten aber noch Lichtjahre entfernt, und ich wusste, ich würde sehr, sehr viel über die Börse dazu lernen müssen. Das Abonnement einer Börsenzeitschrift würde nicht mehr ausreichen. Und vor allem würde ich das Geld für das Traden erst einmal wieder erwirtschaften müssen. Wie? Durch Arbeit.

Welche ...

... Arbeit? Etwa wieder als Programmierer? Oder gar als unkündbarer quasi-beamteter Programmierer? Die Chancen wieder so einen hochwertigen Job zu bekommen, schienen mir bei Null zu liegen. Wie hätte ich bei einem Vorstellungsgespräch die Kündigung einer lebenslangen Stellung begründen sollen? Kein Personalchef hätte das verstanden. Es wäre ihm sehr suspekt gewesen.

Doch es war nicht nur das. Auch stellte ich mir bei der Jobsuche die Frage, ob wegen Überqualifizierung nicht die Gefahr einer Ablehnung bestehen würde und es daher nicht besser wäre, alle meine mir erworbene Bildung einfach zu verschweigen.

Bei einem Termin mit der Schuldnerberatung, die ich mehr oder weniger aufsuchen musste, weil ich mit einem meiner Girokonten ins Schleudern gekommen war, fragte ich den Berater, was er davon hielte und ob das Verschweigen der Bildung rechtlich denn überhaupt erlaubt sei. Er überlegte angestrengt und druckste herum: „Also, Hochstapeln ist nicht erlaubt, aber das hier wäre dann ja Tiefstapeln, hm, also äh...". Die Unsicherheit, mit der er meine Frage zu beantworten versuchte, zeigte mir, dass ihm eine solche noch nicht untergekommen war, schon gar nicht, da die meisten Menschen doch lieber vorgaben mehr zu sein als sie waren.

Mein Wunsch die Bildung bei einem Vorstellungsgespräch zu verschweigen, hatte aber auch noch einen anderen Grund als den der Überqualifizierung. Mir war es in Erwartung neuer mir unbekannter Arbeitsabläufe lieber, die neuen Kollegen würden sagen: „Dir haben wir eh nichts zugetraut, weil du ungelernt und ungebildet bist, aber dafür machst du die Sache ganz gut" als „Bei deiner umfassenden Bildung solltest du eigentlich wissen, wie etwas funktioniert".

Auch ging es mir darum, meine geistige Kraft nicht mehr mit einem verantwortungsvollen Job belasten zu müssen. Einem Job, der einen geistig vielleicht auch noch nach Feierabend beschäftigte, so wie es als Programmierer oft bei mir der Fall gewesen war. Was ich wollte, war: Hirn aus und stur mechanisch arbeiten, fertig.

Meine geistige Kraft wollte ich nur noch für die Börse einsetzen, denn das Trading würde äußerst anspruchsvoll sein. Es war einer der schwierigsten Tätigkeiten überhaupt, eine, in der es um sehr viel mehr ging als eine Börsenzeitschrift zu lesen und dann Aktien zu kaufen und wenn sie fielen, die Schuld der Zeitschrift zu geben und wenn sie stiegen, so zu tun, als sei man ja selbst ein so genialer Anleger. Vor allem würde es hohe Kenntnisse in der technischen Analyse, den Charttechniken, erfordern. Und auch die müsste ich mir erst einmal aneignen.

So ging ich schließlich die Stellenangebote durch, nicht die der großen, überregionalen Zeitungen wie damals als ich zusammen mit meinem Vater nach einem geeigneten Angebot geschaut hatte, vielmehr die ganz kleinen, die schmuddeligen, die teilweise unseriösen, und fand mich auf eine solche Kleinanzeige hin in Ludwigshafen bei einem kleinen Leiharbeitsunternehmen wieder, bei dem ich mich als ungelernter Industriehelfer bewarb. So ziemlich das Unterste vom Untersten.

Natürlich wusste ...

... ich, dass Leiharbeit problematisch ist. Genaugenommen hatte ich von ihr nie etwas gehalten. In meinen Augen war sie lediglich ein Mittel der Arbeits- und Wirtschaftspolitik mühsam errungene Arbeitnehmerrechte auszuhebeln. Ja, ich ging fest davon aus, dass das Leiharbeitsunternehmen versuchen würde, mich über den Tisch zu ziehen und meine Arbeitskraft für ein „Appel und Ei" auszubeuten.

Dennoch vereinbarte ich einen Termin und saß bald

dem Chef dieses kleinen Unternehmens gegenüber. Einem Mann, der mir nicht wirklich sympathisch war und mich fieberhaft überlegen ließ, welches „Gesetz der Macht" ich auf ihn anwenden müsste. Mit ihnen bis an die Zähne bewaffnet, musterte ich ihn. Aber nicht nur ihn, auch die Umgebung, an der nichts mehr edel war wie damals bei meinem ersten Arbeitstag in Stuttgart. Im Gegenteil, in dem kleinen Büro war alles eher billig. Das Mobiliar, die gesamte Einrichtung. Alles war mehr Schein als Sein.

Ich erklärte ihm dann, dass ich mich als Leiharbeiter bewerben wolle, woraufhin er fragte, ob ich über Arbeitszeugnisse verfüge. Ich verneinte. Welchen Schulabschluss ich hätte? Ich schwieg, was er, wie von mir beabsichtigt, interpretierte als hätte ich keinen. Etwas ratlos fragte er dann: „Sie wollen sich also als Industriehelfer bewerben?" Ich nickte. Und schon waren wir uns einig, und er legte mir einen Arbeitsvertrag vor, den ich nur kurz überflog, bevor ich ihn unterschrieb. Ich war mir sicher, dass so manches in ihm fragwürdig sein würde. Dennoch war ich froh, dass ich so schnell einen Job bekommen hatte.

Kaum hatte ich den Arbeitsvertrag unterschrieben, ging alles ganz schnell. Der Chef übergab mir Blaumann und schwere, abgenutzte Sicherheitsschuhe. Beides Dinge, die mir seiner Meinung nach schon irgendwie passen würden, und bereits zwei Tage nach dem Vorstellungsgespräch befand ich mich auf Nachtschicht bei einem mittelständischen Unternehmen im etwa 30 km entfernten Landau.

Was für ein Kontrast vom Diplom-Verwaltungswirt zum ungelernten Industriehelfer. Und dieses Mal war die Begrüßung nicht so zuvorkommend, wie mein erster Arbeitstag damals in der Stuttgarter LSV.

Mein erster Einsatz ...

... als Leiharbeiter führte mich direkt in eine dreckige laute stickige Fabrikhalle eines Autozulieferers und das erste, was mir beim Betreten auffiel, war ein Schild an der Wand, auf dem drohend stand: „Jedes Nachlassen der Arbeitsleistung ist sofort der Betriebsleitung zu melden".

Das konnte ja noch lustig werden, und das wurde es dann auch, wobei ich mir nicht so ganz sicher war, ob ich lachen oder weinen sollte, denn meine erste Tätigkeit, die mir der gebrochen deutschsprechende, etwa zehn Jahre jüngere türkische Vorabeiter, oder was immer er für eine Position dort inne hatte, zuwies, bestand darin, irgendwelche Kleinteile nach einer Form zu ordnen. Eine Aufgabe, die man selbst mit vier Promille Alkohol im Blut noch locker erledigen konnte. Jeder Dreijährige hätte das durch sein Spielen mit Legosteinen hinbekommen. So ganz war mir wohl doch nicht klar gewesen, wie niveaulos manche Jobs sind.

Am Abend nach meinem ersten Arbeitstag, der mir noch einmal so richtig bewusst gemacht hatte, wie sehr ich durch meine Kündigung bei der LSV und den Verlust des Geldes an der Börse gescheitert war, rief mich der Chef des Leiharbeitsunternehmens zuhause an und beglückwünschte mich, dass ich überhaupt wie vereinbart zur Arbeit angetreten war. Ich war überrascht. Offensichtlich war in diesen Hilfsarbeiterkreisen nicht einmal das so sicher. Ein Lob, einzig dafür, dass ich anwesend war, war mir völlig neu. Ich musste lachen, dieser Chef hatte an einem Tag mehr kommuniziert als mein Speyerer EDV-Chef in einem Jahr.

Ich hatte bei diesem ersten Einsatz drei Schichten a 8 Stunden: Frühschicht, Mittelschicht und Nachtschicht, die jede Woche wechselten, d.h. jede Woche würde der Organismus in einen neuen Schlafrhythmus gezwungen, was sicherlich nicht der Gesundheit diente. Aber wen interessierte das schon? In den Umständen, in denen ich mich befand, nicht einmal mich.

Das öde Förmchenspiel hatte ich wohl zur Zufriedenheit erledigt, denn zwei Tage später wurde ich in einen fließbandartigen Prozess eingereiht, bei dem ich zusammen mit etwa acht Kollegen versuchen musste, irgendwelches erhitztes Gestänge an eine sich an der Hallendecke angebrachte sich ständig drehende Vorrichtung zu hängen. Dieser Prozess erlaubte keinen Stillstand, sodass jeder eingesetzte Mitarbeiter bis auf die halbe Stunde Pause immer eingespannt war. Immer nach oben sehen und immer Arme nach oben, was die Muskulatur schnell ermüdete.

Es war Hochsommer und verdammt heiß und die halbe Stunde Pause dringend notwendig, um zu trinken.

Hatte man den Arbeitstag hinter sich gebracht, war man von oben bis unten dreckig. Feiner schwarzer Staub vom Gestänge hatte sich über die Haut gelegt.

Wenn ich diese Tätigkeit auch ordnungsgemäß verrichtete, hatte ich nicht die Spur einer Ahnung, was ich da tat und wofür. Es wurde einem auch nicht erklärt. Es war gar nicht gewollt, das man wusste, was man tat. Was hatte Karl Marx über Entfremdung geschrieben? Genau das. Man sollte ja auch nicht da sein, um zu wissen, sondern um zu arbeiten. Natürlich wurde dabei völlig übersehen, dass der, der auch weiß, was er tut, eine Tätigkeit besser tut. Aber mir war es auch egal, ich wollte mich in sie ja gar nicht reindenken.

Meine neuen Kollegen waren alles Männer zwischen 25 und 35. Wie ich, waren sie ebenfalls Leiharbeiter, nicht aber von meinem Leiharbeitsunternehmen, sondern von anderen. Einer von ihnen war am ganzen Körper tätowiert und sah wild aus. In der Pause erzählte er aus seinem Leben, dass er im Knast gewesen sei und bla bla bla. Wen interessierte das schon? Mich jedenfalls nicht.

Ich hingegen sprach im Grunde gar nichts, außer „Hallo, danke, bitte, tschüss", den „Gesetzen der Macht" folgend immer weniger zu sagen als nötig. Wurde ich etwas Persönliches gefragt, gab ich zwar eine Antwort, um nicht den Eindruck zu erwecken etwas verschweigen zu wollen oder arrogant zu sein, aber es war eine so belanglose und nichtssagende Antwort, dass man sie nicht als Antwort bezeichnen konnte.

Ich wollte, dass von meinem Vorhaben, dem Reichwerden durch Trading, niemand wusste. Die Schmach, falls ich erneut scheitern würde, wollte ich mir nicht noch einmal geben.

Etwas verwundert war ich dann aber schon, dass man mir den „Hilfsarbeiter" so einfach abnahm, denn alleine an meiner Sprache, die zwar nicht immer hochdeutsch war, eher eine Mischung aus saarländisch, pfälzisch und schwäbisch, aber eben hin und wieder auch einmal ein Fremdwort hervorbrachte, hätte man erkennen können, dass hier eine gewisse Bildung vorhanden war. Aber gut, je weniger sie sich dachten, umso besser.

Da ich mich von selbst an die unterste Stelle gestellt hatte, kam ich mit allen zurecht. Schließlich ergaben sich viele Konflikte ja nur deshalb, weil jemand mehr sein wollte als der andere. Tatsächlich bedauerte ich sie aber alle. Wie schwer würde es für sie sein, jemals aus diesem Dreck, diesem prekären Kreislauf, auszubrechen? Bei mir war es etwas anderes, ich hatte bereits die Tätigkeit, die mich raus bringen sollte, das Trading, und das einzige, was mir dazu noch fehlte, war Geld. Das aber war ich ja gerade dabei zu erwirtschaften.

In diesem Sinne war ich gar kein Leiharbeiter, ich spielte ihn nur. So wie ich Jahre zuvor auch nur den Armen gespielt hatte. Ich war eher wie der Porzellanhersteller Philipp Rosenthal, der in den 1940er zur Fremdenlegion gegangen war und zu dem ein anderer Legionär sinngemäß meinte: „Du bist kein richtiger Fremdenlegionär, du spielst ihn nur und nach dieser Zeit wirst du wieder in dein mondänes Leben als Unternehmer zurückkehren, während wir immer Legionäre sind, die Legion unser Leben ist".

Auf der anderen Seite waren mir meine neuen Kollegen aber auch egal. Ganz sicher würde ich mit ihnen nicht lange zusammenarbeiten müssen, denn jeder Leih-Einsatz, ihrer wie auch meiner, konnte sehr schnell beendet sein. Und tatsächlich: Bereits nach vier Wochen wurde ich ohne Begründung vom Einsatz in der Autozulieferer-Firma abgezogen. Gerade hatte ich mich ein klein wenig an die Nachtarbeit und die Arbeitsprozesse gewöhnt.

Ich erschrak. War das Leiharbeitsunternehmen vielleicht unzufrieden mit mir und zog mich deshalb ab? Sollte ich selbst den allerniedrigsten Ansprüchen nicht gerecht geworden sein?

Ich atmete ...

... auf, denn wie sich herausstellte, hatte der Abzug vom Autozulieferer nichts mit mir zu tun. Vielmehr war es so, dass mein Leiharbeits-Unternehmen einen anderen Einsatz für mich hatte. Einen, der besser in ihre Planung passte oder durch den sie vielleicht mehr an mir verdienen würden. Dieses Mal ging es um eine Metallgroßhandlung im etwa 30 km entfernten Lachen-Speyerdorf. Ein großes Lager mit langen schweren Metallrohren. Die Arbeit bestand hauptsächlich darin schwere LKWs mit einem Deckenkran zu be- und entladen.

Dieser zweite Einsatz war wesentlich angenehmer, es war sauberer und körperlich nicht mehr so anstrengend, dafür in weiten Teilen aber sehr langweilig. Die Zeit wollte nicht vorüber gehen. Wenigstens aber lief hier keine Art Fließband, das das Arbeiten vorgab, sodass man sich trotz Arbeitens wenigstens etwas freier fühlte.

Diese neuen Kollegen gehörten alle zur Stammbelegschaft, d.h. ich war in dieser Firma der einzige Leiharbeiter. Und die erste Frage, die sie mir mit Sorgenfalten stellten, war, ob mich das Arbeitsamt, heute hochtrabend Jobcenter genannt, zu ihnen geschickt hätte. Ich verneinte, und sie atmeten erleichtert auf, denn mit all denen hätten sie schlechte Erfahrungen gemacht. Einer, der zu ihnen geschickt worden war, sei in zwei Stunden sieben mal aufs Klo gegangen. Offensichtlich taten einige alles, um gleich wieder gefeuert zu werden.

Und in der Tat stellte auch ich mir die Frage, warum ein Mensch Zeit mit etwas verbringen soll, das ihm zuwider ist und aufgezwungen wird? Wie kann durch Widerwille denn etwas Gutes bei einer Tätigkeit herauskommen? Und dies auch noch ohne jede Aussicht auf etwas Besseres. Auch mein tiefer Wunsch nach

Freiheit lag ja darin nicht Dinge nicht tun zu müssen, die ich nicht wollte. Die nicht in mir waren.

Auch mir waren diese Tätigkeiten, diese Hilfsarbeiten, zuwider, doch ich war durch die Aussicht auf was Besseres in der Lage meinen Widerwillen zu besänftigen. Ich war mehr wie der Student, der als Kneipenbedienung arbeitet, um sich das Studium zu finanzieren und später vielleicht Rechtsanwalt zu werden. Nur weil ich eine temporäre Rolle spielte, mit Blick auf das Trading, konnte ich den Tüchtigen mimen. Mit dem Herz war ich nicht dabei.

Offensichtlich spielte ich diese Rolle aber so gut, dass ich in dieser Metallgroßhandlung bald bei allen beliebt war und man gerne mit mir zusammenarbeitete. Ja, es wurde sogar eine richtig gute Arbeitsatmosphäre.

Dann bekam ich ...

... endlich meine ersten Lohn vom Leiharbeitsunternehmen. Ein Trauerspiel. Auf der Lohnabrechnung standen 775 Euro netto, ein Nettostundenlohn von knapp 5 Euro.

Das waren gerade mal 150 Euro mehr als ich zehn Jahre zuvor bereits in meiner Ausbildung (!) zum Diplom-Verwaltungswirt verdient hatte. Sechs Wochen hatte es gedauert, bis ich die paar Kröten bekam. Wochen, die mir wie eine Ewigkeit vorkamen, weil ich dringend auf das Geld wartete.

Mir war sofort klar, dass ich damit nicht weit kommen würde. Dieser Lohn lag, obwohl ich Vollzeit und teilweise Schicht gearbeitet hatte, in etwa auf dem späteren Hartz-IV Niveau und hielt gerade einmal meine Einnahmen und Ausgaben in der Schwebe, und das auch nur, weil meine Ausgaben, etwa die monatliche Miete, sehr, sehr gering waren. Ich wusste, da bleibt nichts übrig, zum Erwirtschaften des Kapitals, das ich als Trader brauchen würde. Zum Sparen, zum Aufbau, zum Rauskommen.

Das war einer dieser Jobs, in denen du tagein, tagaus arbeitest, 140 Jahre, ohne von der Stelle zu kommen. Da bleibst du immer im selben Mist und ewig arm.

Was tun? Nur in der Aussicht voranzukommen, der Aussicht auf eine bessere Zukunft, waren diese ekelhaften Leiharbeits-Einsätze doch überhaupt nur zu ertragen. So beschloss ich, sobald sich eine Gelegenheit ergeben würde, mir noch einen zusätzlichen Job oder Teilzeitjob zu suchen.

Doch zurück ...

... zum Einsatz: Meine neuen Kollegen in der Metallgroßhandlung konnte man keineswegs als Hilfsarbeiter bezeichnen, sie waren Fachkräfte, die aber nicht besonders gut bezahlt wurden. In Windeseile luden sie mit dem Deckenkran riesige LKWs samt Anhänger ab. Ich staunte nicht schlecht. Da saß jeder Handgriff, und viele hatten durch das schwere Heben der Dinge, für die man keinen Kran benutzen konnte, oder es zu lange dauerte ihn zu benutzen, längst Probleme mit dem Rücken, und wenn einer von ihnen ausfiel, sank sofort der Standard. Es war personell viel zu knapp bemessen.

Jeden Morgen, nach den beiden ersten Arbeitsstunden, saßen wir gemeinsam im Frühstücksraum und machten Pause. Als sie mich fragten, wieso ich dabei niemals etwas aß, was daran lag, dass ich versuchte soviel wie möglich meines geringen Verdienstes zum Sparen abzuzweigen, antwortete ich dummerweise, dass mir als Leiharbeiter hierzu das Geld fehle. Zwar stimmte das irgendwo schon auch, war aber nicht der Hauptgrund, warum ich nichts aß. Jedenfalls teilten sie, als sie dies hörten, ihre Brote mit mir, und ich war beschämt. Hier war die Verschleierung meines Vorhabens durch die „Gesetze der Macht" an eine moralische Grenze gestoßen. So zu tun, als müsste ich hungern, während ich in Wirklichkeit sparte, diesen Eindruck wollte ich gegenüber diesen ehrlichen Arbeitern echt nicht erzeugen.

Ich arbeitete etwa drei Monate in diesem Lager, dann wurde der Kollege, den ich wegen Krankheit vertreten hatte, wieder gesund. Gut für ihn, aber schade für mich. Gerade hatte ich mich wieder eingelebt und Kollegen und Handgriffe immer besser gekannt. Hatte ich meine Asozial-Kollegen aus der EDV bereits einen Tag, nachdem ich dort raus geflogen war, schon abgehakt und vergessen, obwohl ich immerhin vier Jahre dort gearbeitet hatte, fiel mir der Abschied bei diesen Kollegen bereits nach nur drei Monaten schwer. Das spürte ich deutlich. Das waren mit die besten Kollegen, die ich jemals hatte.

Leider kam es nicht zu einer festen Übernahme, auch wenn sich für mich einige von ihnen dafür beim Chef einsetzten. Sie hatten, wie mir dieser dann erklärte, einfach nicht das Budget, oder sagen wir es anders: Es war für diese Firma einfach billiger ab und zu einen Leiharbeiter hinzu zu nehmen, als eine neue feste Stelle zu schaffen.

Der nächste Einsatz ...

... als Leiharbeiter war dann in der Nähe von Mannheim in einer mittelständischen Druckerei und dauerte zum Glück nur drei Tage. Wieder galt es in einer großen Halle zu arbeiten. Unentwegt ratterten in ihr Druckmaschinen. Es war so laut, dass einem alsbald die Ohren weh taten.

In diesem Unternehmen gab es eine Unmenge von Leiharbeitern, und jeder von ihnen musste, um ihn optisch klar von der Stammbelegschaft zu trennen, ein immer sichtbares Schildchen an der Brust tragen.

In meinen Augen war dies eine klare Brandmarkung. Eine ganz klare Unterteilung in Arbeitnehmer erster und zweiter Klasse, und selbst der dümmste Vollidiot der ersten Klasse fühlte sich der zweiten überlegen und behandelte die Leiharbeiter herablassend schlecht.

Einmal schnauzte mich eine widerliche Schnepfe, die zur ersten Klasse gehörte und gemeinsam mit mir und zwei weiteren älteren Frauen an einer Druckmaschine arbeitete, übel an, nur um kurze Zeit später abzuchecken, ob ich vielleicht als ihr neuer Freund in Frage käme, woraufhin sie dann plötzlich ganz freundlich zu mir war.

Schon zuvor war mir in ihrer Nähe nicht wohl gewesen, wenn ich mitansehen musste, wie sie mit stierem Blick aß und sich in ihrem offenstehenden Mund die Spuckefäden zogen. Aber jetzt, als sie mich von oben bis unten durch ihr Beziehungs-Raster scannte, schüttelte es mich wirklich vor Ekel. Aber in dem Wissen, dass mein Einsatz in der Druckerei nur drei Tage dauern würde, dies hatte mir das Leihunternehmen dieses Mal bereits im voraus mitgeteilt, und ich sie dann für immer los sein würde, war auch ich nett zu ihr. Wozu also etwas erwidern? Wozu in eine Schlacht ziehen, wenn es doch gar keine Schlacht gab?

Mir war ...

... inzwischen klar geworden, und ich hatte das auch gar nicht anders erwartet, dass Leiharbeit übelst ist. Vor allem die mit ständig wechselnden Einsätzen. Es wird eine kaum zu erfüllende Flexibilität erwartet: Immer wieder andere Arbeitszeiten, immer wieder neue Anfahrtswege, immer wieder neue Kollegen. Kaum kennt man die Handgriffe einigermaßen, kennt die Wege, weiß wo dieses und jenes zu finden ist, muss man meist schon wieder weg. Es ist als würde man ewig angelernt, wie ein ewiger Azubi. Man bleibt immer der kleine Neue.

Natürlich kennt jeder das Gerede von der Dynamischen Spitze, dass also ein Unternehmen durch eine besondere Auftragslage einen kurzfristig erhöhten Bedarf an Arbeitnehmern hat. Sicher mag das in manchen Fällen auch mal eine Rolle spielen, aber im Wesen geht es in der Leiharbeit nur darum den Menschen so lange wie möglich in ihr zu halten und so den Lohn niedrig zu halten und Arbeitnehmerrechte auszuhebeln. Es geht nicht in erster Linie darum den Leiharbeiter in den Arbeitsmarkt zu integrieren, es geht um die Schaffung eines Arbeitsmarktes zweiter Klasse. Ein Bekannter von mir ist bereits seit zehn Jahren Leiharbeiter.

Ganz klar ist auch, dass die Leiharbeit zur Entfremdung zwischen Arbeitnehmer und Arbeitgeber beiträgt. So wusste auch ich gar nicht mehr so ganz genau für wen ich eigentlich arbeite und die Arbeitgeber nicht, dass ich für sie arbeite. Irgendwie hatte ich nur noch Chefs. Das einzige, was ich an der Leiharbeit gut fand, war, dass ich sehr schnell einen Job bekommen hatte, um mich irgendwie über Wasser zu halten. Eigentlich hätte man dafür aber nicht die Leiharbeit gebraucht, sondern könnte direkt zu den Firmen gehen, um einen Job zu bekommen. Es bedürfte keines Zwischenhändlers, böse ausgedrückt, keines Zuhälters.

Gewerkschaften, die das Modell der Leiharbeit mal hinterfragt oder gar bekämpft hätten, sah man zu meiner Zeit nicht. Sie hatten die Tragweite wohl nicht erkannt oder in ihrer Nibelungentreue zur Agenda-2010-SPD nicht begriffen, dass die Leiharbeit eine Gefahr für die Stammbelegschaft, und damit das ureigene Klientel einer Gewerkschaft, darstellte. Die Gewerkschaften sägten damit am Ast, auf dem sie selbst saßen. Und die SPD am Ast ihrer Wähler.

Mir konnte all dies nur deshalb egal sein, weil ich auf das Trading aus war, das mich für all diese Entbehrungen einmal belohnen sollte. Einzig der Gedanke an eine bessere Zukunft ließ mich über die zahlreichen sozialen Merkwürdigkeiten hinwegsehen.

Schließlich folgte ...

... mein vierter und letzter Einsatz, und zwar in einer Chemiefabrik, der Thor Chemie in Speyer.

Von der Größe her ganz sicher nicht zu vergleichen mit der BASF in Ludwigshafen, war sie aber auch keineswegs ein kleiner Laden. Wenigstens verkürzte sich nun durch die Arbeit im Heimatort der Arbeitsweg, denn das Benzingeld durch den meist zwischen 25 und 35 km weit entfernten einfachen Arbeitsweg hatte bei den anderen Einsätzen doch erheblich in meinen Ausgaben zugeschlagen, auch wenn der kleine Nissan Micra, den ich fuhr, nur wenig Sprit verbrauchte.

Mein Einsatz in der Chemiefabrik dauerte etwa neun Monate, also ziemlich lange. Was aber nur daran lag, dass einer der Meister der Thor-Chemie, und zwar der, der für die Anforderung von Leiharbeitern zuständig war, so sehr zufrieden mit mir war, dass er mich immer wieder anforderte und dem Leihunternehmen unmissverständlich klarmachte, dass er niemand anderen haben wolle. Zum ersten Mal gab mir dies eine gewisse Planungssicherheit.

Ich machte bei der Thor-Chemie den Gabelstaplerschein und war bald in viele Arbeitsprozesse eingebunden. Ich lud mit dem Stapler Fässer und Container in die hohen Regale, was mir durchaus Spaß machte. Oder ich wusch sie mit einem Schlauch aus.

Wie auch schon in der Metallfabrik dachte ich manchmal daran, ob es für mich nicht besser gewesen wäre einen handwerklichen Beruf zu erlernen oder etwas in diese Richtung zu studieren, wie z.b. Maschinenbau. Statt des Verwaltungsrechts und der EDV.

Meine Mutter erzählte mir einmal, dass sie, als sie zufällig einmal meiner geliebten Grundschullehrerin begegnete, diese regelrecht erschrak, als sie hörte, dass der Ralf bei einer Behörde arbeite. Vielleicht hatte sie besser als ich gewusst, worin meine Interessen lagen.

In der Speyerer Chemiefabrik war Robert für mich zuständig, ein alter Hase von etwa 45, der schon zwanzig Jahre zur Belegschaft gehörte. Er schnalzte immer so seltsam mit der Zunge, sodass ich anfangs dachte, der Ärmste hätte einen Sprachfehler, bis ich bemerkte, dass er es absichtlich machte.

Robert hatte eine Art und einen Humor, der mir sehr lag. Was er in der Fabrik genau tat, hat sich mir nie so richtig erschlossen, aber Tatsache war, dass er sich mit den meisten Arbeitsabläufen sehr gut auskannte. Er war irgendwie Mädchen für alles. Was mir vor allem auch auffiel, war, dass er durch seine sympathische Art und sein offenes Ohr für die Probleme der Mitarbeiter beruhigend wirkte und es so zu weniger Fehlern kam, die in der Hektik ansonsten schnell gemacht wurden.

Einmal als wir beide überhaupt keine Lust zum Arbeiten hatten, verpissten wir uns in den 3. Stock einer Abfüllanlage. Wir setzten uns auf den Boden und machten es uns gemütlich. Irgendwie hatte es etwas von Tom Sawyer und Huckleberry Finn. Es waren so diese kleinen Momente, die die vielen Entbehrungen wenigstens etwas erträglicher machten.

Die Planungssicherheit, die ...

... mir der lange Einsatz bei der Thor-Chemie gab, vor allem im Hinblick auf die Arbeitszeiten, nutzte ich umgehend, um mir einen weiteren Job zu besorgen.

Wieder durchforstete ich das Internet und fand eine Stellenanzeige von UPS, dem bekannten us-amerikanischen Logistik-Unternehmen mit weltweit immerhin 400.000 Beschäftigten.

Sie suchten Mitarbeiter für einen dreistündigen Teilzeitjob, bei dem es darum ging in ihrem großen Lager in Heddesheim LKW-Container mit Paketen zu beladen. Sofort schrieb ich sie per Email an, und wir vereinbarten einen Termin, bei dem ich eineinhalb Stunden unbezahlt auf Probe arbeiten sollte, damit sie sich von mir ein Bild machen konnten. Ein Zeugnis verlangten sie nicht. Ich liebte den Pragmatismus amerikanischer Unternehmen, die sich, zumindest auf der Hilfsarbeiterebene, nicht lange mit unnötigem Papierkram aufhielten.

Offensichtlich war UPS mit meinem Probearbeiten zufrieden, denn ich bekam den Job. Interessanterweise wurden diese drei Stunden bei UPS besser bezahlt als die acht Stunden der Leiharbeit, obwohl für beide Jobs keinerlei Bildung benötigt wurde. Ganz zu schweigen davon, dass UPS auch noch Weihnachts- und Urlaubsgeld, sowie anfallende Überstunden zahlte. Das war schon ein gewaltiger Unterschied.

Ich verschwieg dem Leiharbeitsunternehmen den Teilzeitjob bei UPS, denn mir war klar, dass ihnen das nicht gefallen konnte. Ich war mir sicher, sie hätten mir den zusätzlichen Job nicht erlaubt, denn wegen ihm hätten sie mich nicht mehr so flexibel einsetzen können, wie sie wollten.

So arbeitete ich jetzt täglich acht Stunden als Leiharbeiter in der Chemiefabrik in Speyer und direkt danach drei Stunden bei UPS im 30 km entfernten Logistiklager in Heddesheim. Dort lud ich bis zu sechzig Kilo schwere Pakete von einem laufenden Fließband in große LKW-Container und stapelte sie wie eine Mauer auf. Ich ging morgens um sieben aus dem Haus und kam abends um neun nach Hause. Jeden Tag, von Montag bis Freitag.

Der neue zweite Job ermöglichte mir, wenn er auch auf Lohnsteuerklasse 6 mit sehr hohen Abzügen lief, ca. 50 Prozent, den Lohn von UPS komplett für mein Vorhaben zu sparen. Und das waren immerhin etwa 300 Euro im Monat.

Endlich hatte ich wieder das Gefühl von der Stelle zu kommen und mich meinem Ziel, dem Trading, zu nähern. Doch ich ging noch weiter und fragte mich: „Was ist eigentlich mit dem Samstag oder Sonntag? Da könntest du doch auch noch arbeiten".

So besorgte ich mir noch einen Samstagsjob, fünf Stunden, ebenfalls bei einem Logistik-Unternehmen, einem konkurrierenden, und zwar der Deutschen Post, die in Speyer ein großes Frachtzentrum unterhielt. Auch bei ihr ging es darum Lkw-Container zu beladen, wobei diese Arbeit aufgrund der Beschaffenheit der Bandanlage körperlich nicht so anstrengend war wie bei UPS.

Doch auch dieser dritte Job genügte mir noch nicht.

Nicht nur fragte ich die Personalchefin der Post, ob ich, wenn ich in den anderen beiden Jobs mal Urlaub hätte, dann mehr als nur den Samstag bei ihnen arbeiten könne, sondern auch, ob sie was dagegen hätte, wenn ich, ganz grundsätzlich, und zwar dreimal unter der Woche nachts, noch einmal vier Stunden bei ihnen zur Arbeit erschiene. Dies wäre eine reine Wochen-Arbeitszeit von 72 Stunden geworden. Sie schaute mich etwas irritiert an, stimmte aber zu: „Wenn Sie das schaffen, Herr Scherer". Ich hatte es fest vor. Ich wollte meinen Fehler an der Börse unbedingt wieder gut machen und die Schmach des März 2000 ausmerzen.

Mein Plan sah wie folgt aus: Morgens um 6 15 Uhr aufstehen, für 8 Stunden in die Chemiefabrik, dann direkt anschließend 3 Stunden zu UPS, um 20 Uhr nachhause und dann wieder los, um von 22 Uhr bis 2 Uhr nachts noch 4 Stunden bei der Post zu arbeiten, dann nachts heim, um die verbleibenden 4 Stunden zu schlafen, dann wieder um 6 15 Uhr aufzustehen, um wieder 8 Stunden in der Chemiefabrik und 3 Stunden bei UPS zu arbeiten. Danach hätte ich die Nacht frei bis zum Morgen, dann das ganze wieder von vorne. Ich würde also nur jeden zweiten Tag die ganze Nacht durchschlafen.

Welcher geisteskranke Vollirre denkt sich so was aus? Ich. Ich war der Vollidiot. Aber auf meinem „heiligen" Excelplan hatte es machbar ausgesehen. Und durch den zu erwartenden Verdienst sehr verlockend.

Bereits am nächsten Tag versuchte ich diese bekloppte Aktion, und scheiterte sofort. Nur einen einzigen Tag hielt ich durch. Ein Tag, an dem ich mir vorkam wie Jack Lemmon in dem Film „Das Mädchen Irma la Douce", in dem er, um Irmas einziger Freier zu sein, fünf Jobs annimmt und u.a. Schweinehälften schleppt, und dann mehr tot als lebendig heimkommt, und kaum, dass er im Bett eingeschlafen ist, schon wieder der Wecker zum Aufstehen klingelt. Ich bedauerte, dass ich kein Roboter war, wie Data von „Raumschiff Enterprise", der keinen Schlaf brauchte. Er würde in unserer Gesellschaft kein Problem haben reich zu werden.

Ich war jetzt ...

... wie verrückt. Ich weiß noch, wie ich verärgert und kopfschüttelnd vor einem Aushang des Arbeitsschutzgesetzes stand und mich aufregte, weil es insgesamt nur zehn Stunden Arbeit am Tag erlaubte. Völlig empört sagte ich zu mir: „Da will man arbeiten und dann darf man nicht, eine Sauerei" und wäre mit dieser Einstellung sicherlich der Liebling aller Neoliberalen gewesen, all jener, die die Freiheit des Menschen einzig über die Arbeit definieren. Für die nur der arbeitende Mensch überhaupt Mensch ist.

Jede Möglichkeit suchend Geld zu erwirtschaften, stieß ich dann in der Kantine der Chemiefabrik auf eine Anzeige am schwarzen Brett, dass Leute gesucht würden, die sich für medizinische Tests zur Verfügung stellten. Schlecht wurde das Ganze nicht bezahlt. Ein Aufruf bei meinen Heilpraktikern in München, ob dies eine Option sei, brachte mich wieder zur Vernunft. War ich jetzt schon bereit meine durch sie mühsam wieder erworbene Gesundheit aufs Spiel zu setzen? Hatte ich schon vergessen, wie mies es mir nur wenige Jahre zuvor noch gegangen und welch hohes Gut die Gesundheit war? Dass ohne Gesundheit auch kein Arbeiten möglich war?

Aber auch ohne solche riskanten gesundheitlichen Aktionen, war ich mit den drei Jobs Leiharbeit, UPS und Post, die auch zusammengenommen noch immer nicht mein altes Gehalt als Programmierer ergaben, doch an meinen Grenzen angekommen. Ganz abgesehen davon, dass ich die wenig verbleibende Freizeit, meist Sonntags, noch mit dem Erlernen der technischen Analyse verbrachte. Stichworte Candlestick, Elliot Wave etc.

Überhaupt hatte ich bei all diesen Leiharbeits-Einsätzen und zusätzlichen Jobs längst einen Blick für die Menschen entwickelt, die man als die sogenannte Unter- oder bildungsferne Schicht bezeichnete. Gekennzeichnet war diese von den prekären Beschäftigungen, die sich ständig mit dem Erhalt von Arbeitslosengeld abwechselten. Man sah in ihren verbrauchten Gesichtern den täglichen Kampf, die ständige Hetze und Sorgen.

Was mich gewaltig störte, ja, mir regelrecht weh tat, war, wenn jemand zwar zu dieser Unterschicht gehörte, man aber schnell bemerkte, dass er mehr drauf hatte. Da waren Leute dabei, die enorm aufgeblüht wären, wenn man ihnen mit nur etwas gutem Willen begegnet wäre.

In meinen Augen wollte man, dass diese Menschen unten bleiben, um sie als billige Arbeitskraft zu missbrauchen und eine Klasse zu haben, auf die man herabschauen konnte. Wer war „man"? Ich denke, die politische Klasse durch alle Parteien hindurch, zusammen mit den Vertretern der Wirtschaft. Sie waren diejenigen, die von einer marktkonformen Demokratie faselten und dabei vergaßen, dass eine Demokratie menschenkonform sein muss.

Mit der Zeit ...

... besaß ich über achtzig Bücher zum Thema Trading an der Börse, teilweise dicke Wälzer, und manche nur auf englisch erhältlich. Reine Fachliteratur, bei der ein Buch durchaus auch mal 80 Euro kosten konnte. Die Bildung, die ich für mein Trading brauchte, hatte ich von meinem Sparen ausgenommen, denn es war ja eine Investition, die im Sinne meines Vorhabens stand, nämlich mich selbst zum Trader auszubilden.

Inzwischen hatte ich die Einkommen der drei Jobs fleißig gespart, immerhin etwa 6000 Euro. Wie auch nicht? Ich hatte durch das ständige Arbeiten ja kaum Gelegenheit irgendetwas von dem Geld auszugeben, und es würde meinen Berechnungen zufolge reichen, um jetzt, etwa zweieinhalb Jahre nach dem Börsenzu-sammenbruch, mit dem Traden langsam aber sicher zu beginnen.

Eigentlich hätte ich damit lieber noch etwas abgewar-tet und weiter in den drei Jobs gearbeitet, um mehr Geld zur Verfügung zu haben, und damit auch mehr Spielraum das Traden durch die Praxis zu erlernen. Vielleicht solange bis ich etwa 10.000 Euro gespart hätte. Doch ich stand unter Zeitdruck, denn auch der lange Einsatz bei der Thor Chemie würde irgendwann einmal enden, und wenn der nächste Einsatz des Leiharbeitsunternehmens dann zeitlich nicht zu UPS passen würde, bestand die Gefahr eines Konflikts zwi-schen beiden Jobs.

Dieses Risiko wollte ich nicht eingehen, und ich sagte mir: „Den Mist mit der Leiharbeit, den hast du jetzt lange genug mitgemacht. Sie ist hinsichtlich Arbeits-ort und Arbeitszeit ein zu vager, ein zu unberechenba-rer Arbeitgeber und sie musst du als erstes loswer-den", und ich beschloss zu kündigen.

Ich denke, ich hatte aus dem wackligen Konstrukt das meiste herausgeholt, ohne Ärger zwischen den Jobs zu bekommen.

Sowieso war es seltsam. Immer kam ich mir vor, als würde ich etwas Falsches zu tun, etwas Illegales. Da-bei war Arbeiten ja das Einzige, was ich tat. Was woll-te man mir also vorwerfen? Vor allem in einer Gesell-schaft, in der größtenteils nur der Arbeitende etwas zählt und der Arbeitslose verachtet wird.

Um bei der Kündigung der Leiharbeit nicht irgendwelchen Diskussionen um Kündigungsfristen ausgesetzt zu sein, die mein Konstrukt doch noch über den Haufen geworfen hätten, erfand ich die Story, ich würde nach Texas ziehen, um dort eine Amerikanerin zu heiraten. Ich wollte das Leiharbeitsunternehmen so schnell wie möglich verlassen, und ich sagte mir, diese von mir erfundene Geschichte würde sich so rührend anhören, dass sie mitspielen und nicht auf vertragliche vereinbarte Kündigungsfristen beharren würden. Den „Gesetzen der Macht" folgend verschleierte ich mein wahres Vorhaben nach wie vor so gut wie möglich.

„Das ist in der Nähe von Texas, dort wo George Bush wohnt", log ich gegenüber der Frau, die im Leiharbeitsunternehmen in der Zwischenzeit den unsympathischen Chef ersetzt hatte und die nicht minder unsympathisch war. Ich glaube, man muss ein bestimmter Menschenschlag sein, um ein Leiharbeitsunternehmen zu leiten. Man muss eine Verachtung für den Arbeiter mitbringen, aber so tun als sei man arbeitnehmerfreundlich.

Das Leiharbeitsunternehmen war über meine Kündigung nicht gerade erfreut. Nicht dass ihnen etwas an mir, meiner Person, gelegen hätte, die war ihnen schnurz, vielmehr darüber, dass sie an mir kein Geld mehr verdienen würden. War ich doch einer der zuverlässigsten, einer der von den Unternehmen sehr

gerne angefordert wurde, etwa der Metallgroßhänd-
ler, der mich, wie ich erfuhr, zwischenzeitlich auch
wieder angefordert hatte.

Ich wartete noch, ob die neue Chefin mir ein Arbeits-
zeugnis aushändigen würde, doch das tat sie nicht.
Auch ich erwähnte es nicht, auch wenn es mir zugestanden hätte. Warum sagte ich nichts? Weil es mir
egal war. Nicht nur, dass ich mir sagte, wer würde
schon etwas auf das Zeugnis eines Leiharbeitsunternehmens geben, das war ja völlig lächerlich, sondern
vor allem, dass das, war ich vorhatte, kein Zeugnis
brauchen würde. Das Geld würde Zeugnis sein. Mehr
würde der Aktienmarkt, um Zugang zu ihm zu erhalten nicht verlangen. Geld war das einzige Einstel-
lungskriterium, das der Markt verlangte.

Wie heikel das ...

... Arbeiten in drei Jobs sein konnte, erfuhr ich einige
Wochen später. Die Deutsche Post, bei der ich nun
schon etwa ein dreiviertel Jahr jeden Samstag gearbeitet hatte, bekam wegen einer Krankenkassenmel-
dung mit, dass ich auch bei ihrer Konkurrenz UPS arbeitete. Und die Post war nicht begeistert.

Es war nicht so, dass ich es verschwiegen hätte, ich
hatte ihnen schon mitgeteilt, dass ich noch einen anderen Teilzeitjob hatte. Was ich nicht erwähnt hatte,
war, dass es UPS war, und das auch nur, weil mich nie
jemand konkret danach fragte.

Ich hatte mir aber auch nicht wirklich so viel dabei gedacht, denn auf dieser untersten Ebene, der Hilfsarbeiterebene, war ich schon der Meinung, dass die Post sich bzgl. einer Konkurrenz, oder einem Verrat an Betriebsgeheimnissen, oder was immer sie sonst durch mich befürchteten, doch mal nicht ins Hemd machen sollte.

Doch sie machte sich ins Hemd, bot mir aber an, mich fest zu übernehmen, wenn ich bei UPS kündigen würde. Ich kündigte daraufhin aber bei ihr, da UPS in drei Stunden das bezahlte, was die Post in fünf bezahlte, und überhaupt war ich bei UPS ja schon fest übernommen. Es ging nur ums Geld. Wie sagte Michael Corleone in dem Film „Der Pate": „Gar nichts persönliches, es geht nur um die Sache". Und meine Sache war einzig das Geld.

So blieb, nachdem ich die Leiharbeit gekündigt hatte und die Post quasi mir kündigte, von meinen drei Jobs nur noch einer übrig, und zwar der dreistündige Teilzeitjob bei UPS. Dieser aber wurde, wie bereits erwähnt, sehr gut bezahlt. Für gerade mal drei Stunden Arbeit pro Tag, ging ich, nachdem ich UPS nun auf Lohnsteuerklasse 1 laufen lassen konnte, mit 800 Euro netto nachhause. Ein sehr guter Stundenlohn für eine Arbeit, die keinerlei Bildung voraussetzte.

Und dennoch würden mir die 100 Euro der Post im Monat fehlen, zumal es möglich gewesen wäre, im Urlaub von UPS, oder durch den Wegfall der Leiharbeit ganz grundsätzlich, jeden Tag auch noch bei der

Post zu arbeiten und mir damit einiges dazu zu verdienen, zumal auch die Post kein schlechter Arbeitgeber war. Im Vergleich zu der im System der Leiharbeit liegenden geschilderten Problematik waren UPS und die Deutsche Post traumhafte Arbeitgeber. Wohlgemerkt im Vergleich, nicht unbedingt an sich.

Es gab jetzt ...

... nur noch ein Problem, das dem Traden entgegenstand, nämlich dass der Job bei UPS innerhalb der Öffnungszeiten der amerikanischen Börse Nasdaq lag, und damit der Börse, an der ich traden wollte.

Irgendwie musste ich es schaffen nicht während den amerikanischen Börsenzeiten arbeiten zu müssen, denn du kannst ja nicht dasitzen, Stunde um Stunde, und gebannt vor dem Laptop auf eine günstige Gelegenheit warten, und wenn sie dann endlich kommt, musst du aufstehen und arbeiten.

Und ich hatte riesiges Glück, denn ich erfuhr, dass UPS jemanden für die dreistündige Nachtschicht suchte, die nicht nur völlig außerhalb der Börsenzeiten liegen würde, nämlich nachts von 4 bis 7 Uhr, sondern für die auch noch eine steuerfreie Nachtschichtzulage bezahlt würde, was den eh schon sehr guten Stundenlohn nochmals erhöhte.

Nicht aber nur wegen der Börse und dem etwas höheren Verdienst wollte ich in die Nachtschicht wech-

seln, sondern auch, weil ich in der Nachmittagsschicht der Älteste unter diesen verpickelten Teenies
war. Junge Männer zwischen 18 und 22 Jahren, die
mir mit ihrem pubertären Gequatsche auf die Nerven
gingen und für die ich mit meinen 35 Jahren so etwas
wie ein alter gescheiterter Versagerdepp war. Dabei
würden sie das, was ich mit 23 erreicht hatte, niemals
erreichen.

Ich wusste, in der Nachtschicht waren fast alle in meinem Alter oder sogar noch älter. Und es gab noch
einen Vorteil: In der Nachtschicht wurde nicht ein-
sondern ausgeladen, und das Ausladen aus dem LKW-
Container war dank der Schwerkraft doch wesentlich
leichter als das Einladen.

So bat ich sofort um Versetzung in die Nachtschicht,
und tatsächlich, mein Chef war einverstanden. Jetzt
war der Weg endlich frei.

Über das Internet eröffnete ich ein Tradingkonto in
den USA und überwies mein gespartes Geld zum entsprechenden Wechselkurs auf das dortige Depot, damals etwa 6.000 Dollar.

Ich hatte alle wichtigen Weichen gestellt und die nöti-
gen Strukturen geschaffen. Ich konnte von UPS, wenn
auch auf niedrigem Niveau, leben, war außerdem
durch sie gesetzlich krankenversichert, und war nun
vor allem in der Lage zu traden, wenn auch, vom Ka-
pitaleinsatz, ebenfalls auf niedrigem Niveau.

Mein Hauptjob ...

... war nun das Traden und mein Tag zweigeteilt in körperliche und geistige Arbeit: Von 4 Uhr bis 7 Uhr morgens körperlich bei UPS arbeiten, dann schlafen von ca. 9 Uhr bis 15 Uhr, um dann von 15 30 Uhr bis 22 Uhr geistig arbeitend an der US-Börse Nasdaq zu traden.

Ich muss dazu erwähnen, dass ich zum Trading nicht die gesamten 6.000 Dollar einsetzte, sondern pro Trade nur 2.500 Dollar. Der Rest war die Mauer, also die Reserve, die da sein musste, wenn ich beim Traden Geld verlor. Sie durfte nie so weit runter gehen, dass ich nicht hätte weiter traden können, denn dies wäre einer Kündigung durch den Markt gleich gekommen.

Der Puffer, um Verluste auszugleichen, war damit doch ziemlich gering, d.h. allzu viele Fehleinschätzungen des Marktes würde ich mir nicht erlauben können. Dies konnte aber zur Verkrampftheit beim Traden führen, zum Zwingen des Marktes, der über eine bemerkenswerte Eigenschaft verfügte, nämlich die, dass er immer recht hatte.

Tradeste du also falsch, so war nicht der Markt schuld, sondern du, denn du hattest ihn falsch verstanden. Es war ein absoluter Anspruch des Marktes.

Dann, endlich, kam der Tag meines ersten Trades, und ich war ziemlich aufgeregt. Schon seit Wochen hatte ich die Märkte, vor allem die Nasdaq, intensiv beobachtet und auf dem Papier getradet, also das Traden ohne echten Einsatz von Geld simuliert. Nochmals und nochmals hatte ich Trendlinien gezogen und war die Konstellationen durchgegangen, welchen Verlauf eine Aktie möglicherweise nehmen würde.

Dann war es soweit, der Markt hatte eröffnet, und die ersten Kurse huschten über den Bildschirm meines alten Laptops. Jetzt war bei einer Aktie der Kurs erreicht, an dem ich einsteigen wollte. Ich klickte auf den „Kauf"-Button. Sofort kam die Bestätigung, und ich war im Markt. 2.500 Dollar waren nun eingesetzt, angespannte Blicke auf den Kurs. Bid, Ask. Die Aktie stieg, ich hatte mit meiner Analyse richtig gelegen und verkaufte sie zwei Stunden später wieder mit einem Nettogewinn von etwa 60 Dollar. Netto hieß, nach Abzug der Kaufs- und Verkaufsgebühren, die noch auf die Transaktion anfielen und die man nicht unterschätzen durfte.

Ich freute mich riesig, nicht so sehr wegen den 60 Dollar, sondern vielmehr darüber, dass dieser erste Trade kein „Mal sehen, was passiert"-Investment war, wie mein damaliges Investment an der Börse. Nein, das hier beruhte auf eigenem Können, es hatte eine Bindung zwischen Aktion und Reaktion, es war nicht losgelöst, es war nicht beliebig. Vielmehr war es ein kalkuliertes, ein kontrolliertes Risiko, das ich einging. Das hier war kein Spekulieren, kein Spielen, sondern Wissen. Damals, das war Spekulieren.

Für zwei Stunden Arbeit 60 Dollar war doch kein

schlechter Stundenlohn, oder? Dafür würde ich sechs harte Stunden Lkws ausladen oder hätte bei meinem Leihunternehmen zwei ganze Tage arbeiten müssen, was ich hier nun innerhalb von nur zwei Stunden mit zwei Klicks auf die Maustaste erledigte.

Was ich beim ...

... Traden aber auch so richtig klasse fand, war, dass wenn ich es einmal wirklich drauf haben würde, es dann nur noch darum ginge die eingesetzten Beträge zu erhöhen, also statt beispielsweise 2.500 Dollar pro Trade 25.000 Dollar einzusetzen. Der Rest, d.h. die Einschätzung des Aktienverlaufs, blieb ja dasselbe. Wenn der Nettogewinn statt 60 Dollar also 600 Dollar in zwei Stunden sein würde, dann käme man mit diesem Stundenlohn schon an ein Einkommen heran, das nur die allerwenigsten bezogen. Wer hatte schon einen Stundenlohn von 300 Dollar?

Und was das allerbeste war, nicht irgendein Chef würde meinen Lohn bestimmen, sondern das eigene Können. Das Gehalt, das sich durch das Traden ergab, war damit gerecht. Es stimmte mit dem eigenen Können überein. Der Verdienst war wirklich das, was man verdiente.

So ging das Traden weiter. Und auch bei den nächsten zwölf Trades, die sich über einen Zeitraum von etwa vier Monaten hinzogen, lag ich richtig und konnte sie mit kleinen, aber feinen Gewinnen zwischen 20 und

100 Dollar abschließen.

Hierbei muss ich aber dazu erwähnen, dass ich nicht jeden Tag tradete. Ja, ich beobachtete jeden Tag den Markt, und das war auch notwendig, um ein Gefühl für ihn zu entwickeln, aber nur, wenn in meinen Augen eine wirklich vielversprechende Konstellation vorlag, ging ich auch in ihn hinein. Eine vielversprechende Konstellation war beispielsweise eine Aktie, die drei Tage hintereinander gefallen war und am vierten Tag über das Hoch des dritten Tages stieg.

Manchmal dauerte es zwei, drei Wochen bis sich wieder eine Chance ergab. In diesem Sinne war der Gewinn eines Trades also durch eine lange Vorbereitung zustande gekommen und nicht nur durch die kurze Zeit von Einstieg und Ausstieg bestimmt, und in diesem Sinne der Gewinn auch nicht so hoch.

Das wichtigste aber war die Vermeidung der Verluste. Der erfolgreiche Trader, und das war ganz klare Aussage all meiner Tradingbücher, maß seinen Erfolg nicht an den Gewinnen, die er machte, sondern an den Verlusten, die er vermied.

Das Traden ...

... war nun also endlich angelaufen, und ich versuchte langsam aber sicher Fehler für Fehler aus meinem Tradingverhalten zu entfernen.

Ich bemerkte bald, dass es weniger die technischen Fähigkeiten waren, die mir fehlten, sondern die emotionalen, das sogenannte „Financial Behaviour". Es beispielsweise nicht persönlich zu nehmen, wenn der Markt sich gegen mich richtete und dies dann so zu interpretieren, als könne der Markt mich nicht leiden. Keinesfalls dürfte ich gegen ihn einen Widerwillen entwickeln.

Das war für mich weitaus schwieriger zu erlernen, als etwa in den Charts Trendlinien zu ziehen und Formationen zu erkennen, war ein solches Verhalten doch eng in der eigenen Persönlichkeit verwurzelt.

Und tatsächlich; an einem Tag bekam ich meine emotionalen Unzulänglichkeiten voll zu spüren, als ich mit beiden Füssen in die Falle des sogenannten Rachetradings tappte. Eine Aktie, die ich vorher tagelang genaustens analysiert hatte, reagierte nicht, wie ich es von meiner Analyse her erwartet hätte, und ich wurde ärgerlich.

Immer wieder stieg ich in die Aktie ein und aus, weil ich gegenüber dem Markt recht haben wollte, wo es doch immer nur der Markt war, der recht hatte. Ich wollte ihn zwingen und machte ihm das Recht immer recht zu haben streitig und hatte am Ende dieses Tradingtages über 700 Dollar verloren, was fast einem ganzen Monatsgehalt bei UPS entsprach.

Nicht nur hatte ich meine eigenen Tradinggrundsätze verraten und damit meine Tradingintegrität verletzt, sondern auch noch fast alle zuvor mühsam erzielten Gewinne wieder hergegeben. Meine Schutzmauer war an diesem Tag stark gesunken. Und auch meine Laune.

Zwar hatte ich eine hohe Trefferquote, lag also mit meiner Einschätzung über eine Aktie meist richtig, dafür aber war das Gewinn-Verlust-Verhältnis fast ausgeglichen, was bedeutete, dass eine hohe Trefferquote nicht viel aussagte, denn ein einziger gravierender Fehler konnte, so wie es mir gerade passiert war, sehr viel zunichte machen. Ich war an diesem Tag sehr deprimiert.

Erschwerend ...

... kam noch hinzu, dass ausgerechnet zu dieser Zeit mein Auto, der alte Nissan Micra, den Geist aufgab. Schon einige Male hatte er Zicken gemacht und mich bibbern und beten lassen, er möge doch noch halten und mich zu den vielen Arbeitsplätzen bringen. Er war einfach zu alt. Auch zu alt, um nochmals Geld in Reparaturen zu stecken. Aber was tun? Ich brauchte das Auto doch um zur Nachtschicht in das 20 km entfernte Schwetzingen zu UPS zu kommen. In der Nacht fuhren dorthin weder Bus noch Bahn.

Eigentlich hatte ich gehofft, dass das Auto wenigstens noch so lange halten würde, bis sich mein Traden stabilisiert und ich einige Gewinne erzielt hätte. Ich hätte dann einfach einmal vielleicht 1.000 Dollar von meinem Tradingkonto aus den USA abgezogen und mir dafür einen neuen billigen Gebrauchtwagen gekauft. Aber leider war ich mit dem Traden noch nicht so weit. Und so musste ich schweren Herzens das Geld bereits jetzt von meinem Tradingkonto aus der USA abziehen und kaufte mir einen alten gebrauchten 3er BMW für 1.200 Euro.

Nicht die Anschaffung war das Hauptproblem dieses Autos, sondern dessen Unterhalt, vor allem der Spritverbrauch, der auch wenn ich das neue Auto nur zum Fahren zur Arbeit benutzte, natürlich weit höher lag als der des kleinen Micras. Etwas, was ich unterschätzt hatte, vielleicht wegen der Schönheit des BMWs aber auch nicht sehen wollte. Wirklich konsequent war die Anschaffung des BMWs nicht, aber ich war eben auch nur ein Mensch. Manchmal zumindest.

Doch es war nicht nur das Auto, das zeitlich sehr unpassend kaputt ging. Auch mein Laptop, der mit seinen gerade mal 4 GB Festplattenspeicher längst nicht mehr den rasant anwachsenden Softwareanforderungen entsprach, ging jetzt kaputt. Nicht verwunderlich, lief er doch jeden Tag, vor allem wegen des Tradings, bis zu 12 Stunden, und ich musste das Geld für einen neuen Laptop, ebenfalls aus meinem Tradingkonto aus den USA abziehen, was meine Schutzmauer noch einmal stark absinken ließ.

Aber wer vernünftig traden will, der brauchte eben doch auch ein gewisses Mindestmaß an Technik, gar nicht mal so sehr um die Märkte zu analysieren, aber sich darauf verlassen zu können, dass der Computer nicht gerade in dem Moment abstürzt, da man einem wichtigen Kauf- oder Verkaufssignal folgt. Etwas was mir bei meinem alten Laptop des öfteren passiert war und mir das Traden erschwerte, vor allem in diesen Momenten dann ruhig zu bleiben und nicht die Nerven zu verlieren.

Wenn die Mauer ...

... d.h. meine Tradingkapazität, rein theoretisch, noch immer hoch genug war, um zu traden, überlegte ich, ob ich nicht lieber nochmal arbeiten sollte. Geld garantiert erwirtschaften, die Mauer etwa auf 15.000 Euro hochbringen, das bisherige insgesamt erfolgreiche Trading als ersten Schnupperkurs verstehen, um dann anschließend wieder in Ruhe zu traden.

Bis auf die Fehler, die mir ja mehr und mehr klar wurden, war es ja nicht so schlecht gelaufen. Und selbst wenn ich nochmals einen Job annehmen würde, die grundsätzliche Konstellation mit UPS würde erhalten bleiben, ich müsste nur wieder den neuen Job kündigen.

Ich entschied mich dafür, wissend das nur ein unbeschwertes Trading zum Erfolg führen konnte. Ein Trading, das auch Fehler erlaubte. Wieder einmal sah ich mich nach einem Job um und fand im Internet die Stellenanzeige eines Callcenters in Mannheim. Gesucht wurden Leute für das sogenannte Outbound. Outbound hieß, man nahm keine Anrufe entgegen, sondern telefonierte selbst nach draußen.

Der Callcenter zahlte nicht so schlecht, immerhin 10 Euro die Stunde, und ich bewarb mich. Ich redete mir ein, dass es mir nichts ausmachen würde, Leute am Telefon zu belabern und versuchte wieder nur das zu erwartende Geld als das einzig Entscheidende für meine Handeln anzusehen.

Ich bekam den Job als Call-Agent. Nicht weil ich es war, sondern weil sie alle, die sich vorgestellt hatten, etwa zwanzig, nahmen. Aufgrund der hohen Personalfluktuation mussten sie wohl so vorgehen, was kein gutes Zeichen war.

Was ich dann dort vorfand, war ein ständig automatisiertes Anrufen bei wildfremden Leuten, die man einfach in ihrem Alltag störte. Mir fiel es schon schwer Leute zu stören, um sie nach dem Weg zu fragen. Die ganze Tätigkeit ging mir völlig gegen den Strich. Ich würde auch nicht einfach angerufen und belästigt werden wollen, zumal man den Leuten am Telefon irgendeinen Mist aufschwatzen musste. Dazu kam ein großer Druck, denn um nicht gleich wieder herauszufliegen, musste man pro Tag mindestens drei erfolgreiche Geschäftsabschlüsse erzielen.

Ich hatte nie Probleme gehabt, mit jemandem zu telefonieren, ich hätte auch mit dem Kaiser von China telefoniert, aber das hier war etwas anderes, und ich war am ersten Arbeitstag so nervös und so voller Gedanken, dass ich in der Pause gegen eine große Glasscheibe lief, die die Räume voneinander trennte. Ich hatte sie wirklich nicht gesehen. Eine Kollegin sah mich völlig entsetzt an, während ich meine Brille richtete, die schief auf meiner Nase hing. Meine Kollegen hingegen schienen mit den moralisch fragwürdigen Aspekten des Jobs keinerlei Probleme zu haben. Ich beobachtete einige, die schon lange dort arbeiteten. Sie laberten und laberten, wie Maschinen.

Ich hielt diesen Rotz nur einen Tag durch. Auch beim größten Einsatz meines Willens konnte ich es innerlich einfach nicht. Es gab etwas, das war einfach größer als der Wille. Schade, denn wieder hatte es auf meinen Excel-Plänen, auf denen ich bereits die zu erwartenden finanziellen Erträge ausgerechnet hatte, so gut ausgesehen.

Auch den zeitlichen Belegungsplan des Callcenters hatte ich bereits ausgefüllt, so voll, wie er voller nicht sein konnte. Ich hatte alles angekreuzt, was angekreuzt werden konnte, von Montags bis Samstags, morgens von 8 Uhr bis abends um 20 Uhr, sodass sich der Gruppenleiter, als er mein ausgefülltes Formular sah, den Witz nicht verkneifen konnte, dass man das zeitlich ja noch ausbauen könne. Ich lachte artig mit, den einzigen Gedanken denkend mit Deppen wie ihm eines Tages nie wieder etwas zu tun haben zu müssen.

Nur Tage später stellte ich mich bereits bei der nächsten Firma vor, einer Firma, die Müll trennte. Ein dreckiger Job. Sie waren bereit mich zu nehmen, gingen aber davon aus, dass ich dafür bei UPS kündigen würde. Sie dachten, weil ich ja nur einen Teilzeitjob hätte, wäre ich an ihrem Vollzeitjob interessiert. Für mich machten aber nur beide Jobs zusammen einen Sinn, was wiederum sie ablehnten. Da beide Jobs, trotz des enormen Unterschiedes der Arbeitsstunden, gleich bezahlt wurden, war meine Wahl natürlich klar. Ich gab doch nicht einen Dreistundenjob auf, der so viel einbrachte, wie ein Achtstundenjob.

Als ich nach dem gescheiterten Vorstellungsgespräch das hässliche, vollgemüllte Firmengelände verließ, wunderte ich mich schon, in was für Hinterhof-Schuppen ich mich da wieder einmal herumtrieb, und fast kam ich mir vor wie Günther Wallraff als er für sein bekanntes Buch „Ganz unten" recherchierte.

Eines wurde mir ...

... nun klar: Wenn ich mein Einkommen schon nicht durch einen zweiten Job erhöhen konnte, und das schien mir zu dieser Zeit nicht zu gelingen, dann blieb mir nur die Ausgaben zu verringern und zwar so stark, dass ich monatlich vom UPS-Lohn noch etwas würde sparen können. Aber wie wollte man von 800 Euro im Monat noch etwas sparen?

Ich versuchte es dennoch. Mein Ziel war 200 Euro im Monat zu sparen, um dann wenigstens alle zwei Monate 400 Euro in die USA überweisen zu können und meine Tradingmauer zu stärken, wobei mir das damals günstige Euro-Dollar-Verhältnis etwas dabei helfen würde.

So überlegte ich, was ich noch einsparen könnte, um die Schutzmauer langsam aber sicher wieder in eine Höhe zu bringen, die ein gelassenes Traden erlauben würde. Eigentlich musste ich nicht viel überlegen, das Auto war klar der größte Batzen. Es kostete, wie ich bereits kurz nach dem Kauf befürchtet hatte, einfach zu viel: Benzin, Steuer, Versicherung, Reparaturen. Es war völlig klar, der Kauf des BMWs, so günstig er in seiner Anschaffung auch gewesen war, war im Kontext dessen, was ich vorhatte, ein Fehler gewesen. Aber vielleicht würde ich ihn durch rigoroses Sparen ausbügeln können.

Ich fragte mich: Könnte ich vielleicht doch auf das Auto verzichten und die Strecke zu UPS nach Schwetzingen mit dem Rad fahren?

Ich hatte dies bis dahin nie ernsthaft in Erwägung gezogen, weil es mir aufgrund der einfachen Entfernung von 20 km nicht der Überlegung wert schien. Das schien mir einfach zu weit. Und außerdem: Seit ich 22 war, hatte ich immer ein eigenes Auto gehabt. Konnte ich diese Gewohnheit wirklich aufgeben? Und könnte ich, rein körperlich gesehen, jeden Tag 40 km mit dem Rad fahren und dazu mindestens drei Stunden im Akkord Lkw-Container ausladen?

Sicherlich, ich hatte immer viel Sport getrieben, aber ganz so jung war ich mit meinen inzwischen 36 Jahren nun auch nicht mehr. Ich schaute auf meine Excel-Berechnungen, die mir wieder anzeigten, was ich einsparen könnte. Wenn ich wirklich diszipliniert wäre, könnte es funktionieren. Und vielleicht könnte ich das Ganze ja als ein von UPS finanziertes Sportprogramm betrachten. Eben einfach mal den Blickpunkt ändern. Versuchen wollte ich es auf alle Fälle.

So holte ich gleich am darauffolgenden Sonntag mein altes Fahrrad aus dem Keller, pumpte es auf und suchte einen fahrradtauglichen Weg nach Schwetzingen, abseits der vielbefahrenen Straße, den ich nach mehreren Versuchen und Nachfragen bei Landwirten auch fand. Der Weg schien mir machbar, und so verkaufte ich das Auto, was mir wirklich nicht leicht fiel, denn der alte schnurrende Sechszylinder Dreier BMW war schon richtig klasse.

Die erste Fahrt mit dem Fahrrad zu UPS hingegen war nicht so spaßig, zumal der BMW in diesen ersten Tagen noch nicht verkauft war und mich sehr verführte, doch noch etwas länger zu schlafen. Aber ich quälte mich um 2 15 Uhr in der Nacht raus, eine Stunde früher als sonst, und fuhr, mein Auto startbereit am Straßenrand stehend sehend, mit dem Rad los. Fast hätte ich mich im Dunkeln in den Feldern noch verfahren. Bei Tag hatte das alles ganz anders ausgesehen, doch irgendwann kam ich dann doch noch bei UPS an. Und war völlig fertig. Eigentlich viel zu fertig, um mit der Arbeit zu beginnen und die Container auszuladen, brachte diesen Tag dann aber doch noch irgendwie hinter mich.

Die ersten beiden Wochen mit dem Rad waren schon eine Qual, dann aber wurde meine Kondition immer besser. Und das wiederum kam dem Ausladen zugute.

Es ist schon seltsam, was man erreichen kann, wenn man muss. Nie im Leben hätte ich ansonsten ein solches Sportprogramm durchgezogen, schon gar nicht bei Regen. Doch jetzt fuhr ich bei Wind und Wetter, im Sommer und Winter. Ich musste ja.

Einmal als es unaufhörlich in Strömen regnete, hielt mich die Polizei an, weil ich kein Licht am Rad hatte. Eigentlich hatte ich Licht, aber ich hatte es absichtlich nicht angeschaltet, weil der Akku nicht lange genug durchhielt und ich ihn aufsparte für den Weg durch die dunklen Waldalleen, die auf dem Weg nach Schwetzingen noch folgten.

Wieder in ihrem trockenen Polizeiwagen sitzend lachten die Polizisten als ich nach ihrer Inspektion im strömenden Regen weiter fuhr. Wahrscheinlich hätte ich an deren Stelle auch gelacht, aber gerade in solchen Momenten war es schwer für mich zu verkraften, dass ich längst ein besseres Leben hätte haben können, wenn ich meine unkündbare Stellung nicht gekündigt und an der Börse, als die Internetblase platzte, anders agiert hätte. Es war nicht einfach mit diesem Gedanken klarzukommen. Je mehr ich kämpfen musste, desto schwerer schienen die Fehler der

Vergangenheit zu wiegen.

Doch das Radfahren hatte auch seine guten Seiten. Nicht nur blieb ich fit und konnte aufgrund des enormen Kalorienverbrauchs, das die 2 Stunden Bewegung zusätzlich zum Ausladen jeden Tag mit sich brachten, so viel essen, wie ich wollte, ohne zuzunehmen, ich kam auch wieder mehr mit der Natur in Berührung. Und in der Nacht am Waldrand die herrlichen Rehe zu sehen, die fast bis zur Straße kamen, das war schon klasse. Auch die klare Morgenluft, wenn ich nach dem Ausladen dann nachhause fuhr, belohnte schon auch für die Strapazen. Das lange Radfahren war ein hervorragender Ausgleich zum stundenlangen Sitzen vorm Computer beim Traden.

Mit der Zeit hatte ich die Radstrecke zu UPS mehr und mehr optimiert. Ich fuhr den Hinweg nicht mehr durch die Felder, sondern so viel wie möglich auf der Straße, was von der Gefährlichkeit her nur deshalb machbar war, weil sie um diese nächtliche Zeit sehr wenig befahren war. Zurück, wenn der Berufsverkehr anfing, fuhr ich dann über die Felder, aber da war es auch nicht so wichtig, ob ich zehn Minuten länger brauchen würde oder nicht. Ein Lkw-Fahrer, der mir bei der Hinfahrt immer wieder entgegenkam, hupte inzwischen mit dem Licht und winkte mir zu, wenn er mich mit dem Rad sah. Das fand ich nett. Es zeigte mir, dass ich nicht der einzige war, der sich die Nacht mit Arbeit um die Ohren schlug.

Ich verschliss in den folgenden Monaten mehrere Räder, fuhr die Ketten runter bis die Zacken der Zahnräder nicht mehr griffen und auch die Mäntel keinerlei Profil mehr hatten. Bei einem Rad brach während der Rückfahrt sogar meine Sattelstange, und ich fiel hin. Mit Schmerzen und auf den Pedalen stehend fuhr ich die restlichen 15 km nach Hause. Keines dieser billigen Räder, die ich besaß, war auf die hohe Belastung von monatlich 800 km ausgelegt. Ein anderes Mal fuhr mir eine junge Frau, die meine Vorfahrt nicht beachtet hatte, voll ins Rad. Ich flog über den Lenker und prellte mir die Rippen, was gar nicht gut für jemanden war, der mit körperlicher Arbeit sein Brot verdiente.

Irgendwann kam ich dann auf die Idee mein altes Rennrad, das ich noch aus Stuttgarter Zeiten besaß und das seitdem ungenutzt im Keller stand, wieder herzurichten. Ich kaufte ein neues Vorder- und Hinterrad und zog diese neuartigen Pannenschutzmäntel auf, die es nun erstmals auch für die ganz dünnen Räder des Rennrades gab. Sie kosteten 40 Euro das Stück, und ich fluchte ganz schön, als ich trotz diesen bereits auf der ersten Fahrt mit dem Rennrad zu UPS einen Platten bekam und, das Rad schiebend, in der Nacht 10 km wieder nachhause trottete und mir ausnahmsweise einen Tag Urlaub nahm.

Dennoch war die Idee mit dem Rennrad gut gewesen. Es erleichterte mir den Weg. Aufgrund des geringen Gewichts des Rades konnte ich aus eigener Kraft auf gerader Strecke durchaus auch mal auf vierzig Stundenkilometer beschleunigen und den langen Weg zeitlich um einige Minuten verkürzen.

Einmal überhörte ich den Wecker und verschlief um einige Minuten und schaffte es dennoch rechtzeitig bei UPS anzukommen. Ich hatte einen neuen persönlichen Streckenrekord aufgestellt, was meine enorme Kondition zu dieser Zeit zeigte. Ich hatte die Strecke, für die ich anfangs 60 Minuten brauchte, nun auf ca. 35 Minuten reduziert. Es war fast schon so, dass mir das Radfahren nicht mehr auffiel, es strengte mich gar nicht mehr an.

So in ...

... dieser Zeit, um das Jahr 2006, da ich schon mehr als 5 Jahre versucht hatte, sozial wieder aufzusteigen und die Fehler, die ich gemacht hatte, auszubügeln, begann ich etwas zu ahnen. Etwas, was mir gar nicht gefiel, ja, über das ich regelrecht erschrak. Meine Vorstellung von Freiheit, die so eng mit Geld verbunden war, quasi Freiheit und Geld weitgehend als synonym betrachtete, schien Risse zu bekommen. Schien nicht zu halten zu sein.

Es war, als hätte ich mich über das, was Freiheit war, vielleicht doch geirrt oder zumindest nicht tief genug geschaut. Und wenn dies wirklich der Fall sein würde, dann wäre dies so eine Sache, denn es war ja einzig der tiefe Wunsch nach Freiheit, der mich alleine all diese Strapazen durchhalten ließ. Alles war irgendwie möglich, alles war irgendwie zu machen und durchzustehen, solange man innerlich davon überzeugt war.

Ich war mir nun nicht mehr so sicher, ob Geld wirklich Voraussetzung zur Freiheit war und ob es überhaupt galt etwas derart nachzujagen. Auch hatte ich nun Bedenken, dass das ständige Spielen einer Rolle gemäß den „Gesetzen der Macht" die Gefahr in sich barg mich selbst zu verlieren, d.h. selbst nicht mehr zu wissen, wer ich eigentlich war.

Hatte ich in den letzten Jahren meine moralischen Leitlinien, also die Basis meines Handelns, vor allem durch die „Gesetze der Macht" bestimmt, eher etwas, das den Verstand ansprach, trat nun etwas anderes mehr und mehr in mein Leben. Etwas, das den Verstand gar nicht so sehr als Entscheidungsinstanz ansah, im Gegenteil, ihn vielmehr zu überwinden versuchte: Zen.

Ich war Zen literarisch bereits zwanzig Jahre zuvor durch den Kampfsport begegnet und hatte neben Büchern von Erich Fromm auch Eugen Herrigels hervorragendes Buch „Zen in der Kunst des Bogenschießens" gelesen. Auch wusste ich, dass es beim Traden Leute gab, die Zen „anwandten", um mit Gewinn und Verlust klar zu kommen, sie als einerlei zu betrachten, um so den Gegensatz, den Dualismus, zu überwinden, d.h. immer in Übereinstimmung mit dem Markt zu traden.

Etwas was auch ich benötigt hätte, denn nur beim Gewinn blieb ich ruhig und gelassen, während ich beim Verlust total verkrampfte, eben weil an diesem einfach auch zu viel dran hing. Es war gerade dieses Verkrampfen, dieses Starrwerden, das schnell zu Fehlentscheidungen führen konnte.

Doch bis auf diese literarischen Begegnungen war mir Zen unverständlich geblieben. Was ich wusste, war, dass Zen erfahren werden musste und nicht angelesen werden konnte. Was mir eigentlich nicht gefiel, hatte ich im Leben doch immer auf Bücher zurück gegriffen, wenn ich mir Wissen aneignen wollte. Dass ich selbst Wissen war und es lediglich durch mein Ego verdeckt war, wusste ich zu diesem Zeitpunkt nicht. Auch nicht, was das Ego war.

Jedenfalls wollte ich Zen, dieses Gleichgewicht aller Gleichgewichte, unbedingt tiefer kennenlernen als nur darüber zu lesen. Die Anekdoten der großen alten Meister, die, auch ohne jeden Cent tiefste Freiheit gefunden hatten, ja, Geld oft sogar als Fessel verstanden, faszinierten mich sehr.

Tatsächlich befand ich mich schon lange nicht mehr im Gleichgewicht. Ich sah und sprach nur noch mit Kollegen, arbeitete ständig, ging, weil ich kaum Zeit hatte und vor allem auch sparen wollte, nicht mehr aus, saß meist nur noch vorm Computer, und all das machte mir mehr und mehr zu schaffen.

So brach ich Immer wieder aus dem rigorosen Sparen aus, worüber ich mich dann aber wieder ärgerte, weil ich kein Geld in die USA überweisen konnte, wie ich es ursprünglich vorgehabt hatte. Manchmal war ich wie jemand, der eine Diät macht, lange diszipliniert durchhält und dann im Heißhunger zu McDonalds fährt, sich vollstopft und alles zuvor Erreichte wieder zunichte macht. Damit aber gelang es mir nicht, die Schutzmauer meines Tradingkontos signifikant zu erhöhen.

Schön aber war, dass Zen zu erfahren, mir dann tatsächlich ermöglicht wurde. Und zwar durch das hervorragende Buch „Die drei Pfeiler des Zen" von Philip Kapleau, ebenfalls ein Zen-Klassiker. Es enthielt alle Informationen, die man brauchte. Etwas, was ich in meinen anderen Zen-Büchern immer vermisst hatte.

So beschrieb dieses Buch durch authentische Berichte sehr genau, wie der Mensch Zen erfahren und „ausüben" konnte. Beispielsweise indem er mit einem sogenannten Kôan, einem paradoxen Rätsel, übte. Sinn der Übung war es ichlos zu werden und so das Einssein aller Dinge zu erfahren. Dieses Ichlos-Werden, dieses Nicht-Werden, dieses Sich-in-den-Dingen-verflüchtigen war das wirkliche Lesen. Eines, das ohne Worte erfolgte. Zen war die Sprache der Stille.

Unter den zahlreichen Kôan, die es gab, war das sog. Kôan Mu das Bekannteste. Es bestand lediglich aus einem kurzen Dialog zwischen einem Mönchen und einem Zen-Meister, dem großen Jôshû Jushin (778 – 897), und galt als besonders geeignet die Schale der Ignoranz aufzubrechen und Erleuchtung, d.h. Freiheit, zu finden.

Ich zögerte nicht lange, sondern probierte es gleich selber aus. Im Schneidersitz setzte ich mich auf den Boden meines Wohnzimmers und begann mit diesem Kôan zu arbeiten und mich ernsthaft um die Lösung des Rätsels zu bemühen. Erstmals trat damit eine wirkliche Spiritualität in mein Leben.

Durch Zen begann sich allmählich meine Wahrnehmung zu verändern. Sah ich beispielsweise aus einer Entfernung ein Feld mit einem Bauernhof, so hatte Zen die Entfernung zwischen „Ich hier, dort der Bauernhof" so sehr verkürzt, dass es keine Entfernung, und damit keine Trennung, mehr gab. Ich war das, was ich sah, allerdings ohne dass es einen Sehenden gab. Ich war völlig in dem Feld mit dem Bauernhof verschwunden. Aufgelöst. Es war als sähen sie sich selbst. Wie ein Spiegel, der in einen Spiegel schaut. Zutiefst faszinierend und nur schwer in Worte fassend, wenn überhaupt.

Trotz dieser ...

... äußerst interessanten inneren Entwicklung, die mein bisheriges Verhältnis zu Geld in Frage stellte, und trotz der nicht sehr hohen finanziellen Schutzmauer tradete ich zunächst weiter. Doch ob es daran lag, dass ich nicht mehr so völlig überzeugt bei der Sache war und dadurch den Markt schlecht analysierte, oder ob ich durch die geringe Höhe der Mauer zu verkrampft war, jedenfalls rutschte ich unter die Grenze von 2.500 Dollar. Die Grenze, die ich als ein Muss angesehen hatte, um überhaupt traden zu können.

Warum nicht mit 2.000 Dollar traden? Das Problem war, dass dann der Weg, den eine Aktie nach oben zurücklegen musste, einfach zu groß wurde, also eine zu große Lücke überwinden müsste, um mich in die Nettogewinnzone zu bringen.

Das Trading musste nun zwangsläufig pausieren und da hatte ich dann auch nur noch wenig Lust, die Märkte zu beobachten, denn dann eine Chance zu sehen und nicht dabei sein zu können und mitanzusehen zu müssen, was ich theoretisch hätte gewinnen können, das tat mir viel zu weh.

Statt zu traden und dabei den ganzen Tag vor einem Bildschirm zu sitzen, ging ich nun wieder mehr aus. Ich ging wieder in Kneipen, in denen ich eine Ewigkeit nicht mehr gewesen war und baute einen neuen Bekanntenkreis auf. Hier traf ich auf Matthias. Er war zwei Jahre älter als ich, und wir wurden gute Kumpel.

Ich sparte nun nicht mehr, sondern sah einfach nur noch zu finanziell irgendwie über die Runden zu kommen. Immer wieder kam ich dabei natürlich ins Schleudern, weil meine Ausgaben durch den Lohn bei UPS nun nicht mehr gedeckt waren. Wer kann schon von 800 Euro leben und dabei des öfteren eine Kneipe besuchen, auch wenn er dort meist nur einen Kaffee trinkt? So zog ich, um mein hiesiges Girokonto auszugleichen, immer wieder mal ein Stück des letzten verbleibenden Geldes von meinem Tradingkonto aus den USA ab. Bis schließlich nur noch hundert Dollar übrig waren, die aber ausreichen würden, um das Konto für die Zeiten, in denen ich wieder traden würde, aufrechtzuerhalten.

Aber würde ich überhaupt wieder traden? Würde ich meinen Plan Millionär zu werden, überhaupt weiter verfolgen? Ich war hin- und hergerissen. Genoss ich es auf der einen Seite, wieder mal etwas anderes zu tun als zu arbeiten, schmerzte es mich auf der anderen Seite, meinen ursprünglichen Plan so zu vernachlässigen und nicht mehr weiter zu verfolgen. Ich hatte es mir doch so gewünscht und schon soviel dafür getan. Sollte das jetzt alles umsonst gewesen sein? Auch die vielen Kenntnisse, die ich mir über die Börse und das Trading angeeignet hatte? Wenn ich mich jetzt geschlagen gab, würde ich mein Ziel Millionär zu werden nie mehr erreichen.

Noch ein Mal ...

... wollte ich es versuchen. Noch ein allerletztes Mal. Ich sagte mir: Jetzt haust du noch einmal voll rein. Du besorgst dir neben UPS noch einmal einen zweiten Job. Das Trading ruht solange bis du wirklich genug Geld erwirtschaftet hast, um es wieder aufzunehmen und dieses Mal endgültig den Durchbruch als Trader zu schaffen, also so, dass das Tradingdepot sich endlich selbst trägt und dann irgendwann der Zeitpunkt kommt, an dem du auch UPS aufgeben kannst und das Depot dein alleiniges Einkommen bestreitet. Und zu aller Letzt du auch das Trading aufgeben kannst und nur noch das Geld „arbeitet". Was Freiheit genau ist, kannst du ja immer noch untersuchen, wenn du reich bist.

Noch immer war das Problem einen Job zu finden, der zeitlich zu UPS passte, denn wenn das nächtliche Ausladen bei UPS endete, fingen die meisten anderen Jobs bereits an. Durch meinen neuen Bekanntenkreis in den Kneipen erfuhr ich, dass die Regiopost, die zufällig direkt neben UPS ihren Standort hatte, Leute suchte, die mit dem Fahrrad Briefe austeilten. Ich dachte, ich bin doch eh schon dort. Wenn ich dann einfach nur zu denen rübergehen müsste, wäre das doch prima. Außerdem hatte ich diese hohe Kondition auf dem Rad, also passte das auch.

Erst klärte ich mit UPS ab, ob sie etwas dagegen haben würden, weil es sich um ein ähnliches Geschäftsfeld handelte und ich den damaligen Fehler von Deutscher Post und UPS nicht noch einmal machen wollte, zumal es durch die direkte Nachbarschaft nicht geheim zu halten war. Sie stimmten zu. Dann rief ich bei der Regiopost an, und es kam zu einem Vorstellungsgespräch, bei dem mir klar wurde, dass dies einer der Jobs war, bei dem nur ein niedriges Grundgehalt gezahlt wurde und man nur dann auf einen halbwegs angemessenen Stundenlohn kam, wenn man wie verrückt arbeitete. Würde man beispielsweise krank, hatte man nur das Grundgehalt, von dem das Leben kaum ausreichte.

Eine schöne Art und Weise die Mitarbeiter dazu zu bringen auch noch mit vierzig Grad Fieber arbeiten zu gehen und alle anderen anzustecken. Aber gut, ich wollte den Job ja nur als Zuverdienst. Es hieß dann, ich solle doch mal eine Sortierung mitmachen und mit einem erfahrenen Mitarbeiter rausfahren und mir das Ganze ansehen. Was ich dann auch tat.

So ging ich am nächsten Tag nach meiner Arbeit bei UPS direkt zu ihnen rüber und befand mich alsbald in einem großen Kellerraum mit etwa zwanzig Mitarbeitern, aufgeteilt auf mehrere kleine Arbeitsstationen. Hier wurden die Briefe nach Postleitzahl sortiert, dort lagen die Briefe, deren Adresse unvollständig war etc. Ein Mitarbeiter erklärte mir jede Station. Schnell bemerkte ich, dass hier ein übles Arbeitsklima herrschte, als eine Mitarbeiterin vom Chef vor versammelter Mannschaft bloßgestellt wurde.

Wie abgemacht fuhr ich dann mit einem älteren Mitarbeiter nach der Briefsortierung raus in die Straßen, um die Briefe einzuwerfen. Doch statt mir zu zeigen, was ich zu tun hätte, ging es ihm eher darum so schnell wie möglich fertig zu werden. Ich war ihm eine Last. Verständlich, da seine Schnelligkeit natürlich seinen Stundenlohn bestimmte. Wer hat schon Lust bei einem eh schon geringen Lohn nebenbei auch noch Leute auszubilden?

So kam ich kaum hinter ihm her, nicht etwa wegen der Kondition, sondern weil das schwer bepackte ungewohnte Rad mit seinen fast platten Reifen sich nur mühsam bewegte. Wie ein kleiner Hund hechelte ich hinter ihm her, und nach etwa einer Stunde blieb ich angewidert stehen und sagte mir: „Leck mich". Ich brachte das Rad zurück zur Station und fuhr nach hause.

Meine Trauer ...

... um die verpasste Chance währte nicht lange. Abhaken und weiter. Denn auch ein anderer Bekannter hatte einen guten Tipp. Er erzählte mir, dass es in Speyer ein großes Lager des Discounters Lidl gäbe und ich es vielleicht dort mal versuchen sollte. Nachdem ich gesehen hatte, dass ihre Arbeitszeiten nicht mit denen von UPS kollidieren würden, schrieb ich sie initiativ an. Und siehe da, sie nahmen mich.

Dieser Job, in dem es darum ging Waren zu kommissionieren, war ein Zwischending zwischen Teilzeit- und Vollzeitjob, d.h. die Arbeitszeit betrug täglich, und zwar von Montags bis Samstags, für den Samstag gab es einen Tag ihrer Wahl frei, mindestens 4 Stunden, die aber je nach Arbeitslage kurzfristig auf 7 Stunden verlängert werden konnte, was dem Arbeitgeber eine enorme Flexibilität gab, selbstverständlich zulasten des Arbeitnehmers, der zu Arbeitsbeginn nie so genau wusste, wann er wieder heimkommen würde.

Die Firma Lidl gab mir, wie allgemein üblich, einen befristeten Vertrag, der innerhalb von zwei Jahren dreimal verlängert werden konnte, bevor die Frage einer festen Übernahme anstand. Innerhalb dieser zwei Jahre war beiderseits eine Kündigung jederzeit und ohne Angaben von Gründen möglich.

Gut war in dieser Firma, dass sie einen erfahrenen Mitarbeiter abstellten, der einem Neuling wie mir, in etwa 1 bis 2 Wochen zeigte, was zu tun war. Es ging im Wesentlichen darum mit einem Art Staplerfahrzeug an den einzelnen Stationen des Hochregals zu halten und die auf dem Bildschirm des Fahrzeugs angezeigten Güter, sogenannte Kollis, aufzuladen und so auf einer Palette aufzubauen, die man dann an einer bestimmten Stelle des Lagers abstellte. Von dort aus wurde sie in LKWs geladen, die sie zu den einzelnen Lidl-Filialen brachte.

Der Lidl verlangte bei dieser Arbeit von jedem eine bestimmte Kollianzahl in der Stunde, woran sie quasi den Fleiß der Mitarbeiter maßen. Es war nicht so sehr eine anstrengende Arbeit, aber man durfte nicht unkonzentriert sein, weil man dann riskierte, dass einem die aufgebaute Palette zusammenbrach und die zahlreichen Produkte kaputtgingen, was immer wieder vorkam, wenn man etwa in der Kurve zu viel Schwung mit dem Staplerfahrzeug hatte. Es war dieser übliche Balanceakt zwischen Schnelligkeit und Vorsicht.

Von nun an stand ich in der Nacht um 2 15 Uhr auf, fuhr 20 Kilometer mit dem Fahrrad zu UPS, lud im Schnitt drei Stunden LKWs aus, fuhr dann um 7 Uhr wieder 20 km zurück, fuhr dann nochmals 5 km mit dem Rad zum Lidl-Lager, um von 11 Uhr an, im Schnitt 6 Stunden nochmals zu arbeiten. Dazu schrieb ich abends, nachdem ich mit dem Rad wieder zurückgefahren war, und bereits 16 Stunden auf den Beinen war, mein erstes Buch über Zen-Buddhismus, in dem ich meine bis dahin gemachten Erfahrungen weiter geben wollte. Es war reinster Wahnsinn, und ich weiß nicht, wie oft mir beim Schreiben die Augen zufielen.

Aber jetzt kam endlich Geld herein, etwa 1.500 Euro netto, ca. 850 Euro auf Lohnsteuerklasse 1 von UPS, plus ca. 650 Euro auf Lohnsteuerklasse 6 von Lidl. Zwar noch immer weniger als mein altes Gehalt als Programmierer, aber immerhin.

Doch statt zu sparen, und wie ich es vorgehabt hatte, mein Tradingkonto in den USA wieder neu aufzubauen, gab ich das Geld erneut für andere Dinge aus. Zwar kaufte ich mir auch eine neue Hose, neue T-Shirts und eine Jacke, etwas was ich seit so vielen Jahren nicht mehr getan hatte und dringendst notwendig war, doch vor allem konsumierte ich wieder.

Es war nun nicht mehr zu leugnen. Es war zu spät. Und ob es nur daran lag, weil ich schon zu viele Jahre gekämpft hatte und ausgepowert war, oder ob Zen mir meinen ursprünglichen Freiheitsbegriff zerstört hatte, oder ob es eine Mischung aus beidem war, ich bemerkte, dass das Trading, ja, überhaupt das Geld als Freiheit anzusehen, nicht mehr in mir war. Zumindest nicht in der Hinsicht, dass ich bereit gewesen wäre, alles dafür zu tun.

Wenn ich mir ...

... in dieser Zeit meine Excel-Pläne ansah, die voraus-schauend berechneten, wie viel Geld ich in zwei, drei, vier Jahren bei einer so und so hohen Trefferquote und Verlustrate haben würde, kam ich mir manchmal vor wie Adolf Hitler, der in den letzten Tagen des Dritten Reichs auf der Landkarte Armeen verschob, die es längst nicht mehr gab. Meine Pläne waren nicht mehr durch meinen realen Willen gedeckt, sie dienten nur noch zur Beruhigung meines schlechten Gewissens, das ich hatte, weil ich sie nicht umsetzte.

Die Teile, die alle auf das Trading ausgelegt waren, passten nun nicht mehr zusammen. Immer öfter gab es nun auch Streit mit UPS, bei denen ich inzwischen schon sieben Jahre beschäftigt war, denn ich hielt nicht mehr zu allem den Mund. Ich konnte ihn nicht mehr halten. Meine Unzufriedenheit, die vor allem daraus resultierte, dass ich den Durchbruch zum Reichtum nicht geschafft hatte, dampfte durch alle meine Poren.

Vieles hatte sich in all den Jahren aufgestaut und vor allem mein alter Supervisor ging mir zunehmend auf die Nerven. Während alle anderen, vor allem die männlichen Lader, wie die Schweine schwitzten und schufteten, lief er leichtfüßig mit einem Zettel in der Hand durch die Gegend und tat so, als sei er beschäf-tigt. Dass er dazu nicht noch fröhlich ein Liedchen pfiff war alles. Eine solche Faulheit hatte ich noch nie erlebt, zumal selbst Vorgesetzte von ihm, die zur Mithilfe noch weniger als er verpflichtet gewesen wären, oft dennoch mithalfen. Mit der Zeit war das Verhältnis zu ihm so angespannt, dass eine Kommunikation nur noch über den Betriebsrat erfolgte.

Jahrelang hatte ich jeden Konflikt peinlichst vermieden, hatte lieber alles runter geschluckt und darauf verzichtet, Dinge persönlich zu nehmen. So viele, viele Missstände in der Arbeitswelt hatte ich gesehen, doch nie an mich herangelassen, nicht nur wegen der Aussicht auf was Besseres, sondern auch weil ich in der EDV-Abteilung erfahren musste, wie man mit dem umgeht, der es wagt auf diese hinzuweisen.

Immer hatte ich mir gesagt, du musst erst stark genug sein, um dich mit den Arbeitgebern anzulegen. Stark genug, d.h. Alternativen zu haben, sei es durch einen zweiten Job, der einen ernährte, oder weil man eben grundsätzlich viel Geld besaß. Wie oft hatte ich erlebt, dass einzig eine dieser Alternativen eine wirksame Waffe gegen den Arbeitgeber war. Mit ihnen konstruktiv reden war nur selten möglich, auch wenn sie oft vorgaben, dass konstruktive Kritik nicht nur erlaubt, ja geradezu erwünscht sei.

Genervt von ...

... UPS ging es in mir wiederum hin und her. Auf der einen Seite wusste ich, dass die Firma Lidl eine brauchbare Alternative zu UPS darstellen könnte, zumal die Arbeit dort auch Spaß machen konnte, nicht so anstrengend und auch in meinem Heimatort war. Ganz abgesehen davon, dass bei Lidl die höhere Zahl an Arbeitsstunden ein höheres Einkommen ermöglichte.

Auf der anderen Seite war ich beim Lidl aber noch nicht fest übernommen. Noch immer konnten sie ohne jede Angabe von Gründen eine feste Übernahme verweigern.

Mir war aber auch klar, dass diese hohe körperliche Belastung, die beide Jobs zusammen mit sich brachten, vor allem auch durch das zusätzliche tägliche Radfahren der nun insgesamt 50 km, nicht ewig gut gehen konnte. Keinesfalls durfte ich mich zwischen den beiden Jobs so aufreiben, dass ich keinen zur Zufriedenheit erledigen würde. Lieber ein Job richtig, als beide nur halb. Nicht dass ich am Ende noch beide Jobs verlieren würde.

So überlegte ich das zeitaufwendige Radfahren, das nun bereits ins vierte Jahr ging, aufzugeben, und mir wieder ein Fahrzeug zu kaufen, das meinen Arbeitstag erleichtern würde.

Ein Bekannter erzählte mir, dass ein Kumpel von ihm, den alle Molch nannten, ein alter „Hippie" auf die sechzig zugehend, seine alte, aber top gepflegte, schwere 1100er GSX-R von Suzuki verkaufen wollte. Dieses Motorrad war immer mein Traum gewesen. Ein Geschoss mit 136 PS.

Doch wieder war es zu spät.

In einer weiteren Nacht, in der ich mit dem Rad zu UPS fuhr, bemerkte ich, ich kann nicht mehr. Ich muss UPS aufgeben. Nach nur 200 m Fahrt kehrte ich zu meiner Wohnung zurück.

All die Jahre war UPS die Stütze meiner zumindest existentiellen Bedürfnisse gewesen, doch der lange Weg mit dem Rad, und die schwere körperliche Arbeit und anschließend noch die Arbeit bei Lidl, und dazu jetzt auch noch jeden Tag die nervenden Streitereien mit UPS, die bereits in mehreren Abmahnungen ge-gipfelt waren, waren zu viel.

Natürlich kam mein nicht zu rechtfertigendes Fern-bleiben in dieser Nacht einer fristlosen Kündigung gleich, zumal die Monate zuvor zwischen Betriebsrat auf meiner Seite und dem Arbeitgeber auf der ande-ren immer abenteuerlicher geworden waren.

Beschwichtigend sagte ich mir: Ach, was solls. Das mit dem Lidl wird schon klappen. Ich arbeite ja gut, kom-me locker auf die erforderliche Kollizahl, komme dar-über hinaus mit den meisten Kollegen gut aus, und ihre Zufriedenheit haben die Vorgesetzten auch schon des öfteren bekundet. Wenn nicht hätten sie ja nicht bereits zweimal meinen Vertrag verlängert.

Die Zeit der anstehenden festen Übernahme näher rückend, bat ich die Geschäftsführung des Lidl um ein Gespräch. Verständlicherweise wollte ich Klarheit über meine dortige Zukunft und nicht jeden Tag mit dem Gedanken belastet sein, dass sie mich doch nicht übernehmen würden, zumal ich UPS nun nicht mehr als Pfand in der Hinterhand hatte. Aber der Betriebsleiter druckste herum, sprach von den wirtschaftlichen Auswirkungen der Krise um Lehman Brothers und dass jedes Unternehmen doch auch auf die Personalkosten achten müsse.

Ich wusste sofort, was das hieß. Tief erschrocken, ja geradezu geschockt, wies ich ihn darauf hin, dass ich, wenn keine Übernahme erfolgen würde, arbeitslos sei, und dass es in meinem Alter, kurz vor der vierzig, schon nicht mehr so leicht sein würde, eine neue Arbeit zu finden. Doch all das interessierte ihn nicht.

Es half alles nichts, der Lidl übernahm mich tatsächlich nicht, und ich wurde nun zum ersten Mal in meinem Leben arbeitslos. Hätte ich doch nur noch etwas länger bei UPS durchgehalten, machte ich mir Vorwürfe. Hätte ich doch nur mein Maul gehalten. Hätte ich mich doch nur an die „Gesetze der Macht" gehalten. An das Gesetz immer weniger als nötig zu sagen.

Was jetzt? Das ...

... Zen-Buch, das mir so am Herzen lag und gerade mal zur Hälfte fertig war, würde sicherlich kein großer kommerzieller Erfolg werden. Nicht dass ich etwas dagegen gehabt hätte, ganz und gar nicht, das wäre schon schön gewesen und hätte mir vieles erleichtert, aber es hätte mich doch sehr überrascht. Es war auch nicht auf Kommerzialität ausgelegt, sondern lediglich von dem Wunsch getragen meine Erfahrungen mit Zen auch anderen Menschen mitzuteilen, was dann ja durchaus auch zu erfreulichen Verkaufszahlen führen kann, bei mir aber leider nicht der Fall war.

Natürlich hatte ich das Gequatsche des Lidl-Chefs von „der Krise um Lehman Brothers" keine Sekunde geglaubt. Das war nur ein Vorwand. Das Milliardenunternehmen Lidl wäre nicht pleite gegangen, wenn sie mich übernommen hätten. Nein, es war etwas anderes. Irgendetwas hatte ihnen an mir nicht gepasst, und sie waren nicht bereit mir es offen zu sagen. Meiner Meinung nach passte ihnen etwas nicht, was in meiner Persönlichkeit, meinem Charakter, lag. Der Fleiß oder meine Arbeitseinstellung konnte es nicht sein.

Schon oft hatte ich zur Kenntnis nehmen müssen, dass mein Charakter nicht jedem gefiel und zu seltsamen Reaktionen mir gegenüber führte, was ein weiterer Grund war, warum ich mich mit Zen befasste. Nämlich um als Persönlichkeit zu reifen. Mensch zu werden.

Fast zehn Jahre, vom Jahr des Zusammenbruchs der Börse im März 2000 bis zum Auslaufenlassen des Vertrags bei Lidl in 2009, hatte ich vergeblich versucht wieder sozial aufzusteigen. In gewissem Sinn fanden all diese Jahre, mal abgesehen von Zen, das mehr und mehr zu einer Bereicherung für mich wurde, gar nicht statt. Und ich kann mich auch an nichts erinnern, außer dass ich arbeitete und kämpfte. Da war kein Ereignis, das irgendwie mal privater Natur war: Ein schönes Fest oder eine Feier. Oder Urlaub.

Verschlimmert wurde dieses vernichtende Fazit noch durch die Vorstellung, wie toll all diese Jahre hätten sein können, wenn ich die an der Börse „erwirtschafteten" 300.000 DM zur Verfügung gehabt hätte. Wie einfach wäre es gewesen mit diesem Geld, oder wenigstens einem Teil davon, den Durchbruch als Trader zu schaffen.

Doch nun stand ich wieder dort, wo ich neun Jahre zuvor gestanden hatte, als die Internetblase an der Börse geplatzt war, nur dass ich jetzt auch noch fast 10 Jahre älter war.

Ich hatte es so satt, ich hatte die Schnauze so voll, wieder gescheitert zu sein. Vor allem aber auch jetzt nicht einmal mehr einen Arbeitsplatz zu besitzen, etwas was mit einem bisschen guten Willen seitens der Firma Lidl hätte vermieden werden können. Eine Härte, die so gar nicht zu ihren Ethikregeln, schön eingerahmt im Pausenraum, passte.

Vor allem auch dieses neoliberale Credo, das in Deutschlands Arbeitswelt mehr und mehr Einzug gehalten hatte, dass ein Mensch sich ja nur anstrengen müsse, um nach oben zu kommen, es ja nur eine Sache des Wollens sei, konnte ich nicht mehr hören. Nein, es war ganz klar, auch ein Mensch mit hoher Bildung und hohem Willen zur Arbeit und besten Absichten konnte scheitern. Selbst die besten menschlichen Eigenschaften waren keine Garantie für einen Aufstieg, im Gegenteil, oft verhinderten sie ihn, womit ich allerdings nicht sagen will, dass ich über die besten Eigenschaften verfügte, mich durch Zen aber wenigstens darum bemühte.

Monat für ...

... Monat nach dem Auslaufen des nicht verlängerten Vertrags mit Lidl tat ich nichts. Das Geld wurde immer knapper, ich tat nichts. Der Briefkasten quoll über, ich tat nichts. Längst hätte ich mich arbeitslos melden müssen, ich tat nichts. Ich rührte keinen Finger mehr.

Ich konnte nicht mehr.

Natürlich waren meine eh schon bescheidenen Geldreserven sehr bald aufgebraucht. Und sehr bald reichte es auch nicht einmal mehr für den Strom. Längst konnte ich meine Miete, so gering sie auch war, nicht mehr bezahlen, und alsbald erfolgte nach der Mahnung durch den Vermieter der Bescheid über die Räumungsklage.

Und sehr, sehr bald reichte das Geld nicht einmal mehr zum Essen. Ich gab noch die letzten Pfandflaschen ab, durchsuchte noch einmal die Taschen all meiner Jacken und Hosen nach ein paar Cent, durchsuchte die Wohnung, hinter und unter der Couch, unter dem Bett. Und zum ersten Mal in meinem Leben musste ich hungern. Ich wusste nicht mehr, woher ich noch etwas zu essen bekommen sollte.

Ich hatte den Hunger bis dahin nicht gekannt. Es war immer genügend zu essen da gewesen. Immer. Sowohl in der Kindheit als auch als Erwachsener. Natürlich gab es Tage, an denen wir als Jugendliche Fußball spielten und nicht zum Essen kamen und dann hungerten, oder Schlitten fuhren, weil es geschneit hatte und soviel Spaß machte, dass wir wegen dem Essen nicht von der Rodelbahn aus dem Wald nach hause gingen. Aber das war ein anderes Hungern. Ein Hungern nicht, weil nichts zu essen da war, sondern in dem Moment etwas anderes wichtiger war. Doch jetzt hungerte ich wirklich.

Ich versuchte gelassen zu sein und sagte mir: „Was solls, ein paar Kilo weniger auf den Rippen sind nicht so schlimm, zumal du durch das Wegfallen der Jobs dich körperlich nicht mehr so anstrengen musst und soviel Nahrung brauchst". Aber da lag ich wirklich falsch. Es dauerte nicht einmal zwei Tage ohne Essen und mir wurde flau, und ich bemerkte, dass mein ganzes „System" verlangsamt war.

Und erstmals wurde mir so richtig klar, wie grässlich das Hungergefühl ist. Wenn dir der Magen knurrt und du vor lauter Hunger nicht einschlafen kannst. Aber auch die nervliche Belastung hatte ich unterschätzt, diese Angst geistig und körperlich immer schwächer zu werden. Etwas, was man am wenigsten gebrauchen kann in Situationen, in denen man eigentlich voll da sein müsste, um aus dem Mist wieder herauszukommen.

Doch all den Hunger, der wirklich widerlich war, empfand ich als nicht so widerlich wie zum Jobcenter zu gehen und Arbeitslosengeld zu beantragen. Überhaupt hatte ich nie einen Jobcenter gebraucht. Ich hatte alle Jobs selbst besorgt und das, was ich tun wollte, immer selbst vorangetrieben. Ich brauchte dazu keine Aufforderung. Eine Aufforderung oder gar Sanktionsandrohung bewirkte bei mir eher das trotzige Gegenteil.

Ich wollte mit diesen ekelhaften Jobcentern überhaupt nichts zu tun haben. Tag für Tag verschob ich es hinzugehen. Ich konnte es einfach nicht. Warum nicht? Sicherlich war da auch mein persönliches Umfeld, das mich verunsicherte und im Zusammenhang mit „Hartz IV" immer nur von "Tyrannei" und „Schikane" sprach. Oder davon, dass „Hartz IV" nichts anderes als „Offener Vollzug" sei.

Aber das war nicht entscheidend. Der Hauptgrund war, dass ich riesige Angst davor hatte, vom Jobcenter gleich wieder in dieses miese Arbeitsleben zurückgeschickt zu werden, nur dieses Mal ohne jede Aussicht auf ein besseres Leben, wie ich es mir durch das Trading erhofft hatte. Ich hatte riesige Angst davor nicht mehr nur ein rollenspielender Hilfsarbeiter zu sein, sondern ein wirklicher. Ein endgültiger.

Als dann der Hunger immer schlimmer wurde und ich eindringlich zu mir sagte „Egal wie, du musst jetzt etwas essen" überlegte ich gegen alle meine Überzeugungen, von wem ich mir dafür Geld leihen könnte.

Am naheliegendsten waren zunächst die Leute aus meinem neuen Umfeld, die Kneipenkumpels. Ich verscherbelte für ein „Apell und ein Ei" meine alte Schallplatten- und restliche CD-Sammlung, und Matthias ermöglichte mir viele meiner teuren Bücher bei Ebay zu verkaufen.

Matthias war von all meinen neuen Bekannten derjenige, mit dem ich mich am besten verstand. Und als das Geld durch die Verkäufe nach kurzer Zeit wieder aufgebraucht war und ich noch immer nicht zum Jobcenter gegangen war, war er der Nächste, den ich um Geld bat, damit ich essen konnte. Meist kleine Beträge zwischen 10 und 20 Euro, die sich allmählich aber läpperten.

Natürlich war er nicht begeistert und machte alsbald klar, dass dies nicht von Dauer sein könne. Völlig zu Recht sagte er, er könne nicht das auffangen, was, in meinem Fall, Aufgabe des Staates sei.

Nun auch wissend, dass Matthias verständlicherweise nicht weiter bereit war, mir weiterhin Geld zu leihen, schon gar nicht, solange ich nicht Alg I beantragt hatte, und auch um nicht weiter durch das Geld unsere Bekanntschaft zu gefährden, fiel er als Verleiher dann aus. Aber mein Hunger blieb, und ich überlegte, wer zum Leihen noch in Betracht käme und ging dann von Bekannten zu eher Unbekannten über, zu den Mietern im Haus.

Ich hatte in ...

... diesem siebenstöckigen Hochhaus, in dem ich jetzt schon jahrelang lebte, was ich so ja nicht beabsichtigt hatte, die meisten nur vom Sehen gekannt. Den einen oder anderen grüßte ich freundlich, aber mit keinem hatte ich näheren Kontakt. Dann aber fiel mir die ältere Frau im Stockwerk über mir ein, mit der ich schon einmal Dinge das Haus betreffend besprochen hatte. Sie war sehr nett, aber ich wusste auch, dass sie als Witwe nur eine kleine Rente bezog und selbst jeden Cent umdrehen musste. Könnte ich jemanden wie sie wirklich mit meinen Problemen belasten? Ich ging los, der Hunger war zu stark und wischte all meine moralischen Bedenken einfach weg.

Wie peinlich war es mir, als ich durch das Treppenhaus in den nächsten Stock ging und bei ihr klingelte. Sie öffnete die Tür, und ich sagte: „Entschuldigen Sie die Störung, Frau Müller, aber könnten Sie mir vielleicht zehn Euro leihen?". Sie lächelte, griff zu ihrer Handtasche und gab sie mir. Wie ein Kind, das sich freut, wenn es Süßigkeiten bekommt, freute ich mich über die 10 Euro. Überglücklich bedankte ich mich.

10 Euro, verpisste 10 Euro. Mit über 1.000 DM in der

Brieftasche war ich damals herumgelaufen. 10 Euro waren zu dieser Zeit nichts. Doch wie hatte Finanzcoach Schäfer immer zu Recht gesagt, Geld wird erst dann zu wichtig, wenn man keines mehr hat. Bei mir war es jetzt nicht nur sehr wichtig geworden, sondern geradezu existentiell.

Was mir aber auch nicht in den Kopf wollte, war, dass ich keine Möglichkeit kannte, mich auch ohne Geld zu ernähren, vielleicht von Pflanzen und Kräutern. Wie toll musste es sein, wenn Menschen sich selbst versorgen konnten, wie der Bauer oder der Survival-Experte Rüdiger Nehberg. Aber davon verstand ich einfach zu wenig. Klar, wusste ich, dass Fleisch nicht wie Salat auf den Feldern wächst, aber ansonsten war ich ein typisches Kind der westlich städtischen Zivilisation, das das Essen nur aus dem Lebensmittelladen kannte. Hatte dieser zu oder hatte ich kein Geld, war für mich der Zugang zur Nahrung verschlossen. Ohne Geld in der Brieftasche war die ganze Stadt für mich wie zugesperrt.

Mit den 10 Euro, die mir die ältere Frau geliehen hatte, ging ich sofort in den Lebensmittelladen, kaufte Spaghetti und Hackfleisch und machte mir einen riesigen Berg „Spaghetti Bolognese". Es war traumhaft. Gierig verschlang ich das Essen. Und seltsamerweise wundert man sich, sobald man satt ist, darüber, wie es eigentlich ist hungrig zu sein. Man kann gar nicht verstehen, dass man wegen diesem Hunger so ein Tamtam gemacht und dafür sogar andere belästigt hat. Erst wenn der nächste Hunger kommt, versteht man es wieder.

Wie ich der älteren Frau die 10 Euro zurückzahlen sollte, war mir nicht klar, und ich wollte auch nicht daran denken. Irgendwie würde es schon klappen. Keinesfalls hatte ich vor sie betrügen. Doch mit diesem Tabubruch, diesem mir erstmals von Fremden Geld zu leihen, setzte ich eine unheilvolle Spirale in Gang. Denn der nächste Hunger ließ natürlich nicht lange auf sich warten, und was einmal geklappt hat, klappt sicherlich noch einmal, und wieder überlegte ich, wer mir Geld leihen könnte.

Inzwischen verteilte ich meine Anfragen mir Geld zu leihen auf andere Wohnungen im Haus. Immer eine andere, oder immer derselbe, bis ein Bewohner „Nein" sagte. Dann hörte ich mit diesem auf und ging zum nächsten. Längst waren es nicht mehr nur Leute, die ich irgendwie wenigstens noch flüchtig vom Sehen her kannte, sondern welche, die mir völlig fremd waren. Und bald waren es bestimmt sechs oder sieben Wohnungen, in denen ich mir Geld zum täglichen Überleben lieh.

Was war los mit mir? Dumme Frage! Vor allem hatte ich natürlich Hunger und damit schon geklärt was los war. Was gibt es da groß zu erklären? Ist ja nicht schwer zu kapieren.

Aber mein Verhalten erinnerte mich auch an einen Drogensüchtigen. Einen, der alles tut, um den nächsten Schuss zu bekommen, nur dass bei mir die Droge nicht Heroin oder Crystal Meth war, sondern das existentielle Essen. Und damit diese „Droge" berechtigt, ja, gar keine Droge war. Man kann einem Menschen, der hungrig ist, ja nicht vorwerfen, er sei süchtig nach Essen.

Ich glaube ...

... aber auch, dass ich wegen der unerwarteten Arbeitslosigkeit, die mir völlig den Boden unter den Füssen wegriss, schon auch unter Schock stand. Eigentlich hätten alle, die mir Geld liehen, merken müssen, dass ich in einem verzweifelten Zustand war, der es unmöglich machte, mir zu vertrauen. Aber wer hat schon diese Menschenkenntnis und schaut so genau hin? Und wer bleibt unberührt, wenn er einen Menschen trifft, der ihn höflich um etwas bittet?

Natürlich blieb es nicht aus, dass ich, weil ich das Geld auch in den folgenden Monaten nicht zurückzahlen konnte und längst den Überblick verloren hatte, was ich wem schuldete, aus Scham niemandem im Haus mehr begegnen wollte. Ich versteckte mich regelrecht in der Wohnung und schon das Geräusch des Aufzugs, der auf meiner Etage hielt, ließ mich zusammenzucken und nur noch leise atmen. Alleine der Gedanke an das Klirren der Klingel ließ mich erschaudern. War das die Freiheit, die ich immer wollte? Mich in der eigenen Wohnung zu verstecken?

Doch nicht nur das, ich benutzte aus dieser Angst heraus auch nicht mehr den normalen Eingang, sondern kam und verließ die Wohnung nur noch durch den Keller. Alles brach jetzt zusammen. Alles, bis auf das Schreiben des Buches und mein Bemühen um Zen. Und ich war froh für Zen, denn es erlaubte mir trotz all dem, mich immer wieder auch zu beruhigen und schlafen zu können und das Vertrauen in mich und die Welt nicht völlig zu verlieren.

In der Zwischenzeit hatte man mir auch den Strom abgestellt. Das war schlecht, richtig schlecht. Nicht nur, weil ich mich nun bei Kerzenlicht rasieren und waschen musste, es war vor allem auch schlecht, weil ich auf meinem Laptop mein Buch nicht mehr weiterschreiben konnte. Und vor allem war es schlecht, weil ich nun nicht mehr kochen konnte, denn es war einfacher, sich warm zu ernähren, ein Päckchen Spaghetti kostete nur wenig und war sehr sättigend. Sich kalt entsprechend zu ernähren, so war jedenfalls meine Erfahrung, war sehr viel teurer.

Das Buch über Zen schrieb ich dann auf meinem Laptop, den ich einfach in meinen Rucksack packte, bei Matthias und in Kneipen weiter. Eigentlich hatte keine Speyerer Kneipe oder Café damit ein Problem, wenn ich trotz etwas längerem Aufenthalts nur einen Kaffee trank und mir wegen meines altersschwachen Akkus eine Steckdose für den Laptop suchte, doch in einer Kneipe, die eher als politisch links galt, begann die Kneipenbedienung plötzlich strikt kapitalistisch zu argumentieren und davon zu faseln, dass sich eine Kneipe auch rechnen müsse.

Ausgerechnet er, der nicht mal das unternehmerische Risiko der Kneipe trug, sondern nur eine von zahlreichen Bedienungen war, die ständig kamen und gingen, dem es völlig egal sein konnte, ob morgens ein oder zwei Besucher in der ansonsten leeren Kneipe saßen, machte sich ins Hemd, als ich bei einem Kaffee am Laptop weiter schreiben wollte. Wer hat eigentlich das Gerücht in die Welt gesetzt, dass Typen, die wie Kurt Cobain rumlaufen, die toleranteren sind? Oder hatte ich mir das selbst eingeredet?

Erfreulich war aber eines, mein erstes Buch über den Zen-Buddhismus war fertig. Zwei Jahre hatte ich daran geschrieben, wovon ich die letzten Wochen damit verbrachte, auf einer Parkbank sitzend, die Blätter des Buches, die Matthias mir auf seinem Arbeitsplatz ausgedruckt hatte, Korrektur zu lesen. Ein Platz, der mir nicht gefiel, weil er mich zu sehr daran erinnerte, allmählich zum Penner zu werden, ich ihn aber dennoch aufsuchte, weil ich mich kaum mehr in meine Wohnung traute. Das Buch zu veröffentlichen, war in all dem Mist, in dem ich mich befand, aber eine schöne Sache. Ein kleines Erfolgserlebnis. Auch wenn ich aus heutiger Sicht der Meinung bin, ich hätte warten sollen bis sich meine Erkenntnisse mehr vertieften, um sie besser beschreiben zu können.

Einzig weil ...

... es irgendwann dann wirklich nicht mehr anders ging, ging ich doch noch zum Jobcenter. Und es wurde genau so widerlich, wie ich es mir gedacht hatte. Eine junge Sachbearbeiterin meinte abfällig: „Na, da müssen wir mal Ordnung in Ihren Lebenslauf bringen". Ordnung in meinen Lebenslauf? Ich dachte, ich hör nicht recht, eine Unverschämtheit gegenüber jemanden, der Abi gemacht, die Wehrpflicht absolviert, danach studiert und bis dahin gearbeitet und nie auch nur einen Cent staatlicher Zuwendung in Anspruch genommen hatte. In meinem Lebenslauf war bis dahin mehr als genügend Ordnung. Sicherlich mehr als in dem der Sachbearbeiterin mit ihrer lächerlichen Mittleren Reife.

Man möge mich nicht falsch verstehen. Mich interessierte nie der Bildungsabschluss anderer Menschen, und nie verachtete ich die, die „nur" den Hauptschulabschluss hatten, nicht einmal wenn jemand lediglich die Sonderschule besucht hatte. So war ich einfach nicht drauf. Mir war längst klar geworden, dass es für einen Schulabschluss unterschiedliche Gründe geben konnte, warum man ihn schaffte oder nicht, etwa ein intaktes Elternhaus. Meine Mutter, die wenn ich aus der Schule kam, immer ein feines Essen kochte und immer ein offenes Ohr hatte, hatte entscheidenden Anteil daran, dass ich Abitur machen konnte.

Die Sachbearbeiterin hatte ich jedenfalls gefressen. Aber so sind einige im Jobcenter eben drauf, und natürlich wird derjenige, der einmal Opfer dieser Abfälligkeit wurde, politisch nie wieder diejenigen wählen, die an diesem „Sozialsystem" festhalten. Einem System, das jeden zum weitgehend rechtlosen Bittsteller degradiert.

Und das muss auch so sein. Ich habe in dieser meiner fast zehnjährigen Odyssee durch den sich rapide ausbreitenden Niedriglohnsektor, der längst nicht mehr nur vom ungebildeten Hilfsarbeiter geprägt war, so viele Kollegen hautnah erlebt, die Tag für Tag ums Überleben kämpften, die keinerlei Aufstiegschancen hatten, die nur hetzten, die sich aufrieben und die gezwungen waren zu allem „Ja" zu sagen, zu jedem dummen Spruch vom Vorgesetzten, weil sie wussten, dass ihnen, wenn sie nicht artig mitspielen, letzten Endes auch noch das widerliche Hartz-System bevorstand. Man kommt nicht umhin zu denken, dass diejenigen Politiker, die immer wieder davon schwadronieren, wie gut es Deutschland ginge, unter Deutschland nur eine bestimmte obere Klasse verstehen.

Es ging im Jobcenter noch einige Male auf diesem widerlichen Niveau hin und her. Doch irgendwann hatte ich alle Unterlagen des umfangreichen Antrags zusammen und dann erstmals einen Scheck in der Hand. Und damit endlich wieder etwas eigenes Geld. Wobei das Wort „eigen" so natürlich nicht korrekt ist, denn zum ersten Mal bekam ich Geld, das nicht auf meiner eigenen Arbeit beruhte. Das war für mich schon sehr ungewohnt.

Die Geldleistung, die ich vom Jobcenter bekam, lag vom Betrag her sofort auf Hartz IV-Niveau, etwa 800 Euro, von denen ich alle meine Ausgaben, auch die Miete, bestreiten musste. Warum? Weil dadurch, dass ich die letzten Monate nur noch bei Lidl gearbeitet hatte und nicht mehr auch bei UPS, wurde auch nur der Lidl in die Berechnung des Arbeitslosengeldes miteinbezogen und von diesem Gehalt dann 60 Prozent oder so genommen. So waren Alg I und Alg II (Hartz IV) bei mir gleich dasselbe.

Obwohl ich also in meinen vielen, vielen Jobs zeitweise bis zu elf Stunden täglich gearbeitet hatte, stürzte ich direkt auf Hartz IV-Niveau ab. Und das nach insgesamt über zwanzig Jahren Arbeit. Ich wurde also direkt auf dieselbe Stufe gestellt wie der, der noch nie in seinem Leben etwas gearbeitet hatte. In meinen Augen eine seltsame Vorstellung von Gerechtigkeit. Vor allem in einer Gesellschaft, die immer wieder betont, dass es nach Leistung ginge. Wäre es wirklich nach ihr gegangen, hätte klarer unterschieden werden müssen.

Inzwischen war ...

... die Räumungsklage gegen meine Wohnung schon weit vorangeschritten und längst hatte sich die sogenannte Wohnraumhilfe, eine Abteilung der Speyerer Stadtverwaltung, eingeschaltet, um die Wohnung für mich doch noch zu retten. Eine gute Organisation, wie ich fand, zumindest von der Grundidee her. Sie klärten mich auf, dass wenn ich die Wohnung doch verlieren sollte, sie mir einen Platz in einer Notunterkunft zuweisen würden. „Notunterkunft" war nichts anderes als eine schöne Umschreibung für das Obdachlosenheim. Diese Zuweisung würde für drei Monate gelten, um sich in dieser Zeit dann um eine neue Wohnung zu bemühen.

Ich hatte dann noch einen Termin beim Jobcenter, genaugenommen bei einem Arbeitsvermittler, der, als er hörte, dass eine Räumungsklage gegen mich lief und ich ins Obdachlosenheim kommen könnte, zu mir meinte: „Wissen Sie denn nicht, was dort für Zustände herrschen?" Nein, wusste ich nicht, aber ich sollte es sehr bald wissen, denn in der entscheidenden Sitzung der Wohnraumhilfe wurde mir eröffnet, dass obwohl es sich nur um eher geringe Mietschulden handelte, die die Wohnraumhilfe mir als Darlehen zur Verfügung gestellt hätte, um sie zu begleichen, mein Vermieter, eine pfälzische Wohnungsgesellschaft, nicht an einer Einigung interessiert war. Ihr wäre also kein Schaden entstanden. Vielleicht war es ihnen ein Dorn im Auge, dass die Wohnung subventioniert war und sie diese nun an einen neuen Mieter teurer vermieten konnten.

Wie auch immer, ich hatte meine Wohnung nun endgültig verloren und hätte irgendwie sauer sein müssen, was ich zum Teil auch war. Aber nicht so richtig. Ich war auch froh diese widerliche Wohnung endlich los zu sein, weil sie mich immer auch an mein Scheitern an der Börse erinnert hatte.

Aber das, was kommen sollte, würde sicherlich nicht besser werden, eher schlimmer. Sehr viel schlimmer. Meine soziale Talfahrt, das Gegenteil von dem, was ich ursprünglich wollte, war noch nicht beendet.

Es war Herbst 2010, ich war 43 Jahre alt und würde nun als Hartz IV Empfänger ins Obdachlosenheim ziehen. Das war alles, was ich durch meine zahlreichen Anstrengungen erreicht hatte.

Mein Leben im Obdachlosenheim

Nach einer ...

... unruhigen Nacht schellte, wie von mir mit Grauen erwartet, früh morgens die Klingel. Es kam mir vor, als würde mich der schrille Ton zerreißen. Ich hob den Hörer der Türsprechanlage ab. „Herr Scherer, hier ist Gerichtsvollzieher Meier, machen Sie bitte auf", ertönte eine Stimme, deren Ton deutlich machte, dass ein Verweigern der „Bitte" nicht toleriert werden würde. Ich drückte auf den Summer, der die Eingangstür öffnete, und nur kurze Zeit später marschierten mehrere Leute, der kleine ernst dreinblickende Gerichtsvollzieher vorneweg, in meine kleine Wohnung.

Wer waren diese Leute? Es waren neben dem Gerichtsvollzieher, drei Vertreter des Vermieters, der Wohnungsgesellschaft, dazu, ausgerüstet mit großen zusammengefalteten Pappkartons, vier professionelle Räumer und mehrere junge Umzugshelfer, die wie Schüler aussahen, die sich heute mal ein Taschengeld dazuverdienen wollten.

Ein seltsames Gefühl, wenn Menschen, die man nicht kennt, die man nicht eingeladen hat und die auch nicht erbeten sind, in das eindringen, was man bis dahin als seine Privatsphäre bezeichnet hatte. Es war nun also so weit, die Wohnung würde geräumt. 12 Jahre hatte ich in ihr gelebt.

Natürlich war jede Aufregung oder gar Widerstand gegen die Räumung zu diesem Zeitpunkt völlig unsinnig, denn sie war ja nur die letzte Konsequenz meiner geschilderten Vorgeschichte. Und doch wunderte ich mich, dass sie jetzt tatsächlich stattfinden würde, denn im Gegensatz zu dem, was ich immer so gehört hatte oder in Zeitungen lesen konnte, nämlich dass ein Vermieter über Jahre hinweg vergeblich versucht hatte seine Mieter aus der Wohnung zu bekommen, war bei mir der Zeitraum von der ersten Mahnung bis zum Räumungsbescheid sehr kurz. Irgendwie war ich immer der Meinung gewesen, dass es in Deutschland nicht so einfach sei aus der Wohnung geworfen zu werden. Doch da lag ich, zumindest in meinem Fall, falsch.

Alle standen nun in meinem kleinen Wohnzimmer und schauten schweigend auf den Boden. Jeder wartete, was nun weiter geschehen würde. Dann ergriff der Gerichtsvollzieher mit lauter Stimme das Wort: „Herr Scherer, was machen wir mit den Sachen, die noch hier sind?" In der Wohnung standen noch Regale mit Büchern, die Couch, der Kühlschrank, die Waschmaschine, eine Menge Krimskrams, alte VHS-Kassetten etc. Ich wusste keine Antwort und sagte nichts. Dann fragte er: „Wo schlafen Sie heute Nacht? Haben Sie eine Bleibe?" Ich verneinte und verwies auf das Gespräch mit der Wohnraumhilfe.

Es störte mich, dass jeder in dem kleinen Raum die Konversation mitbekam. Was würden all diese jungen Umzugshelfer von mir denken? Mussten sie mich denn nicht für einen Versager halten?

Dann zückte der Gerichtsvollzieher sein Handy und

telefonierte selbst mit der Stadtverwaltung, um sich über den Stand der Dinge zu informieren. Es war mir sehr recht, dass er sich ein wenig kümmerte.

Jetzt sprach auch die Frau von der Wohnungsgesellschaft. Sie säuselte, dass in Deutschland niemand auf der Straße schlafen müsse, ja, dass ich sogar einen Anspruch darauf hätte, dies nicht tun zu müssen und dass ich das Angebot einer Notunterkunft doch bitte annehmen solle. Ich war überrascht, fast klang dies so, als würde sie sich Sorgen um mich machen.

Natürlich stimmte ich zu, was sonst hätte ich tun sollen? Auf der Straße schlafen? Das traute ich mir nicht zu. Ich glaube, dass ich das nicht geschafft hätte, aber andererseits, wer weiß schon, was er schafft, wenn er muss. Und Familie oder Freunde, die bereit gewesen wären, mich bis zur einer neuen Bleibe, bei sich aufzunehmen, hatte ich nicht. Schließlich hatte ich jahrelang auf Bekannt- oder Freundschaft ja auch keinen Wert gelegt bzw. den Gelderhalt als wichtiger erachtet. Ja, selbst Knut, meinen Kumpel aus meinen ersten Börsentagen, mit dem ich mich bestens verstanden hatte, hatte ich abserviert, um durch seine Börsentipps in meinem Tradingverhalten nicht beeinflusst zu werden. Erst in der letzten Zeit, da ich durch Zen zu neuen, zu tieferen Überzeugungen gekommen war und nicht mehr das Geld im Mittelpunkt stand, hatte ich wieder einen Bekanntenkreis aufgebaut, von dem vor allem Matthias mein engster Bekannter wurde. Doch nicht einmal er, der ansonsten beispiellos hilfsbereit war, ja, oft geradezu ein Engel, war bereit seine Wohnung mit mir zu teilen. Und ich konnte dies irgendwo schon auch verstehen, mag eine solche Aufnahme eine Freundschaft schnell auch überlasten.

„Dann gehen Sie jetzt zur Stadtverwaltung, holen dort den Schlüssel für Ihre Notunterkunft und kommen anschließend wieder hierher zurück", wies mich der Gerichtsvollzieher nach seinem Telefonat bestimmt an. Und das tat ich dann auch.

Während die Helfer die Wohnung weiter leer räumten und meine Sachen in große Kartonkisten verpackten, zog ich meine Jacke an und ging los. Bei der Stadtverwaltung angekommen gab mir eine Sachbearbeiterin die Schlüssel. Ernst fügte sie noch hinzu, dass ich mich beim Hausmeister des Obdachlosenheims melden solle.

Als ich den Schlüssel entgegennahm, widerstrebte es mir völlig „Danke" zu sagen, und ich nuschelte nur leise etwas vor mich hin, denn wenn ich doch einen Anspruch auf etwas habe, was gibt es sich dann zu bedanken? Das Recht hat sich doch schon bedankt, indem es Recht ist. Zumal es mir so vorkam, als würde sie mir den Schlüssel von oben herab geben, nach dem Motto: „Jetzt muss die Gesellschaft Ihr Versagen ausbaden". Vielleicht neigt man aber auch nur dazu, wenn man so alleine dasteht, die ganze Welt als feindlich, als unfreundlich, zu begreifen.

Ich ging dann wieder zurück zur Wohnung. Dort

schauten bereits mehrere Nachbarn neugierig, was da auf dem Flur mit all den vielen Leuten ablief. Viel peinlicher ging es nicht mehr, aber ich versuchte durch Zen ichlos zu sein und die Wahrnehmung der Umwelt einfach ungehindert und widerstandslos durch mich hindurch zu lassen, d.h. von der Peinlichkeit nicht betroffen zu sein. Die Peinlichkeit konnte ja nur Peinlichkeit sein, wenn sie auf ein Ego traf.

Inzwischen war schon einiges verpackt, die Wohnung leerte sich und es ging an den Keller, den ich in all den Jahren vielleicht viermal betreten hatte. Er war voll mit alten und teilweise vollständigen Sammlungen von Sportzeitschriften, von Comics wie Batman, Donald Duck, Clever und Smart, die ich als Kind und Jugendlicher so gerne gelesen hatte. Der Gerichtsvollzieher erläuterte mir, dass die Sachen aus dem Keller im Lager der Firma, für die die Profi-Räumer arbeiteten, eingelagert und ihnen gehören würden, wenn ich sie nicht innerhalb eines Monats dort wieder abholen würde, was diese vor Gier schon sabbern ließ.

Eine seltsame Bestimmung, und ein allzu kurzer Zeitraum, wenn man bedenkt, dass man einfach andere Sorgen hat, als sich um die Sachen zu kümmern, die man eh jahrelang in den Keller verbannt hatte. Ich hätte nichts dagegen gehabt, wenn diese Sammlungen genutzt worden wären, um meine finanzielle Schuld zu verringern, doch hier fiel mehr oder weniger alles einfach so an die Räumer, was ich als Diebstahl bezeichnen würde. Diebstahl unter Ausnutzen einer Notlage.

Natürlich ärgerte es mich, dass ich die Sachen nicht doch vorher noch weggeschafft hatte. Und natürlich hatte ich daran gedacht. Doch wohin? Ich war ja schon froh, dass ich das Allerwichtigste in den kleinen Keller von Matthias stellen konnte.

Am frühen Nachmittag war dann alles raus, und die leere Wohnung kam mir völlig fremd vor.

Die Versammlung löste sich auf.

Als einzige von all denen, die an der Räumung beteiligt waren, gab mir die Frau der Wohnungsgesellschaft, die ich schon seit meinem Einzug kannte, die Hand und wünschte mir alles Gute. Alle anderen kamen nicht einmal auf die Idee mir die Hand zu geben.

Die Möbelpacker ...

... die nun meine Sachen ins Obdachlosenheim bringen sollten, nahmen mich in ihrem kleinen Lkw mit. Wie nett von ihnen. Danke, danke.

Es war eine tolle Fahrt, so toll, dass ich hätte kotzen können. Einer sagte noch, die Pfandflaschen, die ich auf dem Balkon gehabt habe, hätten sie auch mitgenommen und die könnte ich ja jetzt gut verwenden. Er dachte, er würde etwas Nettes zu sagen, tatsächlich aber sah er mich längst als flaschensammelnden Penner an. Keine Frage, wieso, warum, wie es dazu kam, dass meine Wohnung geräumt wurde. Keine

Frage, wer dieser Mensch, den sie jetzt zum Obdachlosenheim fuhren, war und warum er gescheitert war.

Aber musste sie das interessieren? Sie waren ja nur da um zu räumen. Sie arbeiteten genauso nur wegen dem Geld, wie ich es nach dem Zusammenbruch der Börse auch getan hatte. Und doch gab es in meinen Augen einen Unterschied: Mein Arbeiten nur wegen dem Geld hatte einem tieferen Sinn gedient, nämlich der Freiheit, auch wenn ich mich in dem, was sie wirklich war, vielleicht vertan hatte. Wenigstens aber hatte ich mir tiefe Gedanken um den Charakter, das Wesen und die Moral von Geld gemacht und ich bezweifelte, dass auch sie das so getan hatten.

Nach kurzer Fahrt waren wir dort. Der Lkw bog von der langen immer geradeaus führenden Industriestraße rechts in eine Einfahrt ein und stellte sich auf den Hof zwischen zwei Gebäude. Ich stieg aus. Zum ersten Mal sah ich das Obdachlosenheim und fand, dass es gar nicht so schlecht aussah.

Ich schaute nach dem Hausmeister, bei dem ich mich hatte melden sollen, doch sah niemanden. Dann schaute ich nach den Nummern der Wohnzellen. Das da oben, im zweiten Stock, ganz hinten in der Ecke, das müsste meine Zelle sein.

Schnell ging ich eine scheppernde Metalltreppe hinauf, der Schlüssel passte, ich öffnete die Tür und war auch hier positiv überrascht. Die Zelle war klein, aber fein, und sauber. Ich warf einen kurzen Blick ins Bad, auch hier alles bestens, die Toilette desinfiziert. Ich war nun erst einmal beruhigt, dass das rein Existentielle, die Grundbedürfnisse, ein Dach über dem Kopf, Wasser, Kochen, Strom, eine Tür zum Absperren, vorhanden war.

Mir blieb nicht viel Zeit mich weiter umzuschauen, denn schon kamen die ersten Räumer mit den Kisten die Treppe hinauf, um sie in meiner Zelle abzustellen. Es dauerte nicht lange, dann war der kleine Lkw ausgeladen und alles oben.

Ich ärgerte mich noch darüber, dass einer der Umzugshelfer in meiner neuen Bleibe pinkeln wollte und ohne meine Erlaubnis abzuwarten auch einfach tat. Aber kam es darauf jetzt noch an? Ich war von den Umständen längst so eingeschüchtert, dass ich mich fragte, ob mir überhaupt noch irgendwas gehörte, was ich anderen hätte verweigern können. Was außer den Kleidern auf meinem Leib gehörte noch mir? Gehörte mir noch meine Würde? Oder war sie mir schon genommen worden? Hatte ich noch irgendwelche Rechte? So sicher war ich mir nicht.

Dann war ich endlich alleine. Ich schloss die Tür und atmete durch.

Es war ruhig und durch das einzige Fenster in der Zelle etwas dunkel. Ich versuchte Licht anzumachen, doch es ging nur im Badezimmer. Vielleicht war eine Glühbirne kaputt. Dann schaute ich auf das Durcheinander, die zahlreichen wahllos abgestellten Kisten, hier meine alte Matratze, dort der auseinanderfallende Lattenrost des Bettes, das ich zwanzig Jahre zuvor noch in Stuttgart bei einem Ikea-ähnlichen Möbelgeschäft gekauft hatte. Durch die Räumung hatte es nun völlig den Geist aufgegeben. Sollte ich die Kisten gleich wieder auspacken? Ich zögerte und sagte mir: „Nein, mach mal langsam". Ich stellte mich ans Fenster und sah nach draußen.

Das Obdachlosenheim ...

... war ein Neubau, etwa drei Jahre alt, nahe einer vielbefahrenen Straße, die durch ein großes Industriegebiet führte. Auf der gegenüberliegenden Straßenseite befand sich ein kleiner Flughafen, auf der Seite hinter dem Gebäude ein sumpfiges Naturschutzgebiet.

Rein äußerlich war das Obdachlosenheim schön anzuschauen. Es bestand aus zwei identischen Gebäuden, etwa 30 Meter voneinander entfernt, beide versehen mit einem Giebeldach, umrandet von Grasflächen. Die Gebäude hatten jeweils zwei Etagen. Zwischen den beiden Gebäuden stand eine Art Laufgitter, wie man es aus alten Gefängnissen her kannte, eine Metalltreppe, die wie ein Gerüst zu jeder Wohnzelle führte.

Jedes Gebäude bot Platz für insgesamt 16 Zellen, 4 unten und 4 oben auf der Vorderseite, 4 unten und 4 oben auf der Rückseite, sodass beide Gebäude zusammen, und damit das gesamte Obdachlosenheim, 32 Wohnzellen zur Verfügung stellten, vorausgesetzt man quartierte pro Zelle nur einen Menschen ein. Im Notfall konnte die Stadtverwaltung auch mehrere Menschen in eine Zelle einweisen. Dazu hatte sie wohl das Recht.

Jede Zelle hatte die gleiche Größe, etwa 22 qm, und die gleiche Einrichtung. Sie bestand aus einem kleinen Zimmer, der Wohnraum, Küche und Schlafzimmer zugleich war, sowie einem kleinen weiß gefliesten Badezimmer mit Toilette, Waschbecken und Dusche. Die Küche war eine Kochnische mit zwei Herdplatten, einem Kühlschrank und zwei Hängeschränken für das Geschirr. Sie war „metallartig" ummantelt und fest verankert.

Ich musste nicht Sherlock Holmes sein, um daraus zu schließen, dass die Erbauer nicht all zu viel Vertrauen hatten, dass die Bewohner sorgsam mit dem Inventar umgehen würden. Jeweils zwei Wohnzellen besaßen eine gemeinsame Außentür aus festem Glas. Direkt daneben befand sich eine Klingel und zwei Briefkästen, die von innerhalb des kleinen Bereichs, der sich zwischen Außen- und Innentür ergab, mit einem Briefkastenschlüssel geöffnet werden konnten. Jede Wohnzelle selbst hatte eine feste, massive Innentür, die nicht einmal Bruce Lee hätte eintreten können.

Ich wandte mich wieder meinen Sachen zu. Noch immer war ich mir nicht sicher, ob ich die Kisten auspacken sollte. Nicht nur weil darin Sachen waren, die ich nicht brauchen würde, sondern auch weil ich für mich die Frage, inwieweit ich es mir in meiner neuen Bleibe gemütlich machen sollte, nicht beantwortet hatte. Meine Sorge war, dass wenn ich mich in der Wohnzelle heimisch fühlen würde, mir dieses Gefühl erschweren würde, dort wieder wegzuwollen. Ich überlegte, ob es nicht besser sei, alles eher widerlich zu halten. So schaute ich nur nach den wichtigsten Sachen, Handtücher, etwas Geschirr etc. und ließ den Rest in den Kisten.

Sie stapelte ich dann wie eine kleine Mauer übereinander, fast bis an die Decke und stellte sie vor das Fenster. Nicht direkt vor das Fenster, da in die Wohnzelle sonst noch weniger Licht reingekommen wäre, aber so etwa einen halben Meter davor. Was ich keinesfalls wollte, war, dass man von außen in die Zelle hineinschauen konnte. Und Gardinen oder ein Rollladen, die dies hätten verhindern können, gab es nicht.

Was sollte ich mit meinem Bett tun? Es würde keinen Sinn machen es wieder neu aufzubauen, es war einfach zu kaputt. So stellte ich den Lattenrost hochkant an die rechte Wand und legte die Matratze direkt auf den Boden zwischen die Küche links und den Lattenrost rechts. Dazu stellte ich eine der Kartonkisten an das Kopfende. Wenn ich auf der Matratze saß, mit dem Rücken an die Kiste angelehnt, blickte ich nach vorne auf die Mauer mit den Kisten, die vor dem Fenster standen. Hinter mir lag die Wohnzelle der Gebäuderückseite. Ich wusste nicht, ob sie bewohnt war.

Das Nötigste für meine erste Nacht gerichtet, ging ich am späten Nachmittag zu Fuß noch einmal zurück in die Stadt. Ich brauchte unbedingt eine gewohnte Umgebung. Eine, die mir das Gefühl vermitteln sollte, dass es auch jetzt, da ich ins Obdachlosenheim gekommen war, noch irgendwie weitergehen und nicht das Ende der Welt bedeuten würde.

Aber alleine schon der Gedanke in ihm meine erste Nacht zu verbringen, ließ mich erschaudern. Wenn die Wohnzelle von den Grundbedürfnissen her auch akzeptabel war, was würde mich vom menschlichen Umfeld her erwarten? „Wissen Sie denn nicht was für Zustände dort herrschen?", klangen die warnenden Worte des Jobvermittlers noch in meinen Ohren. Welchen Menschen würde ich hier begegnen? Würde ich in Gefahr sein?

In der vertrauten Innenstadt angekommen, traf ich zufällig Molch, von dem ich einmal das schwere Motorrad kaufen wollte. Ich wusste, dass ihm schwierige Zeiten im Leben nicht unbekannt waren, dass er Erfahrung mit „gescheiterten Existenzen" hatte und ihnen gegenüber immer überaus tolerant und hilfsbereit geblieben war. So erzählte ich ihm, dass ich heute aus der Wohnung geflogen und ins Obdachlosenheim gekommen sei. In seiner Stammkneipe tranken wir dann einen Kaffee, und es tat gut mit ihm ein paar Worte zu wechseln.

Aber gerade weil ich auf seine Meinung Wert legte, hörte ich nur ungern, als er dann mit ernster Miene sagte: „Du weißt ja, dass das ein sozialer Abstieg ist". Dies klang in meinen Ohren so endgültig, so unveränderbar. Das klang wie: „Da kommst du nie wieder raus". Aber wenn mich das Leben etwas gelehrt hatte, dann war es, dass auch der beste und erfahrenste Bekannte oder „Experte" noch lange nicht recht haben muss.

Hatte es damals, als ich so krank gewesen war, nicht auch geheißen, dass ich nicht mehr gesund würde und mich mit der Krankheit eben abfinden müsse, nur um dann doch wieder völlig gesund zu werden? Hatten andere nicht auch einmal zu mir gesagt, dass es unmöglich sei in sieben Jahren Millionär zu werden, um dann nur gut zwei Jahre später bereits ein Aktiendepot im Wert von immerhin fast 300.000 DM zu besitzen? Wer die Aussagen anderer als unabänderlich begreift, hat schon verloren. Es gibt niemanden, der wirklich weiß, was sein wird. Niemanden. Das ist das einzige, was sicher ist.

Matthias hatte mich für den Abend netterweise zum Essen eingeladen, ein wirklich schöner Zug von ihm. Aber es wurde ein seltsames Treffen, denn die Gedanken an meine neue Bleibe ließen mich kaum los. Nur schwer konnte ich das feine Essen genießen. Da war auch dieser Kontrast von dem schönen bürgerlichen Ambiente des Gasthauses zu der kargen Wohnzelle des Obdachlosenheims, der mich beschäftigte.

Irgendwann war es dann soweit. Es gab kein Hinauszögern mehr. Längst war es draußen dunkel. Matthias

171

zahlte das Essen, und wir gingen los. Ich, um meine erste Nacht im Obdachlosenheim zu verbringen, und Matthias, um wie üblich, bei seiner Freundin zu übernachten. Rein zufällig war die Hälfte unserer beider Wege die gleichen. Es machte mich wütend, als wir uns dann trennten, er nach rechts ging und ich weiter gerade aus. Seine Wohnung würde nun leer stehen, was mich an Betracht meiner Wohnsituation sehr ärgerte.

Die Straße, die ich dann alleine weiterging, wollte und wollte nicht enden. Hier noch die letzten Häuser, dann die ersten Schrebergärten, dann ein großer Acker, und dann erst war ich da. Endlich.

Es war jetzt schon nach 24 Uhr. Bewusst wollte ich erst zu dieser späten Zeit ankommen, um mich, wenn es längst dunkel war und hoffentlich viele Bewohner des Heims schon schliefen, leise in die Wohnzelle hineinzuschleichen. Ich fluchte innerlich, als ich, kaum dass ich die Metalltreppe hinaufging, plötzlich in hellem Licht dastand. Mehrere Lichter waren durch Bewegungsmelder angegangen. Ich hatte nicht gewusst, dass es diese verdammten Dinger gab. Und dann war da auch noch diese beschissene Metalltreppe, die bei jedem Schritt schepperte und einen Höllenlärm machte, obwohl ich schon fast auf Zehenspitzen ging.

Leise schloss ich die erste äußere Glastür auf, und als ich auch die schwere Innentür aufschließen wollte und froh war, bis dahin niemandem begegnet zu sein, ging hinter mir eine Tür auf, die Tür der Nachbarzelle.

Auch das noch. Ich riskierte schnell einen Blick über die Schulter und blickte in das verschlafene Gesicht eines typischen Penners: Lange fettige Haare, zotteliger Vollbart, ungepflegt.

Das war mein neuer Nachbar Willi, ca. 50 Jahre alt, der mich, nur in Unterhose und T-Shirt bekleidet, irritiert ansah. Er erschrak vor mir, und ich noch mehr vor ihm. Er war mittags, als meine Kisten hergebracht wurden, nicht da gewesen und wusste nicht, dass die leerstehende Zelle neben seiner von nun an wieder bewohnt sein würde und hatte mich wohl für einen Einbrecher gehalten.

Ohne ein Wort zu ihm zu sagen, ging ich schnell in meine Zelle hinein, sperrte die massive Innentür zweimal hinter mir ab, überprüfte, als würde ich mir selbst nicht mehr trauen, noch einmal, ob ich auch wirklich abgesperrt hatte, zog mich bis auf Shorts und T-Shirt aus und legte mich zum Schlafen auf die Matratze.

Da lag ich nun also. Der Tag war für mich sehr anstrengend gewesen. Vom gemeinsamen Abendessen mit Matthias abgesehen, ein langer, grauenvoller Tag.

Und wenn die Situation auch mies war und die Aussichten noch mieser und ich mich auch fragte, wie ich das hinbekommen hatte, wo das alles von mir doch ganz anders geplant war, so war ich doch froh wenigstens ein Dach über dem Kopf zu haben und nicht auf der Straße schlafen zu müssen. Dann schlief ich hundemüde ein.

Die Nacht ...

... ist ein seltsames Ding. Ist sie vorüber, so macht sie unerbittlich klar, dass man nicht geträumt hat, sondern all der Mist der Vergangenheit tatsächlich wahr ist und noch immer auf einem lastet. Und doch ist da auch dieses schöne Gefühl, das die Nacht mit sich bringt, indem sie zeigt, dass es immer irgendwie weitergeht und auch der schlimme Vortag überstanden ist.

Gegen zehn Uhr stand ich an diesem Morgen auf. Die erste Nacht in meiner neuen Bleibe hatte ich ohne nennenswerte Vorkommnisse hinter mich gebracht. Ja, ich hatte sogar ganz gut geschlafen. Vielleicht war es hier ja doch irgendwie auszuhalten und alle meine Ängste unbegründet. Vielleicht war das Obdachlosenheim ja doch nur ein ganz normales Haus wie jedes andere.

Ich zog mich an und ging wieder den langen Weg in die Stadt. Wieder vorbei an den kleinen Schrebergärten, vorbei an der Eisdiele, vorbei an den vielen kleinen Geschäften mit den großen Schaufenstern, von wo aus jeder, der dort arbeitete, sehr genau wusste, wo man her kam.

Mir kam es vor, als ginge ich von außerhalb der Zivilisation in die Zivilisation. Dass das Obdachlosenheim bewusst außerhalb der Stadt gebaut worden war, das konnte ein Blinder sehen. Es war offensichtlich, dass die sog. Gesellschaft mit den Menschen, für die es gebaut und vorgesehen war, nichts zu tun haben wollte.

Auf dem ganzen Weg war ich nicht besonders scharf darauf jemanden zu begegnen. Selbst als ich wieder in der Stadt angekommen war und in der anonymen Menge unterging, fiel es mir nicht leicht, die Scham abzulegen, dass ich jetzt in einem Obdachlosenheim lebte.

Machte mich das jetzt eigentlich schon zum Penner? Ab wann ist man denn einer? Irgendwie war ich noch immer derselbe, der ich war, als ich als Programmierer gearbeitet und viel Geld an der Börse gemacht hatte, doch nun schwang dieser Makel des Wohnsitzes mit. Konnte man mir diesen ansehen?

Und dürfte ich mit diesem Makel noch immer mit anderen Menschen reden, oder würde ich sie damit schon belästigen? Jeder kennt doch das Gefühl, wenn er von Pennern angesprochen wird. Würde ich dieses Gefühl unerwünscht zu sein, nun auch bei anderen erzeugen?

Auch in den nächsten Tagen ging ich morgens und oft auch am Nachmittag in die Stadt, um einen Kaffee zu trinken, den einzigen Luxus, den ich mir leisten konnte. Aber ein Luxus, der wichtig für mich war, um wenigstens etwas unter Menschen zu sein, auch wenn sie meist ebenfalls nur Gäste des Cafés waren. Ich wollte Kontakt zur sogenannten normalen Bevölkerung halten. Ich wollte den Anschluss an sie nicht verlieren.

Im Grunde lebte ich in dieser Zeit von Tag zu Tag, nie wissend, was als nächstes noch auf mich zukommen würde. Eigentlich etwas was meiner Überzeugung von Zen entsprach, dieses Leben im Hier und Jetzt. Doch war dies überhaupt das Hier und Jetzt? Nein, war es nicht. Ja, es stimmt, Zen kennt kein Morgen, d.h. es macht sich keine Gedanken um Morgen, weil das Leben immer Jetzt ist.

Und so war es bei mir manchmal auch, doch leider viel zu selten. Meist war es eher so, dass ich gar nicht mehr wagte an Morgen zu denken, was eher eine Verdrängung war, statt die Freiheit alles gelassen auf mich zukommen zu lassen und auf die Stärke des Moments zu vertrauen. Irgendwie konnte ich kaum fassen, dass mir das alles passiert war. Ich bemerkte, dass ich mit dem, der ich nun war, nichts zu tun haben wollte. Ich war mir selbst fremd geworden, das Gegenteil dessen, was Zen zum Ziel hat, nämlich die Selbsterkenntnis.

In der Zwischenzeit ...

... hatte jemand ein Namensschild an meine Klingel und Briefkasten geklebt. Wohl der Hausmeister, den ich noch immer nicht zu Gesicht bekommen hatte. Offensichtlich war das Ganze doch nicht so schlecht organisiert.

Als ich in den nächsten Tagen dann wieder einmal aus der Stadt zurück ins Obdachlosenheim ging, wurde ich von einem Mann, etwa Mitte fünfzig, angesprochen, einem kleinen Italiener. Er wollte mir ein Fahrrad verkaufen, weil er, so meinte er, gesehen habe, dass ich immer den langen Weg zu Fuß ging. Er war sehr höflich und wohnte wohl im Obdachlosenheim, und wie nett, dass er an meinem Wohlbefinden interessiert war. Oder eher am Verkauf des Rades? Wie auch immer. Mir gefiel überhaupt nicht, dass ich schon nach diesen wenigen Tagen als Mitbewohner erkannt wurde. Es kam mir vor, als würde ich beobachtet.

Ich lehnte den Kauf höflich ab, weil ich das Geld dafür sowieso nicht hatte und auch ich nicht wusste, ob ich ihm überhaupt trauen konnte und das Rad in Ordnung war. Außerdem hatte ich ja ein Rad, mein altes Rennrad, mit dem ich täglich zu UPS gefahren war, doch ich kam nicht an es heran, weil es noch immer im Fahrradkeller meiner verlorenen Wohnung stand, zu der ich mich aber wegen den Mietern, denen ich noch immer Geld schuldete, nicht mehr hin traute. So richtig vermisste ich das Rad nicht, denn wenn mich der lange Fußweg oft auch nervte, hatte ich wenigstens etwas Bewegung.

Dass es auffiel, dass ich täglich in die Stadt ging, wurde mir dann bestätigt, als mich auf dem langen Weg ein weiterer Mann ansprach. Ansprechen konnte man es eigentlich nicht nennen, eher brüllte er mir irgendwas von: „Scheiße, wenn man zu Fuß gehen muss" entgegen und brauste dann mit seinem Fahrrad und einem kleinen Anhänger, in dem sein Dackel saß, an mir vorbei. Das war Paul, ca. 50 Jahre. Ebenfalls ein Bewohner des Obdachlosenheims. Mir kam es vor, als würde ich so allmählich in dessen Dunstkreis eingesogen.

Es blieb nicht nur bei diesen beiden. Als ich am darauffolgenden Tag wieder in die Stadt ging und vom Obdachlosenheim gerade auf den langen geraden Weg einbog, kam mir ein weiterer Bewohner nachgelaufen und wollte mich begleiten. Auch das noch. Und was erzählte er mir? Womit ich gerechnet hatte, nämlich dass die Polizei wieder bei ihm gewesen sei und er wieder in den Knast müsse. Tja, was soll man darauf erwidern? Ich redete irgendwas Unbeholfenes von: „Ach so, na, das ist ja blöd" und brach die Konversation unter einem Vorwand schnell ab, um den Weg alleine weiter zu gehen. Ich hatte für mich noch nicht entschieden, ob ich überhaupt Kontakte wollte. Und wenn, dann zu solchen Leuten? Aber war ich jetzt nicht auch ein „solcher Leut"?

In den nächsten ...

... Tagen überkam mich, sobald ich aus der Stadt zurückkehrend in Sichtweite des Obdachlosenheims geriet, ein mulmiges Gefühl. Waren die Felder, die direkt vorm Gebäudekomplex lagen, geschnitten und abgeerntet, konnte man schon von weitem sehen, dass jemand den langen geraden Weg entlang ging. Ich hasste das, man kam sich nicht nur beobachtet vor, man wurde auch beobachtet. Es gab keine Möglichkeit unerkannt in seine Wohnzelle zu gelangen, was mich, dem sehr an einer Privatsphäre gelegen war, echt nervte.

Wenn ich zwischen den Gebäuden zu meiner Zelle ging, sah ich hin und wieder einen älteren großen und hageren Mann, der sich aus seinem weit geöffneten Fenster herauslehnte und gemütlich rauchte. Das war Hans, 68 und nach meinem Nachbar Willi, dem Italiener, Paul und dem, der mir nachgelaufen war, der nächste Bewohner des Obdachlosenheims, dem ich begegnete. Hans wohnte ebenerdig in der dritten Zelle im gegenüberliegenden Gebäude. Auf mich machte er einen sympathischen Eindruck, dennoch ging ich auch an ihm wortlos vorbei.

Der Nächste, dem ich Tage später begegnen sollte, war Karl. Als ich mich an einem Nachmittag wieder einmal heimlich, still und leise in meine Zelle „schleichen" wollte, stand er vor einem der ebenerdigen Fenster auf dem Rasen. In einer Stimme rauer als die von Bon Scott, dem verstorbenen Sänger von AC/DC, quatschte er irgendwas in meine Richtung. Zwar verstand ich seine Worte, nicht aber den Sinn seiner Aussage. Wenn es den überhaupt gab.

Karl war 54 und wog bei einer Größe von 1,70 m vielleicht gerade mal 70 Kilo, aber er sah bedrohlich aus. Er trug Armee-Kleidung wie ein Soldat und über der Tarnjacke eine dünne, ärmellose Lederjacke wie eine Kutte, wie man sie von Rockern her kennt. Sein Gesichtszüge waren hart und voller Furchen, wie das Ge-

sicht von Charles Bronson zu seinen besten Western-
zeiten.

Ich dachte, beim ersten falschen Wort schlitzt der
dich auf. So erwiderte ich nichts auf seine mir unver-
ständliche Bemerkung und ging einfach weiter. Aber
es war nicht nur der Mut, der mir fehlte, etwas zu erwidern, oft hatte ich erlebt, dass es besser war, nicht
gleich zurückzuschlagen, auch nicht verbal, sondern
den anderen erst einmal kennenzulernen. Etwas was
ich aber eigentlich vermeiden wollte. Vielleicht war
mein Schweigen aber auch bereits der Punkt, an dem
der Andere den Respekt vor einem verlor. Ich war mir
alles andere als sicher, ob mein Verhalten richtig
gewesen war.

Ich ging schnell in meine Wohnzelle und war froh die
schwere Tür hinter mir zu schließen. Die Begegnung
mit Karl zeigte mir, dass man im Heim nicht unbedingt
in Ruhe gelassen werden würde. Meine Hoffnung,
dass wenn ich niemanden anspreche auch mich niemand anspricht, erfüllte sich nicht.

Einige Tage später traf ich dann erstmals auf Rainer,
den Hausmeister des Obdachlosenheims. Einen
großen, kräftigen Mann von etwa 50 Jahren. Mir war
er sehr sympathisch. Jeden Morgen kam er zum Heim
geradelt, wo er im gegenüberliegenden Gebäude, direkt links neben Hans, zwei ebenerdige Wohnzellen
belegte. Eine davon diente ihm als Büro, die andere
als Abstelllager für sein Werkzeug.

Ich hatte mich gewundert, dass ich niemanden vorfand, als die Frau von der Wohnraumhilfe sagte, dass ich mich bei ihm melden solle. Aber jetzt verstand ich. Es lag daran, dass er nur halbtags, am Vormittag, hier arbeitete und am Nachmittag ein anderes Obdachlosenheim in Speyer betreute und ich mit meinem Habe ja erst nachmittags gekommen war.

Ich ging zu ihm, weil inzwischen auch die Glühbirne in meinem Bad kaputtgegangen war und ich nur noch im Dunkeln saß, um ihn zu fragen, ob er mir eine neue geben könne. Als ich sah, dass er an seinem Schreibtisch saß, klopfte ich an sein Fenster und er deutete mir an, zur Tür zu kommen. Er öffnete sie, und ich bemerkte, er war sehr, sehr vorsichtig mir gegenüber. Er beobachtete genau meine Bewegungen. Mich verunsicherte sein Verhalten, denn es zeigte mir, dass es im Heim nicht so ohne sein würde. Er hatte wohl schon einiges erlebt.

Bald aber entspannte er sich, wenn er mich sah. Er hatte verstanden, dass ich für ihn keine Bedrohung darstellen würde. Gut so, denn ich wollte nie, dass andere Menschen Angst vor mir haben. Sie sollten vernünftig mit mir umgehen, das ja, aber nicht aus Angst. In meiner Nähe sollten sie frei sein und sich wohl fühlen.

Was war denn gewonnen, wenn jemand etwas aus Angst tat? Ein Lob aus Angst war doch kein Lob.

In den nächsten ...

... Wochen begann ich mich im Heim allmählich etwas zu akklimatisieren. Nicht dass ich mich etwa heimisch fühlte, nein, das ganz und gar nicht. Wenn ich mit Matthias sprach, sagte ich nie: „Ich geh jetzt heim" sondern immer nur: „Ich geh jetzt in die Industriestraße", aber ich gewöhnte mich etwas an die Geräusche, wenn Willi nebenan wie verrückt hustete, oder wenn er kochte und das Geschirr klapperte, oder wenn er die Toilette spülte.

Noch immer hatte ich meine kleine Wohnzelle ungemütlich gehalten. Ich hatte keinen Stuhl, keinen Tisch und auch keinen Fernseher. Letzterer wäre kein Problem gewesen, denn ich besaß noch zwei aus der Zeit als ich noch als Programmierer gearbeitet hatte. Doch fern hatte ich eh schon lange nur noch selten gesehen. Die meisten Sendungen interessierten mich nicht.

Meist saß ich auf der auf dem Boden liegenden Matratze, den Rücken angelehnt an einen Umzugskarton, meinen alten Laptop auf den Knien und schrieb Texte für meine zen-buddhistische Website. Manchmal musste ich dabei über mich lachen. Wer schreibt in einem Obdachlosenheim eigentlich zen-buddhistische Texte?

Was ich richtig gut fand, war, dass ich trotz der Abgeschiedenheit des Obdachlosenheims über einen kleinen Internet-Stick, den man einfach nur in den Laptop ein stöpselte, mit der ganzen Welt verbunden war. Das nahm mir wenigstens etwas das Gefühl von der Zivilisation getrennt zu sein.

Nachteil war, dass der Stick nach dem Verbrauch von 5 Gigabyte, einer allzu geringen Datenmenge, in seiner Übertragungsgeschwindigkeit stark gedrosselt wurde und von da an keine wirkliche Teilnahme am Internet mehr erlaubte, etwa um sich Youtube-Videos anzuschauen. Aber immerhin, auch gedrosselt reichte es für Emails, um Zeitungen online zu lesen und vor allem, um meine Website weiter zu betreiben. Das war für mich die Hauptsache, auch wenn das Aufbauen der Web-Seiten manchmal eine Ewigkeit dauerte.

So war auch der Besitz meines alten Laptops, den ich vorm Gerichtsvollzieher in Sicherheit gebracht hatte, sehr wertvoll für mich, auch wenn er von seinem Verkaufswert her nicht mehr viel wert war. Auf ihm hörte ich Musik, auf ihm sah ich Filme, auf ihm schrieb ich. Eine tolle Sache.

Der technische Fortschritt hatte hier sehr viel verändert und gab auch Menschen, die in einer Situation wie der meinen waren, bessere Möglichkeiten am Weltgeschehen teilzunehmen. Auch meine alte CD-Sammlung, die einmal über 1.000 CDs betragen und die ganze Wand meines damaligen großen Wohnzimmers eingenommen hatte, war auf dem Laptop gespeichert. Ja, ich hatte sogar mehr Musik als damals.

Eines Tages ...

... ich lebte jetzt bereits mehrere Wochen im Obdachlosenheim, bemerkte ich, dass in die Wohnzelle unter
mir, die bis dahin wohl leer gestanden hatte, ein
Mann neu eingezogen war: Petko, ein Bulgare, 55 Jahre, klein, stämmig, fast eine Glatze, Brille und eine
helle laute Stimme.

Eigentlich war er gar kein Bulgare, sondern Deutscher,
der wohl immer auch nur in Deutschland gelebt hatte, weshalb er auch perfekt deutsch sprach. So ganz
hatte ich das nie verstanden. Seit Petko aber unter
mir wohnte, hörte ich seltsamerweise immer wieder
jemanden, der über Stunden wie ein Irrer irgendein
kaum verständliches Zeug herumschrie, bis ich
irgendwann kapierte, dass es Petko selbst war, der herumschrie.

Was er im heftigsten Plattdeutsch schrie, klang, ins
Hochdeutsche übersetzt, etwa so: „Du Nazihure, du
Nazihure, ich ruf die Bullen, dann kommen die mit
Razzia, mit Razzia, die kommen mit Razzia. Und dieser
dreckige Zigeuner da oben, dieser verbappte, ekelhaf-
te, dreckige, verlauste Zigeuner, der kommt auch
noch dran". Keine Ahnung, von was er schrie und wen
er meinte, aber es klang brutalst. Er steigerte sich völlig rein. Aber komischerweise schien sich keiner an
seiner Schreierei zu stören, was ich höchst seltsam
fand. Irgendwann verstand ich zumindest mal, wen er
mit „Zigeuner" meinte, nämlich meinen Nachbarn
Willi, den das Geschrei aber anscheinend überhaupt

nicht interessierte, was mich fast noch mehr wunderte.

Petko fand schnell einen Kumpel, Heiner, etwa 51 Jahre alt. Wie Hans wohnte er im Gebäudeblock gegenüber, aber nicht auf der zu mir gewandten Vorderseite des Gebäudes, sondern der Rückseite. Heiner war ständig angetrunken und lief fast immer nur im Jogginganzug herum.

Petko und Heiner verstanden sich bestens. Sie hatten sich gesucht und gefunden. Und so kam Heiner von nun an jeden Tag zu Petko ans Fenster, direkt unter meinem, um mit ihm Bier zu trinken und zu plaudern. Es hätte nur noch gefehlt, dass auch Olli Dietrich als „Dittsche" aufgetaucht wäre und sich im Bademantel und mit der Bierflasche in der Hand dazugestellt hätte.

War mein Fenster gekippt, konnte ich jedes Wort ihrer Unterhaltung verstehen, meist das Philosophieren über Gott und die Welt, was mich dazu veranlasste, sie „die Propheten" zu nennen. Wobei ich niemals Menschen gehört hatte, die sich über Stunden unterhalten konnten, ohne irgendetwas Substantielles zu sagen. Die beiden hätten wirklich in die Politik gehört.

Womit beide sich ständig gegenseitig aufzogen, war die belanglose unendlich langweilige aber ständig wiederholte Story vom Zander, den Heiner als Hobbyangler immer fangen wollte, ihm dies aber anscheinend nie gelungen war. Irgendwann, wenn die Zunge mit zunehmendem Alkoholpegel kaum mehr rund lief, hörte man beide nur noch „Ohgottogott" murmeln, wobei dieses mit jeder fortgeschrittenen Stunde immer unverständlicher wurde.

Mir war das Ganze nicht unsympathisch und beide störten mich nicht, auch wenn sie meist bis zwölf, ein Uhr, nachts blieben. Irgendwie ließen mich die beiden angenehm müde werden.

Es war wie ein Betthupferl, das die beiden unwissend für mich gaben, eine Art Sandmännchen. Ich ließ sogar das Fenster gekippt, um nicht bei stickiger Luft zu schlafen.

Wenn Petko ...

... und Heiner mich mit ihrem harmlosen Gequatsche auch nicht störten, so kann ich nicht behaupten, dass die Umgebung des Obdachlosenheims eine ruhige war. Da war der ständige Lärm wegen der Nähe zur vielbefahrenen Industriestraße, die vielen schweren Lkws der Deutschen Post, die im Stundentakt, Tag und Nacht, bei jedem Schlagloch nervend schepperten, wie auch die Starts eines Düsenjets des nahegelegenen Flughafens. Ein Lärm, den man halt irgendwie akzeptieren muss. Was wollte man tun? Die Straße sperren? Den Flughafen schließen?

Weitaus weniger akzeptabel aber war für mich der Lärm, der vermeidbar gewesen wäre und der vom

Obdachlosenheim selbst kam. So war, wenn ich mich in meiner Zelle befand, immer wieder von schräg links hinter mir laute Musik zu hören. Etwas, was ich überhaupt nicht leiden konnte, denn wieso muss ich mir Musik von anderen aufzwingen lassen. Ich zwang meine ja auch keinem auf und wollte selbst entscheiden, wann und welche Musik ich hören möchte.

Aber ich war auch angenehm überrascht. Und zwar über die Liedauswahl. Das Lied kannte ich und dieses, ja, das waren Rainbow, hier spielte der großartige Ritchie Blackmore Gitarre. Fast kam es mir vor, als liefe meine eigene alte Schallplattensammlung, was mir das Gefühl gab, nicht völlig unter Fremden zu sein. In Anlehnung an den Spruch „Wo man singt, da lass dich nieder, böse Menschen haben keine Lieder", sagte ich mir, wer solch eine tolle Musik hört, der kann doch eigentlich kein schlechter Mensch sein. Zumindest hoffte ich das so. Die laute Musik störte mich ebenfalls nicht wirklich, zumal gegen ein Uhr nachts dann Schluss war, eine Zeit, in der ich mich eh meist erst schlafen legte und den Laptop ausmachte.

All dieser Lärm lag innerhalb meiner Grenzen des Erträglichen. Ja, ich war längst der Meinung, dass es im Obdachlosenheim irgendwie auszuhalten sei. Zum Teil genoss ich sogar die Abgeschiedenheit, die Nähe zum Naturschutzgebiet. Doch dann geschah eines Tages das, was ich immer befürchtet hatte. In der Zelle direkt hinter mir, die mir bis dahin nie aufgefallen war und über die ich noch gedacht hatte, dass sie leer stünde, weil ich keine Geräusche vernahm, hörte ich wie es zu einem lautstarken Handgemenge kam. Irgendein Streit unter mehreren Männern war ausgebrochen. Auch eine Frau war wohl anwesend, denn einer schrie: „Lass sie los, lass sie sofort los, ich zähle bis drei".

Das war kein Spaß, das war Ernst. Und zum ersten Mal im Obdachlosenheim bemerkte ich, dass Wände die Gewalt nicht davon abhalten zu einem durchzudringen. Auch nicht eine geschlossene Tür. Klar, sie schützte vor körperlicher Gewalt, und sicherlich war das auch das Wichtigste, aber wie der Lärm drang auch die Gewalt zu mir durch. Sie kroch regelrecht durch die Wände. Dann beruhigte es sich hinter mir wieder, aber ganz so unbefangen war ich von da an nicht mehr.

Auch hörte ich in diesen Tagen immer wieder, wie sich einige Bewohner draußen zwischen den beiden Gebäuden trafen. Ich hörte Karl mit seiner unverwechselbaren Stimme, ich hörte Hans, und andere, die ich nicht kannte. Und diese Treffen waren nicht mehr vergleichbar mit den harmlosen von Heiner und Petko. Hier lag mehr Aggression drin. Das war deutlich zu spüren.

Wenn diese lauten Treffen zwischen den Gebäuden stattfanden, war es mir unangenehm meine Wohnzelle zu verlassen. Ich will nicht sagen, dass ich mich dann nicht raus traute. Wenn ich einen Termin gehabt hätte, wäre ich dennoch raus, aber solange ich ihn verschieben konnte, wartete ich lieber, bis sie wieder weg waren, auch wenn ich bemerkte, dass ich dadurch schon auch ein Gefangener in meiner eigenen kleinen Wohnzelle sein würde. Ein Gefangener mitten in Deutschland, nicht rechtlich, aber faktisch.

Dann stand ...

... Weihnachten vor der Tür. Ich hatte Weihnachten immer gemocht, vor allem als Kind. Aber auch jetzt als Erwachsener mochte ich diese Atmosphäre, diese bunten Lichterketten.

Schon viele Jahre war ich an Weihnachten alleine gewesen. Es waren sicher nicht die schönsten Tage für mich, doch Weihnachten alleine im Obdachlosenheim, das war noch übler. Und wenn es wenigstens auch ruhig war, und auch die Lkws weniger fuhren, war ich froh, als die Festtage vorbei waren und der graue Alltag wieder begann.

Das neue Jahr hatte begonnen. Fast drei Monate lebte ich nun schon im Obdachlosenheim, und es stand der erste Termin mit der Stadtverwaltung an, die sich schriftlich zur Besichtigung meiner Wohnzelle angekündigt hatte. Ich weiß nicht vor wem ich mehr Angst hatte, den Bewohnern, von denen manche bedrohlich auf mich wirkten, oder den Frauen von der Wohnraumhilfe. Ich war besorgt über ihren Besuch, denn ich hatte keine neue Wohnung gefunden und mich auch um keine bemüht. Warum nicht? Weil mir dazu einfach die Kraft fehlte. Zumal die Zeiten, in denen eine einzige Annonce ausreichte, um von Angeboten überhäuft zu werden, für mich schon lange vorbei waren.

Würden sie mich jetzt wegen meines fehlenden Bemühens auch aus dem Obdachlosenheim raus werfen? Wer konnte das so genau wissen? Als Hartz IV Empfänger war es längst so, dass der Jobcenter 100 Prozent der Arbeitslosenhilfe streichen konnte, wenn man sich nicht um Arbeit bemüht hatte oder eine Arbeit, die vorgeschlagen wurde, war sie auch noch so mies, ablehnte. Für den, der nicht kapiert, was das bedeutet: Es bedeutet, dass man unter Umständen hungern muss.

Aber man muss ja einfach nur schön zu allem, was der Jobcenter befiehlt, „Ja" sagen und schön alles mitmachen, nicht wahr. Nicht gerade meine Vorstellung einer Gesellschaft, die die soziale Marktwirtschaft für sich beansprucht, eher das Verhalten einer Nötigung, einer Erpressung. Ich war der Meinung, dass in einer freien, einer guten Gesellschaft so wenig Zwang wie möglich ausgeübt werden sollte. Ich hielt mehr davon die Aufmerksamkeit darauf zu richten, dass jemand aus sich heraus etwas tat. Und wenn dies nicht der Fall sein sollte, mal die Gründe dafür zu erkunden. Jeder Mensch möchte doch etwas Sinnvolles mit seinem Leben anfangen. Zumindest wenn er seelisch gesund ist.

Dann waren sie da, die Damen von der Wohnraumhilfe. Zwei Frauen in Begleitung von Hausmeister Rainer als ihrem „Bodyguard", was mich fast zum Lachen brachte, kamen: Kalt, bürokratisch, unnahbar. Kein „Herr Scherer, wie geht es Ihnen?", kein „Kommen Sie klar?", kein „Gibt es irgendwelche Probleme?".

Als sie dann meine Zelle betraten, schauten sie ziemlich überrascht, weil ich die Umzugskisten noch immer nicht ausgeräumt hatte. Dann sahen sie sich eingehend um. Sie schauten sogar in den Kühlschrank, in dem ich rein gar nichts drin hatte.

Mir kam die ganze Aktion vor wie der Stubendurchgang aus meiner Bundeswehrzeit, und ich denke, es wäre den Damen am liebsten gewesen, wenn ich während ihrer Besichtigung auch noch stramm gestanden hätte. Aber immerhin stimmten sie von sich aus einer Verlängerung um weitere drei Monate zu. Ich entspannte mich. Soweit war ich schon, dass ich mich darüber freute, im Obdachlosenheim bleiben zu dürfen, aber alles war eben relativ im Angesicht der Angst auf der Straße zu landen. In meinen Augen war alles besser als das.

Meine Freude ...

... im Obdachlosenheim bleiben zu dürfen, wurde aber bald getrübt, denn schon an einem der folgenden Wochenenden hörte ich gegen Abend aus der Wohnzelle direkt hinter mir, die, aus der ich auch das Handgemenge gehört hatte, laute Musik: AC/DC und die Böhsen Onkelz, dazu eine schlecht gespielte E-

Gitarre aus einem voll aufgedrehten Gitarrenverstärker.

Es war ein chaotisch-undifferenzierter Lärmbrei, und dieses Mal war es so laut, dass es meine Grenze des Erträglichen bei weitem überschritt und mich massiv störte. Ich wartete, dass es um ein Uhr in der Nacht vielleicht aufhören würde. Doch es hörte nicht auf. Es wurde 1 Uhr, es wurde 2 Uhr, es wurde 3 Uhr, und ich dachte an die Nachtruhe, die eigentlich ab 22 Uhr gelten solle. Eine gesetzliche Grenze, die im Obdachlosenheim vielleicht nur ich kannte und über die sonst jeder nur lachte.

Jetzt bekam ich zum ersten Mal eine Ahnung davon, wie es im Heim abgehen würde, wenn manche, die hier wohnten, wirklich durchdrehten. Es war die volle Dröhnung. Ständig wurden die schweren Türen der Wohnzellen mit voller Wucht zugeschlagen. So sehr, dass das ganze Gebäude vibrierte, ständig hörte man das laute Geschepper der schweren Metalltreppe, ständig wurde laut und assimäßig herum gegrölt. Mir schien es als würden mehrere Zellen gemeinsam dieses Chaos veranstalten.

Schlimm war vor allem auch, nicht zu wissen, wer hinter dem ganzen Lärm steckte, sodass meine Phantasie es noch schlimmer machte, indem sie ständig versuchte die Menschen zu diesem Krach zu gestalten.

So gegen zwei Uhr in der Nacht waren in der Zelle hinter mir dann nur noch ein Mann und eine Frau zu hören, die sich immer wieder laut beim Namen riefen, Tom und Svenja.

Immer wieder lief laut der Song „Rolling in the Deep" von Adele, und Tom tanzte mit dem Fuß fest auf den Boden stampfend und mit den Händen klatschend dazu. Wieder und wieder, während ich verzweifelt versuchte einzuschlafen. Und immer wenn ich wirklich mal kurz eingenickt war, wurde ich wieder von ihnen geweckt. Eine widerliche Prozedur.

Was tun? Die Polizei rufen? Klar, dachte ich daran, aber was würde die Konsequenz sein? Jeder würde doch wissen, dass ich es war, der sie gerufen hatte. In einer normalen Wohnumgebung wäre mir das egal gewesen, aber in einem Obdachlosenheim? Und selbst um Ruhe bitten? Auch daran dachte ich, vor allem auch um zu sehen, was wirklich los war und endlich die Bilder meiner Phantasie beenden zu können, aber dann fragte ich mich, ob dies von mir nicht zu leichtsinnig sei, denn zu was könnte jemand noch fähig sein, wenn er eh schon so rücksichtslos drauf war.

Ich fand weder das eine noch das andere eine wirklich gute Idee und hoffte, dass diese Nacht einfach eine Ausnahme sei. Vielleicht hatte jemand Geburtstag oder es gab sonst etwas zu feiern, von dem ich nichts wusste. Und so entschloss ich mich, das Chaos einfach irgendwie zu ertragen, was mir echt nicht leicht fiel.

Was ich mich bei dem ganzen Krach dann aber auch

fragte, war, dass doch nicht nur ich das mitbekommen würde. Stellten sich alle anderen tot? Und wenn sie sich tot stellten, bedeutete das denn dann nicht, dass sie einen Grund dafür hatten, warum sie sich eben sowenig wie ich trauten, etwas dagegen zu unternehmen? Einen Grund, den ich nicht kannte, der aber zur Vorsicht empfahl? Was war zum Beispiel mit Willi, meinem Nachbarn in der Zelle neben mir? Der bekam das alles doch auch mit. Oder Petko unter mir. Oder war nur meine Zelle vom Lärm betroffen? Oder waren alle außer mir bei dem Spektakel mit dabei und nur ich als einziger dummerweise der Meinung, dass man nachts schlafen müsse? Die Fragen spukten nur so in meinem Kopf herum.

Der Lärm, der vor allem von Svenja und Tom ausging, dauerte, ungelogen, bis morgens um neun, und natürlich war ich an diesem Tag, ohne auch nur einmal richtig eingeschlafen zu sein, völlig übernächtigt, genervt und verärgert. Ohne Schlaf war bei mir der ganze Tag mehr oder weniger Mist.

Und nur wenige Tage später kam, was ich befürchtet hatte. Eine Wiederholung dieser grauenvollen Nacht. Eine Ausnahme konnte sie also nicht gewesen sein. Doch dieses Mal blieb es nicht bei einer Nacht, sondern das Chaos ging unglaubliche vier Tage hintereinander, am Tag und in der Nacht. Am Tag immer nur durch wenige Stunden der Ruhe unterbrochen. Es war völlig exzessiv und mir ein völliges Rätsel, dass die, die den Lärm veranstalteten, nicht auch mal schlafen mussten.

Fünf Tage hatte ich so gut wie nicht geschlafen, und es war meines Wissens die Uno, die Schlafentzug als Folter eingestuft hatte. Ich lief in dieser Woche herum wie ein Zombie und bat Matthias mich in seiner Wohnung tagsüber einmal ein paar Stunden auf seiner Couch schlafen zu lassen. Und das tat ich dann auch, es war solch eine Wohltat, wobei ich bemerkte, das selbst das Matthias nicht wirklich recht war. Mir war das wirklich ein Rätsel, seine Hartherzigkeit in Bezug auf seine Wohnung stand im krassen Gegensatz zu seiner sonstigen Großzügigkeit.

Einige Tage ...

... danach war es dann wieder ruhiger im Obdachlosenheim. Dann aber begann das Chaos erneut. In einer Nacht, von der ich nicht wusste, würde sie der Beginn einer weiteren exzessiven mehrtägigen Orgie sein, kam es, zusätzlich zum geschilderten unerträglichen Lärm, dem Mischmasch von mehreren Stereoanlagen, von laut gespielter E-Gitarre, zu einem Streit zwischen Tom und Svenja. Immer wieder war zu hören wie Flaschen gegen die Wände geworfen wurden und zersplitterten und sie sich gegenseitig anschrien und aufs Übelste beschimpften.

Und angesichts der Ernsthaftigkeit ihres Streites fragte ich mich nach meiner Verantwortung. Was wäre, wenn die beiden sich die Schädel einschlugen? Wer konnte das so genau wissen? Ich kannte sie ja nicht. Und könnte ich dann als einer der direkten Nachbarn untätig bleiben?

Was es mir erschwerte die Situation einzuschätzen, war, dass immer wieder ein Wechsel in der Stimmung stattfand. Hatten die beiden gerade noch den größten Streit und sich wüst beschimpft, sangen sie plötzlich wieder zusammen die Lieder, die aus den Boxen dröhnten. So als wären sie wieder die allerbesten Freunde.

Völlig genervt und hin und hergerissen, ob ich die Polizei rufen sollte, rief ich Matthias an. Vielleicht hatte er ja eine Idee, was ich tun könnte.

Es war etwa halb zwei Uhr nachts. Ich weckte ihn und fragte ihn nach seiner Meinung. Alleine schon seine Stimme zu hören, die Stimme eines Bekannten, half mir, mich etwas zu beruhigen. Aber Matthias war genervt, dass ich ihn mitten in der Nacht weckte, und mich nervte, dass ihn das nervte, denn wozu hat man Kumpels, wenn sie in dem Moment, in dem man sie am nötigsten braucht, nicht für einen da sind?

Mir wäre es am liebsten gewesen er hätte gesagt: „Komm für diese Nacht halt zu mir, schlaf auf der Couch und fertig", aber diesen Vorschlag machte er nicht. Ich denke, wenn die Rollen vertauscht gewesen wären, hätte ich diesen Vorschlag gemacht. Ich hätte ihn dieser widerlichen Situation nicht überlassen.

Matthias sagte, er wisse auch nicht, was ich tun solle, das müsse ich entscheiden, was mir nicht danach klang, als hätte er sich wirklich Gedanken um die Situation gemacht. Vielmehr klang es so, als wolle er das Gespräch schnell beenden, um weiter schlafen zu können. Was irgendwo ja auch verständlich war. Schließlich musste er früh raus zur Arbeit.

Nach dem nichtssagenden Gespräch mit ihm, sagte ich mir: „Genug jetzt, komme was wolle, aber das hier, das muss aufhören und zwar sofort. Wahrscheinlich weiß die Polizei nicht, wie es hier abgeht und muss das einfach nur mal mitbekommen, und wahrscheinlich müssen die, die das Chaos veranstalten, nur einmal von der Polizei konfrontiert werden, um aufzuhören. Wahrscheinlich hat sich hier unten noch nie jemand getraut die Polizei zu rufen, gut, dann bin ich eben der erste." Herrlich, meine Naivität.

Ich griff zu meinem kleinen Prepaid-Handy und wählte die Nummer der Polizei. Das Gespräch mit dem Polizeibeamten verlief ungefähr so: „Polizei Speyer, Schmitt", „Ja, hier Scherer, ich rufe an wegen einer Ruhestörung", „Was ist die Art der Störung?" „Laute Musik, Geschrei, Streit" „Und wo ist das?" „In der Industriestraße", „Aha, gut, wir schicken einen Wagen". Die Entscheidung war gefallen und ich hatte entsprechend gehandelt, jetzt konnte ich nur noch abwarten.

An Schlaf war natürlich nicht mehr zu denken, denn vielleicht müsste ich den Polizeiwagen einweisen und ihnen mitteilen, woher der Lärm kam. Oder würden die Polizisten die einzelnen Zellen kennen? Ich legte mich wieder auf die Matratze und wartete unruhig.

Doch der Wagen kam und kam nicht, und die Streitereien zwischen Tom und Svenja hörten nicht auf. Nach einer Stunde rief ich wieder an. „Was ist denn nun mit dem Wagen?", fragte ich ungeduldig und bemüht halbwegs höflich zu bleiben. Wieder sagte derselbe, er schicke einen Wagen.

Derart verliefen auch die nächsten beiden Gespräche in den folgenden Nachtstunden. Und irgendwann bemerkte ich, der Polizist verarscht mich. Ich hatte es schon befürchtet, wollte es mir aber nicht eingestehen. Er hielt mich hin, er schickte keinen Wagen. Beim letzten Gespräch, meinem letzten Versuch, so gegen halb sechs Uhr morgens, fragte ich ihn nach seinem Namen, den er mir nur sehr widerwillig und mit langem Zögern überhaupt sagte. Das hatte ich noch nie erlebt, und ich bemerkte, wie die Wut in mir hochstieg.

Viermal hatte ich in dieser Nacht die Polizei gerufen. Von 2 Uhr bis 6 Uhr morgens, und niemand war gekommen. Es ging ja nicht nur um mich und meine Nachtruhe, sondern vor allem auch um meine Sorge gegenüber den Nachbarn. Gott, war ich Depp naiv zu glauben, dass die Polizei für den Bürger da ist. Oder war ich vielleicht gar kein Bürger mehr?

Das Verhalten der ...

... Polizei zeigte mir, dass ich bis zu einem gewissen Grad im Obdachlosenheim in einem rechtsfreien

Raum lebte. Sicher, sie würde mal vorbeischauen, wenn es einen Mord gäbe, aber in den Gesetzesverstößen darunter, und da gab es ja noch so einige, konnte man sich nicht ganz so sicher sein.

Ich ging am nächsten Tag verärgert zur Polizeidienststelle und traf dort, eher zufällig, auf den stellvertretenden Einsatzleiter, der mich freundlich empfing. Ich war überrascht. Geduldig hörte er sich an, was ich auf dem Herzen hatte und protokollierte mit. Öfters stutzte er und meinte, das sei völlig ungewöhnlich, und er werde seine Leute nochmal nachschulen. Für mich klang dieser Mann sehr glaubhaft.

Und dennoch wurde mir noch immer nicht richtig klar, warum ich hingehalten wurde.

Was mich aber auch so wütend machte, war dieser Zwiespalt, in den ich durch die Untätigkeit der Polizei gebracht wurde. Ich dachte, wenn die sich da drüben umbringen, wird man fragen, ob die Nachbarschaft denn nichts gehört habe, also auch mich, und es wird der Vorwurf laut werden: „Warum haben Sie als Nachbar denn nichts unternommen oder wenigstens die Polizei gerufen? Wir sind doch angewiesen auf Hinweise aus der Zivilbevölkerung". Und in der Zeitung wird es wieder mal jammernd heißen, wie sehr wir doch in einer anonymen Gesellschaft leben, in der sich niemand mehr um den anderen kümmere, bla bla bla. Andere werden schreiben, das im Obdachlosenheim eben sowieso nur asoziales Pack lebt, das sich nun mal gerne die Köpfe einschlägt, während die

Asozialen doch auch die sind, die ihrer behördlichen Pflicht nicht nachgekommen sind.

Nach dieser Erfahrung, die ich in meiner Naivität in Deutschland nicht für möglich gehalten hätte, spürte ich in mir stark den Drang zu sagen: „Wenn noch einmal etwas passiert, ich melde nichts mehr, am Arsch lecken. Sich einfach raus halten". Soll doch der Staat, der ja immer so gerne betont, dass das Gewaltmonopol bei ihm läge, was ich, solange er sich kümmert, grundsätzlich auch richtig finde, schauen, wie er zurechtkommt.

Weil ich die Faxen echt dick hatte, ging ich am nächsten Tag auch zu Hausmeister Rainer und erzählte ihm von den ständigen Ruhestörungen, die meinen Lebensrhythmus längst beeinträchtigten. Angewidert verdrehte er die Augen und murmelte: „Hmm, waren sie wieder mal zugedröhnt". Er sagte, er werde es der Stadtverwaltung melden. Super, dachte ich dankbar, vielleicht war es ja doch möglich, die Missstände abzustellen.

Ich nutzte die Gelegenheit und fragte Hausmeister Rainer noch, wie gefährlich die Bewohner des Heims eigentlich seien, und er antwortete, dass ich schon aufpassen müsse. Eine Antwort, die mir natürlich nicht gefiel. Und er musste es ja wissen. Schließlich war er der Hausmeister und kannte sie. Besorgt überlegte ich, ob das mit dem Rufen der Polizei vielleicht doch keine so gute Idee war. Was war schon die Störung der Nachtruhe gegen eine blutende Nase oder

Schlimmeres?

Hausmeister Rainer informierte tatsächlich die Stadtverwaltung, aber natürlich gab es von den Damen, die
sonst immer so wortgewandt waren, keine Reaktion.
Ihre Rechte, ja, die kannten sie in- und auswendig,
ihre Pflichten als Betreiber des Obdachlosenheims,
mit denen wollten sie nichts zu tun haben. Vieles
wälzten sie einfach auf die Polizei und Hausmeister
Rainer ab.

Wenn ich aber ...

... schon dabei war zu versuchen die Missstände aus
der Welt zu schaffen, ging ich auch zum Ordnungsamt, um mal auszuloten, ob es Sinn machte, Tom, der
in meinen Augen der Hauptdrahtzieher dieser Aktionen war, wegen nächtlicher Ruhestörung anzuzeigen.
Doch die Sachbearbeiterin erklärte mir, dass sie nicht
viel tun könne, denn wie solle sie jemanden belan-
gen, der sowieso nichts habe. Im Grunde hieß das,
dass derjenige, der schon alles verloren hat, oder vielleicht eh nie etwas besaß, dann tun und lassen kann,
was er will und Narrenfreiheit besitzt. Interessant.
Und in gewissem Sinne durchaus Zen-kompatibel.
Wobei der Mensch, der wirklich nichts mehr besitzt,
der alles losgelassen hat, alles besitzt, aber davon war
Tom Lichtjahre entfernt.

Ich hatte nun auf dem offiziellen rechtlichen Weg alles getan, um die untragbaren Zustände abzustellen,

und es galt nur noch abzuwarten, ob es etwas bringen würde. Würde von nun an Ruhe sein? Und würde die Polizei beim nächsten Mal kommen? Dies herauszufinden, darauf musste ich nicht lange warten, denn alsbald war wieder Lärm, und als ich wieder die Polizei rief, kamen sie tatsächlich innerhalb einer Viertelstunde mit zwei Einsatzwagen zum Obdachlosenheim. Ich musste fast lachen, als ich das sah. Offensichtlich hatte mein Besuch auf der Dienststelle doch etwas bewirkt.

Ich redete mit einem der Polizisten, doch gerade in dem Moment ihres Eintreffens hatte Tom die laute Musik leiser gemacht, und ich stand vor der Polizei da wie ein Depp. Einer meinte sogar noch verärgert zu mir: „Wir hören nichts", und ein bisschen Lärm wäre ja erlaubt und den müsse ich eben auch zu später Nacht ertragen. Dann fragte er mich noch, was ich mit seinem Einsatzleiter zu tun habe. Er könne gar nicht verstehen, wie so eine Scheiße wie ich an ihren Chef herankommen konnte. Er sagte es so nicht, aber das war im Grunde, was er meinte.

Ich rief in den folgenden Tagen, wenn Tom nachts laute Musik machte oder E-Gitarre spielte noch zwei, dreimal die Polizei und sie kamen und forderten ihn auf leiser zu sein. Leider hat die Polizei nie einmal diese totale Dröhnung mitbekommen, wie ich sie mehrfach erlebt hatte.

Einmal hörte ich, wie einer der Polizisten zu Tom sagte, dass sein Nachbar sich über ihn beschwert habe.

Ihm mitzuteilen, wer die Polizei gerufen hatte, gefiel mir natürlich überhaupt nicht und war in meinen Augen auch nicht gerade hilfreich.

Tom hingegen reagierte ihm gegenüber souveräner als ich gedacht hätte, er sagte nur: „Na super", hämmerte danach aber mit den Fäusten an unsere gemeinsame Zellenwand und beschimpfte mich übel. Ich hatte es nicht anders erwartet und erwiderte nichts. Ich fand, es gab da nichts zu erwidern und war an einer weiteren Eskalation auch nicht interessiert. Vielleicht war ich aber auch einfach nur zu feige.

Ich hatte jetzt also wiederholt die Polizei gerufen und es war nun auch bekannt, wer sie gerufen hatte, und mit diesem unangenehmen Gefühl würde ich im Heim nun leben müssen. Ich war aus der Deckung, die ich gerne beibehalten hätte, herausgetreten. Wie würden die, die dieses Chaos veranstaltet hatten, reagieren?

Auch das ...

... sollte ich bald wissen, denn als ich an einem Nachmittag wieder auf meiner Matratze saß und auf dem Laptop meine Texte schrieb, hörte ich, wie sich draußen einige trafen. Einer von ihnen war Karl, den ich an seiner unverwechselbaren Stimme erkannte. Er schrie: „Der ruft noch einmal die Bullen, nur noch einmal, dann mach ich den platt". Immer wieder wiederholte er das und schien dabei alles andere als nüchtern zu sein. Ein anderer meinte zustimmend: „Wegen lauter Musik hab ich noch nie die Bullen gerufen", und Hans, den ich ebenfalls an seiner Stimme erkannte, fügte drohend hinzu: „Dem müssen wir wohl mal auf die Leitung treten".

Ich erschrak. Sie alle konnten doch nur mich meinen. Für mich klang es, als forderte man meinen Kopf. Vor allem mit welcher Offenheit Karl seine Drohungen am helllichten Tag ausstieß, machte mich fassungslos. Konnte er es sich denn erlauben mich so offen zu bedrohen? Es schien wohl so. Wer auch hätte ihn daran hindern sollen?

Wieder bemerkte ich wie die Gewalt von draußen durch die verschlossene Tür zu mir kroch. Alleine durch das Hören versuchte ich wieder zu erfassen, was ablief, und was ich hörte, gefiel mir gar nicht, denn ich hörte Heiner, der immer wieder, fast flehend, Tom bat: „Komm, Tom, bitte komm runter, bitte komm runter". Tom war wohl schon auf der Treppe gestanden, die zu meiner Wohnzelle führte, und Heiner versuchte ihn davon abzuhalten. Jetzt erschrak ich noch mehr. Was sollte ich tun, wenn Tom bei mir klingeln oder gar versuchen würde die Tür aufzubrechen? Ich fühlte mich massiv bedroht.

Wer das nicht einmal mitgemacht hat, kann die Angst nicht verstehen. Ich stellte mich tot und vertraute der schweren Tür. Doch ich war sehr aufgeregt und sehr gestresst und konnte mich kaum mehr beruhigen. Erst gegen Nacht löste sich die Versammlung auf, und ich entspannte mich wieder. Als ich am nächsten Tag in die Stadt ging, schaute ich genauer, ob mir jemand auflauerte. Mehrmals drehte ich mich nach hinten um. Ich versuchte noch aufmerksamer zu sein, als ich es durch Zen eh schon war.

Ich brauchte eine Lösung, am besten eine Sachlösung. Eine Lösung, die mir erlauben würde, auf die Polizei zu verzichten, wenn wieder Lärm sein sollte. Ich sah mich um. Könnte ich vielleicht, da der Lärm hauptsächlich von hinter mir kam, mich vorne draußen zwischen Glastür und Geländer des Metallgitters auf den Gitterboden legen und dort schlafen?

Oder noch besser. Was wenn ich einen Schlafsack hätte, eine Unterlage und draußen auf dem ungemähten, kniehohen Rasen in der Pampa direkt hinter dem Obdachlosenheim schlafen würde? Ja, das machte für mich Sinn, einfach abends, wenn ich merken würde, dass es hinter mir lärmmässig wieder voll abgeht, den Schlafsack packen und mich hundert Meter entfernt auf die Wiese legen und morgens gemütlich und ausgeschlafen wieder zu meiner Zelle zurückkommen. Das klang für mich akzeptabel. Ja, das klang sogar richtig gut.

Lieber einen schönen klaren Sternenhimmel über mir, als diese Irren hinter mir. Ich fragte Matthias, er besaß Schlafsack und Isomatte und lieh sie mir. Super.

Natürlich bemerkte ich, wie ich dabei Rechte, die mir zustanden, aufgab, was mir aber nichts ausmachen würde, wenn das Draußenschlafen für mich vertretbar sein würde. Nochmals die Polizei zu rufen, schien mir jedenfalls überhaupt nicht sinnvoll, nicht nur wegen den Drohungen der Bewohner, sondern auch, weil es in der Sache nichts gebracht hatte. So oft war die Polizei jetzt schon gekommen, aber hatten sie auch nur eine klitzekleine Änderung erreicht? Nein. Wie änderst du Menschen, die so drauf sind, wie sie eben drauf sind, vor allem auch wenn sie durch Alkohol und Drogen völlig willenlos sind?

Klar, die Polizei hätte die Stereoanlagen mitnehmen können, doch das hatte ich noch nie erlebt und selbst wenn, würde dann eben lauthals weiter gegrölt oder sonst wie randaliert.

Als in der folgenden Woche wieder mal Lärm war, von dem ich ausgehen musste, dass er die ganze Nacht andauern würde, setzte ich meinen Plan um. Kurzerhand nahm ich den Schlafsack und ging nach draußen.

Doch so einfach wie ich es mir ausgemalt hatte, wurde es nicht. Es war nachts noch nicht so warm wie ich durch die Temperaturen des Tages gedacht hatte. Und dann waren diese Lkws verdammt laut, weil ich mich nun noch näher an der Straße befand. Außerdem waren da auch noch Insekten. Hier krabbelte was, da krabbelte was, und der kalte Boden war trotz der Isomatte verdammt hart, und ich spürte jeden Knochen.

Vor allem aber fehlte mir auch die Sicherheit mich

umgebender Wände, ein Raum, der abgeschlossen war. Denn jeder würde, wenn ich einschliefe, nun ganz nah an mich herankommen können. Auch hatte ich Angst fest einzuschlafen und dann morgens von einem Mähdrescher geweckt zu werden, der vielleicht gerade haarscharf an mir vorbei gemäht hätte. Und wie sollte ich mich verhalten, wenn ich am nächsten Morgen auf Leute treffen würde? Das war mir unangenehm, zumal ich im Schlafsack nur in der Unterhose bekleidet war. Alles in allem, es gelang mir nicht einzuschlafen. Immer wieder war ich zwar nah dran, wurde dann aber doch gleich wieder wach.

Morgens um fünf brach ich das Outdoor-Experiment ernüchtert ab und ging frustriert in meine Zelle zurück. Ich war froh, wieder Wärme, Windschutz, eine richtige Matratze zu haben und auch nicht irgendwelchen öffentlichen Blicken ausgesetzt zu sein. Hinter mir hörte ich noch immer das wahrscheinlich drogenbedingte Laberflash-Gefasel von Svenja und Tom. Sie quatschten wie Maschinen, waren wohl aber, im Gegensatz zu sonst, nicht völlig ausgeflippt. Doch das konnte ja jederzeit noch losgehen. Irgendwann schlief ich dann, noch für ein paar Stunden, unruhig ein.

Ok, das Draußenschlafen war vielleicht doch nicht so eine gute Idee gewesen, wie ich gedacht hatte. Wieder überlegte ich. Mir fiel ein, dass Andrea, Matthias Ex-Frau, die, weil sie mal wieder nichts auf die Reihe bekam, inzwischen zu ihm gezogen war. Was mir, als ich es hörte, echt den Kinnladen runter fallen ließ. Wenn sie aber jetzt bei ihm wohnte, dann stand doch ihre jetzige Wohnung leer, d.h. ich könnte sie doch mal fragen, ob ich, und ich meinte nur für den wirklichen Notfall, also nur den Moment, in dem im Obdachlosenheim die Hölle los war, in ihrer Wohnung schlafen könne. Denn warum sollte ich leiden müssen, während ihre Wohnung völlig leer stand? War ja irgendwo nicht einzusehen. Zumal jemand ja auch für sie gerade einen Gefallen getan hatte.

So ging ich zu Matthias und sprach erst mit ihm, was er dazu meine und nach seinem Ok dann ohne ihn mit Andrea. Und sie sagte zu. Ich fragte sie nochmal: „Sag ruhig nein, Andrea, wenn du es nicht willst". Sie blieb beim „Ja". Sie sagte zu und sagte zu und sagte zu. Als sich im Heim dann wieder so ein unerträglicher Moment zusammenbraute und ich sie anrief, um in ihrer Wohnung zu schlafen, sagte sie mir eiskalt ab. Aber gut, wenigstens wusste ich von nun an, woran ich bei Andrea war und was man von ihrem Wort halten konnte. Insofern haben Enttäuschungen immer auch ihr Gutes.

Inzwischen ging es mit dem Lärm im Obdachlosenheim munter weiter. An einem der folgenden Abende, es war schon fast 24 Uhr, trafen sich die üblichen Verdächtigen wieder draußen zwischen den beiden Gebäuden. Tom, Karl, Hans und einige, die ich nicht kannte. Auch Heiner, der nun nicht mehr so harmlos klang wie sonst, wenn er bei Petko am Fenster stand.

Eine Stereoanlage im gegenüberliegenden Gebäude war voll aufgedreht, und AC/DC dröhnte durch die Boxen. Lautstark machten sie sich darüber lustig, dass die Bullen gleich wieder vorbei kommen würden. Es war klar, die Polizei würde diese Leute nicht sonderlich beeindrucken oder abschrecken. Im Gegenteil, sie schienen sie viel zu sehr gewohnt zu sein. Das Ganze war eine klare Demonstration ihrer Macht gegenüber allen im Obdachlosenheim, dass sie mehr oder weniger machen konnten, was sie wollten. Nur einer, den ich nicht kannte, öffnete seine Zellentür und beschwerte sich über den Lärm. Immerhin. Doch Tom schnitt ihm kurzerhand das Wort ab und machte ihm klar, wer das Sagen hat.

Ich rief wieder bei Matthias an und hielt den Hörer zum Fenster gerichtet: „Hörst du das, hörst du, wie es hier abgeht?". Doch Matthias meinte, er höre nichts. Ich denke, er wollte damit einfach nicht belästigt werden. Mein Wort genügte ihm jedenfalls nicht. Nicht einmal von ihm, meinem besten Kumpel, verstanden und ernst genommen zu werden, war hart. Ich litt wie ein Schwein.

Ich verstand ...

... nun endgültig, dass die Lösung nicht bei der Polizei lag. Vielmehr war mir klar geworden, dass ich meine Politik im Obdachlosenheim für mich alleine zu sein und keinen Kontakt zu wollen, aufgeben und auf „diese Leute" zugehen musste. Zugehen, um genauer zu verstehen, was sie bewegte, so unterwegs zu sein und aus diesem Verständnis heraus dann vielleicht eine wirkliche Änderung zu erreichen. Eine, die nicht auf Zwang durch die Polizei und Gesetze beruhte, sondern irgendwie mit Einsicht verbunden war.

Als ich, in meiner Zelle sitzend, nur wenige Tage später Karl wieder mit einigen der anderen draußen hörte, nutzte ich die Chance. Schnell zog ich mich an und ging, innerlich alles andere als gelassen, nach draußen. Ein lausiger Zen-Buddhist, dessen Anspruch es ist, nicht einmal angesichts des blanken Schwertes zu erschrecken und seelenruhig in den Tod zu gehen.

Hans lehnte wie so oft aus seinem geöffneten Fenster auf der Fensterbank, während Karl und Heiner davor standen. Sie alle sahen mich an, als ich auf sie zuging. Ich sagte freundlich „Hallo", das von allen freundlich entgegnet wurde. Dann begrüßten wir uns per Handschlag. Heiner siezte mich sogar, was mich fast zum Lachen brachte. Ausgerechnet Heiner im üblichen Trainingsanzug schien Wert auf Formalitäten zu legen.

Als wir uns dann einander vorstellten, sagte Karl mir nur „Karl" als Name, nicht seinen Spitznamen, bei dem ihn alle anderen riefen. Ich blieb dabei ihn mit „Karl" anzusprechen, denn ich war immer der Meinung nur den Namen zu verwenden, den mir die betreffende Person auch sagte. Es war ja oft gerade der falsche Name, mit dem man Menschen verletzen konnte. So war ich im Heim der einzige, der Karl Karl nannte, weshalb andere oft nicht wussten, von wem ich sprach, wenn ich ihn erwähnte. Das war lustig. Der erste Schritt meiner Annäherung war jedenfalls getan, und ich war froh darüber. Es schien mir das Richtige zu sein.

Als ich dann erwähnte, dass ich vieles von der Musik, die im Heim lief, selbst kannte und hörte, überraschte mich Karl. Er meinte, ich solle doch gerade mal mit ihm mitkommen, was ich dann auch tat. Ihm folgend gingen wir zu seiner Wohnzelle auf der Rückseite meines Gebäudekomplexes. Nie zuvor seit ich im Obdachlosenheim wohnte, war ich dort gewesen und war ziemlich neugierig darauf. Zum ersten Mal begegnete ich nun auch Valentin, einem dürren Russen um die 50, der direkt unter Tom wohnte, also Karls ebenerdiger Nachbar auf der rechten Seite war.

Dann schloss Karl die Tür auf und bat mich herein. Plötzlich stand ich inmitten seiner sehr geschmackvoll eingerichteten Wohnzelle mit Couch, Teppichboden, Ventilator an der Decke, einer schönen roten Stehlampe, einem Wohnzimmertisch, Fernseher und einer Stereoanlage.

Karl hatte aus seiner Zelle echt was gemacht. Wobei ich dazu erwähnen muss, dass ihm diese, wie ich später von ihm erfuhr, lebenslang zugestanden wurde, er also nicht alle drei Monate bei der Stadtverwaltung antanzen musste, um nachzuweisen, dass er nach einer neuen Wohnung Ausschau gehalten habe. Es war wohl so, dass für Menschen, die es nicht so einfach haben würden eine Wohnung zu finden, etwa diejenigen, die einmal im Knast waren, und das war Karl, ein gewisses Kontingent an Wohnzellen im Obdachlosenheim vorgesehen war. Das ergab natürlich schon eine andere Motivation seine Wohnzelle gemütlich zu machen, als wie ich nicht zu wissen, ob man alsbald sowieso wieder auszog und jeder Aufwand umsonst war.

Karl wollte gar nicht weg vom Obdachlosenheim, er mochte es dort zu wohnen. Im Gegensatz zu mir fühlte er sich dort völlig frei und sicher. Er liebte das Outlaw-Leben.

Jedenfalls wunderte ich mich über Karls Vertrauen mich direkt in seine Wohnzelle mitzunehmen. Ich hätte dies umgekehrt nicht getan. Vor allem aber wunderte ich mich darüber wie schnell sich die Beurteilung einer Situation ändern kann. Die ganzen letzten Wochen hatte ich über das „elende Pack da draußen" geflucht und mich aufgeregt. Und nun stand ich plötzlich bei dem Pack, das vielleicht doch gar keines war, im „Wohnzimmer". Es war als hätten sich „meine Feinde" einfach aufgelöst.

In seiner Zelle stehend, blickte ich mit Schrecken auf Karls alte, aber riesige Drei-Wege-Lautsprecherboxen, und verstand nun auch endlich, von wem die Musik schräg links hinter mir immer hergekommen war. Dann gab Karl mir eine CD und meinte, die müsse ich anhören, weil sie so gut sei. Und überraschte mich weiter, als er sagte, ich könne auch mal zu ihm rüberkommen, und wir könnten einen Kaffee trinken, es müsse kein Alkohol sein. Er sagte dies, weil ich, als sie mir ein Bier anboten und ich dieses ablehnte, erwähnt hatte, dass ich nur selten Alkohol trank. Das klang richtig nett, sehr sympathisch und passte so gar nicht zu seinem Geschrei vom Plattmachen. Es war wohl doch nur der Alkohol, der ihn so widerlich sprechen ließ.

Ich freute mich nach den angespannten Wochen diesen ersten Schritt einer Annäherung getan zu haben, brachte Karls CD schnell in mein Zelle, damit nichts drankommen würde und ging dann in die Stadt.

Plötzlich sah ich das Obdachlosenheim mit ganz anderen Augen. Vielleicht würde es ja möglich sein, durch den persönlichen Appell an die Menschen, die dort wohnten, die Polizei verhindern zu können. Vielleicht würden wir hier unten ja alle vernünftig genug sein, die Dinge irgendwie fair unter uns zu regeln. Wenn es anders geht, dachte ich, soll es mir recht sein. Ich brauch die Polizei nicht, und die Polizei ist auch froh, wenn sie nicht her kommen muss. Eine Win-Win-Situation.

Am nächsten Morgen ...

... fiel es mir schon leichter aus dem Obdachlosenheim rein und raus zu gehen, ich schlich nicht mehr. Ja, ich ging sogar zu einem ganzen Grüppchen, das wieder bei Hans am Fenster stand, und von denen ich die wenigsten kannte, um zu fragen, ob jemand einen Regenschirm hätte. Es hatte gerade begonnen leicht zu regnen, und der weite Weg in die Stadt war ohne

Schutz.

Karl, der auch wieder mit dabei war, stand sofort auf und gab mir einen Knirps, den er aus einem uralten Holzschrank nahm, der in dem kleinen Bereich zwischen Glastür und Zellentür stand. Tatsächlich schenkte er mir den Schirm, und ich bedankte mich.

Na, das war ja großzügig. Er meinte noch: „Wann brauch ich schon einen Schirm?", und lachte asthmatisch. Seine Antwort klang, als sei er gegen Regen irgendwie immun und habe mit ihm nicht das geringste zu tun. Ich hatte nicht kapiert, dass er in diesem Moment auf irgendeiner Droge war.

Wenige Tage später war er etwas sauer, weil ich den Schirm nicht zurückgebracht hatte. Er hatte schlicht vergessen, dass er ihn mir geschenkt hatte und forderte ihn wieder zurück. Ich gab ihm den Schirm wieder, so als sei nichts geschehen, und er packte ihn zurück in den alten Schrank. Keinesfalls durfte man im Obdachlosenheim die Worte auf eine Goldwaage legen.

Waren dies auch erste erfreuliche Kontakte, und ich bis dahin freundlich aufgenommen, und hatte bisher auch keiner Stress gemacht hatte, weil ich die Polizei gerufen hatte, so war ich doch in Sorge, was sein würde, wenn sich hier im Laufe der Zeit Freundschaften bildeten und ich deswegen nicht mehr wegkomme, weil ich ja gar nicht mehr weg will. Aber wenn ich nicht mehr weg will, dann wäre das Problem ja auch gelöst, oder? Ich wunderte mich über mich selbst. Echt komisch, kaum hatte ich die eine Sorge weg, machte ich mir sofort neue. Ein endloses Spiel des Verstandes.

Auch dachte ich mit Sorge daran, was sein würde, wenn ich zu trinken anfinge. Zwar trank ich, Zeit meines Lebens, bis auf eine oder auch mehrere Cola Whisky keinen Alkohol, und die, wenns hochkommt, auch nur alle halbe Jahre, aber was wäre, wenn ich im Laufe der Zeit die Gewohnheiten der Umgebung annehmen würde. Würde ich mich dem dauerhaft entziehen können?

Durch die Bekanntschaft mit Karl, Hans und Heiner, bekam ich nun auch schnell Zugang zu den anderen Bewohnern des Obdachlosenheims. Jetzt stellte auch ich mich hin und wieder zu ihnen und wechselte ein paar Worte, was mir auch gut tat, war Matthias doch nach wie vor weitgehend mein einziger sozialer Kontakt. Auch an Hans ging ich nun nicht mehr wortlos vorbei, wenn er sich aus seinem offenen Fenster herauslehnte. Ihn lernte ich nun näher kennen.

Hans war ...

... 1947 nach Speyer gekommen und hatte wegen Diebstahldelikten insgesamt über zwanzig Jahre im Gefängnis gesessen, wobei seine längste Strafe sieben Jahre betrug. Ein großer schlanker Mann mit langen weiß-grauen Haaren, dünnen Beinen und nur noch wenigen Zähnen im Mund. Dazu an den Armen tätowiert. Keine schönen Tätowierungen, eher verblasste, hingekritzelte Zeichnungen. Ständig hustete und räusperte er sich wegen der vielen Zigaretten, die er rauchte.

Stand man bei Hans am ebenerdigen Fenster und unterhielt sich mit ihm, konnte es vorkommen, dass er nur obenrum was anhatte, was man aber zunächst nicht sah. Erst wenn er einige Schritte zurückging, um sich eine Zigarette zu drehen, sah man seinen blanken Arsch. Ich weiß noch wie ich verwundert dachte, dass das hier keinen zu interessieren scheint. Und tatsächlich fiel es kaum mehr jemanden auf, und jeder redete ganz normal weiter.

Lustig fand ich, wenn Hans von seinen Diebeszügen erzählte. Wie er einmal auf dem Fluchtweg so besoffen war, dass er auf einem Friedhof mit der Diebesbeute einschlief. Oder dass er nie Klopapier kaufte, weil er es immer auf der Toilette des Speyerer Amtsgerichts klaute.

Noch immer juckte es ihn manchmal in den Fingern, und er sagte dann: „Das hier ist alles nix, ich muss mal wieder nen Bruch machen". Wenn die Gespräche an seinem Fenster leiser wurden, wusste ich, jetzt baldowern sie wieder irgendetwas aus, wie die Panzerknackerbande gegenüber Dagobert Duck, und ich dachte: „Hat Hans es geplant, dann ist alle Gefahr gebannt, und die Polizei kann sich entspannt zurücklehnen".

Direkt rechts ...

... neben Hans, ebenfalls ebenerdig, wohnte der 49 jährige Holger, den ich nun auch näher kennenlernte. Tatsächlich kannte ich ihn flüchtig aus einer Speyerer Kneipe, wo ich ihm ein-, zweimal begegnet war. Holger war nach einem kurzen Knastaufenthalt wegen Drogendelikten ins Obdachlosenheim gekommen und jetzt quasi mein Nachbar im Gebäude gegenüber, ich oben, er unten. Seit Jahrzehnten war er schwer drogen- und alkoholabhängig.

Holger war ein tiefgründiger Mensch. Er reflektierte viel, war aber leider oft nicht in der Lage die Reflexion in die Praxis umzusetzen. Eigenartigerweise konnte er noch so besoffen sein oder unter der Wirkung von Drogen stehen, er konnte immer noch klar denken und sich ausdrücken, was es dann auch so schwer machte, seinen Zustand einzuschätzen. Bei Holger wusste ich nie so richtig, wer da vor mir stand, war er nüchtern, besoffen und/oder auf Drogen.

Wie Karl, den er übrigens seit Jahren kannte, war auch Holger einmal Maurer gewesen. Und handwerklich sehr begabt. Er hatte das Haus, das er einmal mit seiner Ex-Frau Barbara bewohnt hatte, in weiten Teilen selbst gebaut. Doch der Alkohol und die Drogen hatten all seine Talente zunichte gemacht.

Holger hatte eine Zeit lang ganz auf der Straße gelebt. Mich schauderte schon, wenn er nur davon erzählte. Vor allem, nachdem mir klar geworden war, dass auch ich von der Straße nicht so weit entfernt war, wie ich, vor allem auch durch meine hervorragende Ausbildung, immer gedacht hatte. Warum Holger so sehr in die Sucht geriet, habe ich nie so richtig verstanden, denn im gewissen Sinne hatte er einmal alles: Einen guten Job, Frau, Haus. Aber wie war es bei mir? Wie kam ich denn hierher, denn auch ich hatte einmal alles? Manchmal sind die Gründe für den sozialen Absturz nicht so leicht zu erkennen.

Bei Holger waren es, oberflächlich betrachtet, der Alkohol und die Drogen. Doch was waren die Gründe für diese gewesen? Was im Leben hatte ihn so sehr belastet oder ihm so sehr gefehlt, dass er ständig nach diesen griff und sich tagtäglich betäubte?

Auch wenn Holger mich manchmal zur Verzweiflung brachte und mich trotz seiner 49 Jahre oft an ein kleines Kind erinnerte, dem man auf die Finger hauen musste, verstand ich mich bestens mit ihm. Er war einer der nettesten Menschen, denen ich je begegnet war. Ein überaus herzlicher und angenehmer Mensch, der außer sich keinen Feind kannte, und es tat weh zu sehen, wie es mit ihm immer weiter bergab ging und man ihm einfach nicht helfen konnte.

Lustig wurde es hingegen, wenn Holger zu philosophieren begann und dabei kein Ende fand. Karl nannte ihn dann oft „Dr. Dolittle", worüber ich immer lachen musste. Aber irgendwie passte es. Ich wusste auch nicht wieso. „Holger, quatsch dich nicht fest", sagte Karl zu ihm in seiner rauen Stimme.

Holger hatte zwei Seiten, eine sehr lustige, weltumarmende und eine sehr, sehr traurige. Hatte letztere die Überhand, und das hatte sie oft, so konnte ich vom Fenster meiner Wohnzelle aus sehen, wie er tagelang unbeweglich und teilnahmslos zusammengekauert auf einem Stuhl saß und in einen kleinen Fernseher starrte, der ununterbrochen lief. Dann endete die Lethargie plötzlich, und er sprang auf und klopfte, meist morgens um fünf, wie ein Wahnsinniger den Teppich seiner Zelle, den er draußen über das Treppengeländer gehangen hatte, und kommentierte dies in lauten Selbstgesprächen.

Natürlich war all dies meilenweit zu hören und weckte jeden im Heim, zumal die Metalltreppe mit jedem Schlag schepperte, aber irgendwie konnte ich Holger nicht böse sein. Auch weil er so viele nette Seiten hatte, die solche suchtbedingten Aktionen bei weitem aufwogen.

Dann traf ...

... ich auch auf Fred, einen kleinen Mann von etwa 60 Jahren. Er war es gewesen, der an dem Tag, an dem ich mich so bedroht gefühlt hatte, sagte, dass er noch nie im Leben wegen zu lauter Musik die Bullen gerufen hätte. Ich erkannte seine Stimme. Doch jetzt, da er vor mir stand, war auch er mir sehr sympathisch.

Fred wohnte zusammen mit dem ca. 50-jährigen Dirk, der mal Koch gewesen war, in einer Wohnzelle auf der Rückseite des anderen Gebäudeblocks.

Zuerst dachte ich, die beiden seien vielleicht ein schwules Paar und würden deshalb zusammenleben, doch dem war nicht so, sie wohnten tatsächlich nur als Kumpels zusammen. Ich verstand das überhaupt gar nicht, denn zu zweit war es elendig eng in der kleinen Wohnzelle. Mir alleine war es in meiner ja schon zu eng. Wie wollte man da verhindern sich gegenseitig auf die Nerven zu fallen? Und tatsächlich, einmal schlief Fred zwei Nächte bei meinem Nachbarn Willi. Er war vor Dirk „geflüchtet", weil dieser Im Ecstasy-Rausch drei Tage zu dröhnender Technomusik in seiner Wohnzelle durch tanzte.

Aber es war nicht nur das, was ich bei Fred nicht verstand, denn es hatte geheißen, dass er eine Menge Geld besäße. Angeblich sogar mehr als hunderttausend Euro aus seiner Zeit als er noch selbständig war. Keine Ahnung, was davon stimmte. Wenn es aber wahr wäre, hätte Fred gar nicht im Heim wohnen müssen. Er hätte in ein Hotel ziehen können. Aber aus irgendeinem mir unerklärlichen Grund hatte er sich für die 22 qm Zelle von Dirk entschieden.

Ich denke, dass das mit dem vielen Geld wirklich der Wahrheit entsprach, denn einmal beleidigte Fred zwei Politessen und wurde per Bescheid vor die Wahl Knast oder 2.000 Euro Strafe gestellt. Er lachte nur und zahlte das Geld einen Tag vor Fristablauf und meinte, das sei es ihm wert gewesen.

Sein Reichtum, wie hoch er auch immer war, passte nicht zu uns, die wir alle jeden Cent dreimal rumdrehen mussten und von Hartz IV lebten und viele auf den Scheck warteten, weil sie nicht einmal mehr ein Konto besaßen.

Schließlich traf ...

... ich auch auf den, der mich unzählige Male den Schlaf gekostet hatte, auf Tom, meinen Nachbarn in der Zelle hinter mir.

Ihn zu sehen, darauf war ich echt gespannt, denn noch immer spukten in meinem Kopf die Phantasiebilder von ihm herum. Als ich einmal rüber zu Karl ging, saß er still auf einem Campingstuhl vor der Zelle.

Das war also Tom, ein großer drahtiger Mann mit langen dunklen Haaren, etwa vierzig Jahre alt.

So ruhig und artig wie er auf dem Stuhl saß, passte das gar nicht zum Inferno, das er veranstaltet hatte. Er wusste, dass ich wegen ihm mehrmals die Polizei gerufen hatte, und ich wusste, dass er mich wüst beschimpft hatte, weil ich sie gerufen hatte, aber keiner sprach das unerfreuliche Thema an, und wir begrüßten uns per Handschlag.

Mir fiel auf, dass er mich von oben bis unten musterte, und ich wusste genau, was er dachte. Er dachte, könnte ich diesem Mann körperlich unterlegen sein?

Er studierte die Rangordnung, etwas was mir ziemlich fremd war. Mir war es am liebsten, wenn wir alle miteinander klarkommen würden und gleichberechtigt wären, d.h. die Gleichberechtigung an erster Stelle gestanden hätte.

Dann unterhielten wir uns übers Gitarrenspielen, ich selbst hatte jahrelang gespielt, und ich erfuhr, dass er die E-Gitarre, mit der er so viel Lärm veranstaltet hatte, bei einer Freundin, die irgendwie sauer auf ihn war, zurücklassen musste und sie die Gitarre nun nicht mehr herausrückte. Ich lachte innerlich, als ich das hörte: „Haha, gute Frau".

Tom erzählte dann von seinen großen Augenproblemen, dass er nicht mehr gut sehe und Angst hätte blind zu werden. Die Diagnose, die er bei einer Untersuchung erhalten hatte, ließ diese Folgerung wohl zu, und er sagte, dass er deswegen dermaßen wild feiere. Zwar machte mir das sein rücksichtsloses Verhalten verständlicher, dennoch hielt ich es eher für einen Vorwand sich hemmungslos zu Lasten anderer auszuleben.

Tom war, wie fast alle im Obdachlosenheim, nicht nur dem Alkohol zugetan, sondern auch offen für Drogen und wollte sie auch mir, philosophisch angehaucht, immer wieder schmackhaft machen. Er faselte etwas von: „Jede Droge öffnet dir ein Türchen im Gehirn", oder so ähnlich. Mich beeindruckte das nicht. Gar nicht. Mein Interesse war höchstens der Gang durchs torlose Tor, wie es im Zen heißen würde, das Berauschtsein vom Leben.

Mir war klar, dass nur der klare Geist mir würde helfen können, meine auftretenden Schwächen überhaupt erst wahrzunehmen und sie durch das Wahrnehmen, das Bewusstwerden, vielleicht auch zu überwinden. Natürlich verstand ich, dass Tom und andere den Rausch mochten, weil sie von dem ganzen beschissenen Alltag genug hatten und ihn oft kaum mehr verkrafteten, doch gerade das war das Gefährliche, denn man floh vor den Problemen, was aber nicht gelingen konnte, weil sie mit flohen. Überall wo du hingingst, waren auch sie, weil in dieser Hinsicht du selbst das Problem warst.

Aber jetzt verstand ich auch, warum Svenja und Tom die vielen Nächte hatten durchfeiern können, während ich vor Müdigkeit halbtot in der Zelle neben ihnen lag. Sie hatten Speed genommen, oder Pepp, wie Tom es nannte. Ein wachhaltendes Amphetamin, dasselbe, das die britische Rockband „Motörhead" einst dazu veranlasste, ihr berühmtes Live-Album „No Sleep til Hammersmith" zu nennen. Deswegen waren die beiden nicht müde geworden und konnten diese lange Zeit durchmachen. Hausmeister Rainer hatte recht gehabt. Sie waren zugedröhnt. Nur deswegen ging es in diesem exzessiven Maße.

Tom, der ebenfalls ...

... im Knast gewesen war, war in meinen Augen der

Gefährlichste im Obdachlosenheim. Er war völlig un-
berechenbar, vor allem, wenn er getrunken hatte.
Passte ihm dann etwas nicht, schlug er zu. Der Alkohol machte ihn aggressiv, und er kannte dann weder
Freund noch Feind. Selbst Karl, dem kaputte Typen
normalerweise überhaupt nichts ausmachten, meinte
einmal, dass Tom ein Psychopath sei. Und auch Dirk,
ein guter Kumpel von Tom, bekam eine von ihm ab,
und ich glaube, Dirk hatte auf meine Unterstützung
gegen ihn gehofft. Sie ihm zu geben aber fiel mir
schwer, denn, wie ich es mir schon gedacht hatte,
wechselten die Allianzen in diesem Umfeld sehr
schnell.

Keinesfalls wollte ich mich auf eine Seite festlegen,
denn kaum festgelegt, konnte es sein, dass beide sich
wieder vertrugen und dann gemeinsam gegen mich
waren. Der Satz „Pack verschlägt sich, Pack verträgt
sich" beschrieb dies und besaß meiner Erfahrung
nach einen wahren Kern, wenn ich das Wort „Pack"
auch ungern verwende, weil es ganz sicher nicht immer zutreffend war.

Ich wollte mich aus diesen Streitereien so gut es ging
heraushalten, zumal ich oft nicht einmal wusste,
worum es überhaupt ging und es oft Konflikte waren,
die im Suff oder Drogenrausch entstanden und sich
keiner mehr richtig an den Grund erinnerte. Wie sollte man da Partei ergreifen können?

Tom war aber nicht nur gewalttätig, er hatte auch
eine ganz andere Seite, eine sehr warmherzige. Als

ich ihm, der er ja so auf AC/DC stand, eine AC/DC-DVD schenkte, die wiederum Matthias mir geschenkt hatte, war Tom völlig außer sich vor Freude und gab mir ein Küsschen auf die Wange. Wieder war dies so ein Moment, in dem ich dachte: „Wie kommt das jetzt eigentlich von der wüsten Beschimpfung letztens in der Nacht zu jetzt dem Küsschen?".

Natürlich flog mir, als ich wieder in meiner Zelle war, die laute Musik der DVD noch in derselben Nacht zwischen 1 und 2 Uhr um die Ohren. Ich dachte: „Echt Ralf, du bist nicht ganz dicht. Jetzt besorgst du anderen schon die Musik, mit der sie dich dann stören können". Das war fast schon so hohl, wie der Ex-Freundin und ihrem neuen Lover, deinem Nachfolger, auch noch die Kondome zu kaufen. Aber gut, nach der DVD war dann Ruhe, Tom stellte AC/DC aus und legte sich schlafen. Und lieber gute Musik störte mich, als dieses Technozeug, das mir noch mehr auf die Nerven ging.

Ich traf Tom etwa eine Woche später wieder, als ich mich mit Holger und Hans an dessen Fenster unterhielt. Er war bestens gelaunt, weil er einen jungen Hund geschenkt bekommen hatte, eine Mischung aus Husky und Schäferhund. Ein Bewohner unseres Gebäudeblocks war ausgezogen und hatte ihm den Hund überlassen. Mir war bei dem Gedanken, dass Tom ein so sensibles Tier bekommen würde, nicht wohl.

Auf der anderen Seite dachte ich, dass der Hund vielleicht einen guten Einfluss auf ihn hätte. Aus Studien in us-amerikanischen Gefängnissen wusste man, dass die Urteilslosigkeit von Hunden, ihre bedingungslose Akzeptanz gegenüber Frauchen oder Herrchen, den Insassen gut tat und half die Gewalt zu senken.

Eines war jedenfalls eine gute Nachricht, zumindest für mich. Svenja, Toms 25 jährige, völlig ausgeflippte, vollirre Freundin, kam kaum mehr vorbei. Tom und sie hatten sich wohl getrennt. Ohne sie war er sehr viel angenehmer.

Dadurch dass ...

... ich Tom nun ab und zu traf und mit ihm ein paar Worte wechselte, kam es einige Tage später zu einer seltsamen Begegnung. Jemand musste meine Bekanntschaft mit ihm mitbekommen haben, denn als ich an einem Samstagsnachmittag gemütlich den sich ewig hinziehenden Weg neben der vielbefahrenen Straße vom Obdachlosenheim in die Stadt ging, stand ein Jeep mit Anhänger an der roten Ampel, und der Typ hinterm Steuer brüllte vollassi in meine Richtung: „Ey, komm mal her!" Meinte der mich? Suchte der vielleicht eine Straße, oder was?

Ich überquerte schnell die Gegenstraße und ging zu ihm ans Fenster. In unfreundlichem Ton, plattdeutsch und einfach duzend, schnauzte er mich barsch an: „Du kannst mir den Kühlschrank und noch ein paar andere Sachen umladen". Und fügte noch gnädig hinzu: „Kriegst auch was dafür, is net fer umme". Für den Bruchteil einer Sekunde dachte ich in diesem Moment wirklich, ich würde, zusammen mit Micky und Goofy, durch die Alpen spazieren. Erst danach war ich in der Lage abzulehnen.

Was er gar nicht fassen konnte. Völlig irritiert, dass ich sein großzügiges Angebot nicht annahm, meinte er: „Du bist doch der Nachbar von Tom". Jetzt kapierte ich, wer er war. Es war dieser Typ, den ich mit seinem Anhänger schon des öfteren auf dem Parkplatz des Obdachlosenheims gesehen hatte. Tom und andere arbeiteten ab und zu für ihn für einen Hungerlohn.

Dieser unsympathische Mann graste das Heim nach billigen Arbeitskräften ab, quasi wie einen Arbeiter- oder Tagelöhnerstrich. Auf der langen Straße hatte er mich zufällig gesehen und sich gedacht: „Na, das ist doch ein kräftiges Opfer", womit er nach meiner fast 10-jährigen Odyssee durch die widerliche Hilfsarbeiterwelt bei mir natürlich an der richtigen Adresse war.

Aber das Ganze war auch zweischneidig. Zwar war es zum einen sicherlich empörend, was dieser Mann da trieb, denn es was nichts anderes als Ausbeutung.

Zum anderen sagten einige im Obdachlosenheim aber auch nicht zu Unrecht, dass das Angebot an Arbeit, die Möglichkeit sich mal etwas dazu zu verdienen, für sie sehr gering sei. Dieser Typ gäbe ihnen, auch wenn er nur wenig zahle, dazu wenigstens eine Chance.

Seit ich ...

... ins Obdachlosenheim gekommen war, und noch bevor ich einige Bewohner kennengelernt hatte, hatte ich immer wieder Gemurmel und Gefluche aus einer der vorderen der Straße zugewandten Zelle vernommen. Oft in starkem deutschen Akzent. Nun klärten mich Karl und die anderen auf. Über Hausmeister Rainer lebten „die Polen", wie sie von allen genannt wurden.

„Die Polen" waren polnische Männer im Alter zwischen 30 und 60 Jahren und eher eine Gruppe für sich, auch wenn sie vereinzelt zu Petko ans Fenster kamen, um mit ihm zu plaudern oder ihn um ein Bier zu bitten. Nicht etwa, weil sie unter sich bleiben wollten, sondern ich denke eher, weil viele der deutschen Bewohner nichts mit ihnen zu tun haben wollten. Ich gehörte nicht dazu. Es war eigentlich wie immer, einige „der Polen" waren mir sympathisch, anderen ging ich lieber aus dem Weg.

„Die Polen" besaßen nur eine einzige Wohnzelle für sich. Eine Art Sammelzelle, ausgestattet mit Dreierbetten, ähnlich denen der Bundeswehr. Auch diese Zelle war nicht größer als meine oder die der anderen, und doch „wohnten" dort zeitweise über acht (!) Menschen.

Für mich war das unfassbar, denn ich konnte mich in meiner Zelle alleine schon kaum rühren. Wenn ich auf meiner Matratze sitzend meine linke Hand auch nur

ein wenig nach links streckte, stieß ich an den Kühlschrank, mit der rechten an die Wand. Wie also konnten dort acht Menschen leben, oder besser gefragt,
hausen?

Empfand ich meinen Lebensstandard schon als sehr
niedrig, so war der „der Polen" noch niedriger. Immer
wenn ich dachte, ich sei schon ganz unten angekommen, bemerkte ich, dass es immer noch etwas tiefer
bergab gehen kann.

Als ich meine 20 Jahre alte Matratze endlich wegwerfen konnte, sie hatte zu dem Bett gehört, das ich noch
zu Stuttgarts Zeiten gekauft hatte, und ein Kumpel
von Matthias vorbei kam und mir netterweise eine
weniger gebrauchte schenkte, holten „die Polen" sie
nochmals vom Müll und schleppten sie in ihre Wohnzelle, um darauf zu schlafen. Längst hatte ich wegen
den Eisenfedern, die aus ihr herausstanden, wie ein
Fakir gelegen. Die Löcher in meinen T-Shirts und Bo-
xershorts sahen aus als hätten Motten die Kleidung
angefressen.

Ich wusste nicht, welchen Aufenthaltsstatus „die Polen" in Deutschland hatten, aber Status und Nationali-
tät gingen in meinen Augen verloren, wenn es
schließlich nur noch darum ging, dass jemand
Mensch war.

Sie derart hausend zu sehen, fragte ich mich schon,
warum ich als Mensch, nur weil ich Deutscher war,
besser als sie behandelt werden sollte.

Im selben Moment fragte ich mich aber auch, ob das Land, in dem ich geboren wurde und in dem ich auch so einiges an Steuern bezahlt und für das ich auch Wehrdienst geleistet hatte, damit nicht genau das Richtige getan hätte.

„Die Polen" durften nur im Winter in die Wohnzelle. Im Sommer war sie abgesperrt, seit sie, wie es hieß, sie im Suff immer wieder verwüstet hatten. Natürlich wird mancher rufen: „Zu Recht. Wer auf etwas nicht aufpassen kann, hat auch nicht verdient dort zu wohnen". Ja, vielleicht, zumal auch ich der Meinung war, dass das von der Allgemeinheit Anvertraute pfleglich zu behandeln und zu schätzen sei.

Doch eigentlich war die Verwüstung kein Wunder, wenn man so viele Menschen auf so wenig Platz einpfercht, 8 Menschen auf 22 qm, manchmal sogar 10 oder 11. Wer würde da nicht durchdrehen? Und der viele Alkohol machte das Zusammensein auch nicht gerade besser.

Manche „der Polen" arbeiteten, zumindest zeitweise. Ich musste lachen, als Karl sich einmal mit einem unterhielt und der Pole, bemüht das Gespräch abzubrechen, dann sagte, er müsse jetzt schlafen gehen, weil er morgen früh raus zur Arbeit müsse. Karl entgegnete ihm: „Bei uns (Deutschen) steht hier unten zum Schaffen keiner mehr auf". Jaja, die fleißigen Deutschen und die faulen Polen. Wie sich die Zeiten doch ändern.

Obwohl „die Polen" nichts besaßen, bestand von einigen deutschen Bewohnern Neid auf sie. Tom beispielsweise äußerte sich in dieser Richtung.

Ich verstand dies überhaupt nicht, denn auf was konnte man bei „den Polen" neidisch sein? Sie hatten doch nichts, sie hatten wirklich nichts. Meiner Meinung nach war Toms Haltung eher der Versuch von sich abzulenken und jemanden um sich zu haben, der noch tiefer stand, um selbst besser da zu stehen.

Doch seine fragwürdige Haltung galt nicht nur gegenüber „den Polen". Einmal meinte Tom zu mir, und zeigte dabei auf das Fenster von Petko, der sich gerade mit Heiner unterhielt: „Das sind die wirklich Asozialen", aber ich konnte zwischen den beiden, auf die er zeigte, und ihm keinen Unterschied erkennen. Tom war wirklich der Meinung, er sei mehr als Petko und Heiner.

Ein Vorfall ...

... war ärgerlich und machte mir zu schaffen. Als ich an einem Nachmittag mit Heiner, der mal wieder alles andere als nüchtern war, zusammen mit Petko am Fenster von Hans standen und wir uns über irgendwas unterhielten, kam ein Taxi und brachte einen älteren Polen, der stark gehbehindert war und an Krücken ging. Es hatte geheißen, er hätte einen Schlaganfall gehabt. Oft saß er in der Stadt neben einem Einkaufszentrum, um zu betteln.

Mühsam stieg er aus dem Taxi und schleppte sich Schritt für Schritt die Metalltreppe zur Sammelzelle hinauf. Das war wirklich anstrengend für ihn, und keine Ahnung, was Heiner geritten hatte. Erst schnauzte er den Mann grundlos an, dann eilte er die Treppe hinauf und schlug ihm fest gegen die Brust. Einfach so. Ich konnte es nicht fassen. Auch Petko, der sich ansonsten mit Heiner bestens verstand, war außer sich. Es war so offensichtlich, dass Heiner nur seinen Frust an einem Schwächeren abreagieren wollte.

Petko sagte danach aufgebracht zu Heiner, wenn er das nochmal tue, brauche er nicht noch einmal zu ihm ans Fenster zu kommen. Auch ich ging zu Heiner und appellierte an ihn. Ich sagte: „Heiner, sei so gut, ein behinderter alter Mann. Das kann es doch nicht sein."

Nicht nur wegen der Gewalt an sich hielt ich sein Verhalten für dumm, sondern auch, weil ich mich fragte, was sein würde, wenn die anderen Polen davon erführen und sich an ihm rächen würden. Unter ihnen gab es einige Bären, mit denen ich keinen Ärger hätte haben wollen. Doch es war alles vergebens. Heiner war nicht einsichtig und schon gar nicht, wenn der Alkohol ihm den Eindruck von Stärke vermittelte.

Heiner war auch so jemand, der so viel mehr aus sich hätte machen können. Er konnte so nett sein, so sympathisch, im Gegensatz zu der Hässlichkeit, die er gerade an den Tag gelegt hatte.

Den Vorfall mit dem behinderten alten Polen belastete mich, und ich fühlte mich schlecht, weil ich nicht rechtzeitig eingegriffen hatte. Eigentlich ging er ja von Heiner aus und nicht von mir, dennoch wollte ich die hässliche Aktion wenigstens ein bisschen wieder gut machen und diesem Mann zeigen, dass nicht alle so wie Heiner drauf waren.

Als ich den alten Polen in den folgenden Tagen wieder bettelnd vor dem Einkaufszentrum sitzen sah, ging ich zu ihm, kurz überlegend, ob es ihm unangenehm sein könnte, wenn ich ihn betteln sehe. Dann gab ich ihm zwei Euro.

Es ging nicht ums Geld, sondern um eine Geste. Ich weiß nicht, ob er mich erkannte und ob er die Geste verstand, aber er gab mir freundlich die Hand. Wie immer es dazu gekommen war, dass er lebte, so wie er lebte, er hatte ein sehr hartes Leben. Dagegen war meines noch immer ein Zuckerschlecken.

Richtig lustig, wenn auch ungewollt komisch, wurde es hingegen, wenn der Pole Christopher zu Petko ans Fenster kam und ich darüber mitanhören konnte, wovon sie sprachen. Es war traumhaft. Hätte man es aufgezeichnet und auf Youtube gestellt, ich bin mir sicher, das Video würde ein Riesenerfolg.

Der Wortwechsel verlief in etwa so: Petko sagte: „Christopher ist ja ein guter Mensch, nicht wahr. Christopher ist ein guter Mensch". Dann erwiderte Christopher: „Ja, Petko, aber Petko auch sein guter

Mensch, jaja". Dann wiederum erwiderte Petko, der nun, wahrscheinlich weil er glaubte, dann besser verstanden zu werden, den Akzent und die Grammatik des Polen annahm: „Christopher sein guter Mensch. Deshalb ich dir jetzt geben 50 Euro. Du gehen hoch an Tankstelle und kaufen Wodka. Für oben den, nein, den nebendran, also den auf der anderen Seite hintendran, für den du auch Wodka mitbringen".

Eine völlig ...

... bizarre Begegnung hatte ich dann, als ich eines Tages auf Fischer Horst, Mitte 50, traf. Er wohnte nicht im Obdachlosenheim, war aber, wie hätte es anders sein können, ein alter Bekannter von Hans, der so ziemlich jeden Kriminellen im Umkreis von 100.000 km kannte.

Ich war wieder einmal aus der Stadt gekommen und wollte gerade die Treppe hoch zu meiner Wohnzelle, als ich unten Karl stehen sehe, wie er sich mit Petko an dessen Fenster unterhielt. Als ich kurz „Hallo" sagen wollte und näher kam, sah ich, dass da auch noch ein anderer Mann stand. Ein Mann, den ich bis dahin nicht kannte, Fischer Horst.

Am ganzen Körper tätowiert, und tatsächlich nur ein Hänfling, aber in Speyer als hochgradig gefährlich und kriminell bekannt, sprach er mit Karl. Sprechen konnte man das eigentlich nicht nennen, es war eher als hätte er einen Tobsuchtsanfall. „Der Stricher, der Stricher, der braucht mal wieder ne Abreibung. Der muss mal wieder zusammengetreten werden", keifte er los.

Immer wieder wiederholte er das, wobei er sich runter beugte, und wie ein Fußballer, der gerade ein Tor geschossen hatte, kurz über dem Boden mit dem Arm die Säge machte. „Hoppla, was war das denn?", starrte ich ungläubig auf ihn herab. Und wen um Himmelswillen meinte er? Na, wen schon. Natürlich Tom, mit dem er wohl noch eine Rechnung offen hatte. Was mir wiederum zeigte, in welchen Kreisen Tom verkehrte und ich mit meiner Einschätzung auch ihn als gefährlich einzustufen nicht so weit entfernt lag.

Ich beobachtete Karl in diesem Moment. Konnte ihm als Kumpel von Tom gefallen, was er da hörte? Aber Karl hatte wieder mal sein Diplomatengesicht aufgesetzt und hörte sich das Ganze völlig gelassen an, während ich zugeben muss, dass ich am liebsten schreiend davongelaufen wäre.

An solch schwere Jungs wie Fischer Horst musste ich mich erst einmal gewöhnen. Wenn dies überhaupt möglich war. Dagegen waren all die Irren, die ich in meiner langen Kneipenzeit kennengelernt hatte, reine Waisenknaben. Sein etwas jüngerer Bruder, Fischer Peter, den ich einige Wochen später auch noch kennenlernen sollte, war harmlos, aber extrem nervend. Übrigens redete Fischer Horst nach seinem Wutanfall mit mir ganz normal weiter.

Diese Momente zeigten mir, dass ich von meinem

235

Wunsch durch Zen weder an Leben noch Tod anzuhaften, also in jeder Situation souverän zu sein, noch weit entfernt war. Tom hingegen lachte nur, als Karl ihm erzählte, dass Fischer Horst hinter ihm her sei. Er meinte scherzend: „Ohje, da muss ich wohl wirklich woanders hin ziehen", was wirklich nicht so klang, als würde er sich allzu sehr bedroht fühlen.

Ein Bewohner ...

... fiel auf, obwohl er nichts tat: Aleeke, ca. 50 Jahre. Warum? Weil er der einzige Schwarze im Obdachlosenheim war. Er wohnte direkt über Holger, also genau gegenüber von mir im gegenüberliegenden Gebäude.

Aleeke war Afrikaner, aber ich wusste nicht, aus welchem afrikanischen Land er kam. Ich wusste auch nichts über seinen Aufenthaltsstatus, aber es hieß, dass er schon viele Jahre in verschiedenen deutschen Obdachlosenheimen lebe. Er sprach kaum deutsch und auch kaum englisch, aber etwas Französisch und mit meinem langjährigen Schulfranzösisch versuchte ich hin und wieder, wenn er draußen alleine zwischen den Gebäuden spazierte, ein paar Worte mit ihm zu wechseln, was aber schwierig war.

Aleeke war mir sehr sympathisch. Ein ruhiger Bursche von dem keinerlei Bedrohung ausging. Abgesehen von seinen hin und wieder stattfindenden verzweifelt klingenden Selbstgesprächen, von denen ich nicht einmal wusste, in welcher Sprache er sie führte, war er gar nicht zu hören und fast immer nur alleine. Immer nur für sich. Sehr traurig. Wie viele im Obdachlosenheim schien auch er seelisch nicht gesund zu sein.

Als ich Aleeke zum ersten Mal sah, war mir sofort klar, dass er im Obdachlosenheim rassistischen Äußerungen ausgesetzt sein würde. Ganz sicher nicht von allen, eher von wenigen, aber die wenigen genügten schon. Leider war Karl, den ich in diesen Momenten überhaupt nicht leiden konnte, einer von ihnen.

Aber man musste auch genau hinschauen, ob es sich wirklich um Rassismus handelte. Petko etwa war in meinen Augen ganz und gar nicht rassistisch, auch wenn er von Aleeke immer nur von „dem Schwarzen" sprach. Aber das war, wie selbst der große Bürgerrechtler Malcolm X sagen würde, nur eine absichtslose Beschreibung der Farbe seiner Haut, die nun eben mal schwarz war. Hinter dem Begriff, so wie Petko ihn verwandt, stand keine Gewalt. Und das war das Entscheidende.

Überhaupt hatten Petko und Aleeke ein besonderes Verhältnis zueinander. Nicht nur wohnten beide genau gegenüber, Petko in meinem Block unten, Aleeke im gegenüberliegenden Block oben, beide führten auch Selbstgespräche, nur mit dem Unterschied, dass Petkos tausendmal lauter und aggressiver waren, während man Aleeke kaum murmeln hörte.

Dennoch nervte Petko das Gemurmel völlig ab, weil

er sich einbildete Aleeke würde ihn in diesen Gesprächen wie ein Voodoomeister verfluchen oder verwünschen, oder so irgendetwas.

Eine Zeit lang war Petko fest davon überzeugt, dass Aleeke Juckpulver vor seinem Fenster verstreut habe, weil er nachts ohne sich zu kratzen nicht mehr schlafen könne. Er erzählte jedem davon, aber keiner nahm ihn ernst. Auch ich nicht. Das war ganz offensichtlich einer dieser Phantasien, die aus Petkos ebenfalls angeschlagener seelischer Gesundheit resultierte. Wie er auch behauptete, „die Polen" hätten seine neuen Fahrradschläuche, nicht die Mäntel, aus seinem Rad ausgebaut und durch alte ersetzt und verkauft. Ein Aufwand, der wohl nicht allzu viel Sinn gemacht hätte.

Irgendwann aber gaben sich Petko und Aleeke die Hand, und Petko war außer sich vor Freude, weil ihn seine Einbildung wohl doch ziemlich belastet hatte. Überall lief er strahlend herum und rief: „Ich hab mit dem Schwarzen Frieden geschlossen", während Aleeke nicht einmal wusste, warum Petko ihm die Hand gegeben hatte. Dennoch war es ein schönes Bild.

Ein weiterer Bewohner ...

... des Obdachlosenheims war Gerd, etwa 50 Jahre alt. Auch ihn traf ich, weil er hin und wieder an Petkos Fenster stand und sich mit ihm und anderen unterhielt.

Gerd wohnte direkt neben „den Polen", also über der Zelle, die Hausmeister Rainer zu seinem Materiallager umgebaut hatte. Neben ihnen zu wohnen, war schon abenteuerlich und etwas worum ich ihn echt nicht beneidete, denn es war bei der völligen Überbelegung dieser Zelle natürlich ein ständiges nervendes Kommen und Gehen. Und sehr, sehr viel Alkohol.

Hatte ich vorher noch gehadert, dass nur ich, mit Petko unter mir und Tom im Rücken den miesesten Platz im Obdachlosenheim hätte, bemerkte ich nun, dass es bei anderen auch nicht gerade besser war. Es gab dort viele miese Plätze, eben weil es dort zu viele kaputte Leute gab. Selbst Karl beklagte sich. Wenn er das Obdachlosenheim wegen seines „Outlaw"-Charakters auch mochte, so ging ihm vor allem sein Nachbar Valentin auf die Nerven, aus dessen Wohnzelle heraus es oft unerträglich stank.

Gerd passte so gar nicht ins Obdachlosenheim. Er war adrett und sauber gekleidet, artikulierte sich normal und verständlich und sprach in ruhigem angenehmen Ton.

Wie aber war er eigentlich dorthin gekommen?

Gerd hatte einen Schlaganfall erlitten. Das hatte ihn wohl aus der beruflichen Bahn geworfen und letztlich dazu geführt, dass er ins Obdachlosenheim kam. Warum er genau seine Wohnung verloren hatte, wusste ich nicht. Was ich aber wusste, war, dass er noch sehr krank war. Ständig musste er zum Neurologen oder gar ins Krankenhaus.

Einmal traf ich ihn abends zufällig oben auf der Metalltreppe, und ich konnte seinen Worten entnehmen, dass es wirklich auf der Kippe stand, ob er überleben würde. Es war nicht seine Art zu jammern, aber die Sorgen waren ihm deutlich anzusehen. Das waren ganz schwierige Tage für ihn.

Umso schlimmer war, dass er die Ruhe, die er so dringend benötigt hätte, nicht bekam. Einmal erschrak Gerd fürchterlich, als einer der Polen, der sich an seine Zellentür angelehnt hatte buchstäblich mit ihr in seine Wohnzelle fiel. Die Scharniere waren kaputt gewesen.

Doch damit nicht genug. Heiner, sein direkter Nachbar hinter ihm, hatte sich vom Einrichtungsgeld des Jobcenters eine neue Stereoanlage gekauft und drehte, als er wieder einmal besoffen war, mitten in der Nacht voll auf. Bis Paul, Heiners Nachbar neben ihm, die Polizei rief und die übliche vergebliche Prozedur erfolgte.

Es war unmöglich und dann auch durch nichts mehr zu entschuldigen. Das war in Hinsicht auf Gerd Gesundheitszustand längst kein Spaß mehr.

Gerd fuhr einen kleinen Motorroller, und als ihm einmal das Benzin ausging und er kein Geld mehr hatte und mich zufällig traf, fragte er, ob ich ihm fünf Euro leihen könne. Was tun? Es war das erste Mal, das mich jemand aus dem Obdachlosenheim um Geld bat. Ich selbst besaß sehr wenig, doch vor allem stellte ich mir die Frage, ob ich es wieder zurück bekommen würde. Es konnte ja nicht sein, dass nur weil ich nicht „Nein" würde sagen können, dann zu Matthias gehen müsste, um mir von ihm die fünf Euro zu leihen, um über die Runden zu kommen. Das wäre ihm gegenüber nicht in Ordnung gewesen.

Ich überlegte, Gerd machte auf mich einen vertrauenswürdigen Eindruck, so gab ich ihm die fünf Euro und erhielt sie auch bald wieder zurück. Ich hatte mich in ihm nicht getäuscht. Mit einer Einladung zum Essen in seiner Wohnzelle revanchierte er sich.

Wie Karl hatte auch Gerd seine Wohnzelle überaus geschmackvoll eingerichtet und alles aus dem kleinen Raum rausgeholt, was man rausholen konnte. War es bei Karl eher rustikal, so war es bei Gerd eher modern. Dort stand sein PC und sein Drucker, dort der Fernseher. Alles war sauber und schön in kleinen Möbeln und Schubladen geordnet.

Gerd druckte ständig Wohnungsangebote aus dem Internet aus, die er dann abarbeitete. Er wollte das Obdachlosenheim so schnell wie möglich wieder verlassen und war der erste, den ich sah, dem dies aus eigener Kraft auch gelang und mir damit zeigte, dass es, rein grundsätzlich, möglich war. Das gab mir, wenn es mal wieder kaum auszuhalten war, Hoffnung, denn meine Befürchtung war, dass ein neuer Vermieter, wenn er hörte, dass man im Obdachlosenheim lebte, keinen Mietvertrag abschließen würde.

Als es Gerd zum Glück wieder besser ging, machte er eine Wiedereingliederung und arbeitete als Pfleger in einem Altenheim, was ihm sehr viel Spaß machte. Er war von seiner freundlichen und sorgsamen Art her dafür genau der Richtige.

Dann lernte ...

...ich auch Sven kennen, einen ruhigen nachdenklichen Mann von 48 Jahren. Aus einer Kneipe kannte ich seinen etwas älteren Bruder Ludwig, der mir zu einer Zeit, da es für mich unmöglich schien, jemals in einem Obdachlosenheim zu landen, einmal erzählte, er habe einen Bruder, der freiwillig auf der Straße lebe und jede Weihnachten von der Familie als Geschenk eine Packung Kekse bekomme. Oder so ähnlich.

Sven wohnte nicht im Obdachlosenheim, kam aber fast täglich mit seinem alten Fahrrad vorbei geradelt. Er ging in dem, wovon er überzeugt war, sehr weit. So lehnte er zeitweise selbst den Gelderhalt durch Hartz IV ab, wodurch er gar nicht mehr erpressbar war, nicht einmal mehr durch das Androhen von Sanktionen.

Alles, was er zum Leben benötigte, hatte er auf das Rad gepackt, samt Laptop und Schlafsack. Und das wenige Geld, das er zum Leben brauchte, wurde ihm manchmal von Passanten gegeben, für die er etwas Musik machte, oder er sammelte Pfandflaschen.

Sven hatte einen handwerklichen Beruf erlernt, ich glaube Installateur, und wohl auch einige Jahre in diesem Beruf gearbeitet, war damit aber nie wirklich glücklich gewesen.

Ihm ging es um das „System", wie er es nannte, das er komplett ablehnte. Er schlief immer draußen, weil er diese Notunterkunft-Einrichtungen hasste, was ich, vor allem dann, wenn im Obdachlosenheim mal wieder alles drüber und drunter ging, sehr gut verstehen konnte.

Nicht erpressbar zu sein, nicht bedingt zu sein, dafür beneidete ich ihn. Wofür ich ihn ganz sicher nicht beneidete, war draußen zu sein, wenn es in Strömen regnete oder eiskalt war. Ich hätte das nicht gekonnt. Ich brauchte eine Basis für meine wenigen Sachen und hätte nicht immer alles, wie eine Schnecke, mit mir mitschleppen wollen.

Auch wäre es mir unangenehm gewesen, noch deutlicher als Penner erkannt zu werden, wobei Sven es trotz seines Lebensstils schaffte, kleidungsmässig doch immer noch recht gut auszusehen. Doch auch er, der schon jahrelang so lebte, hatte die Scham auf der Straße zu leben wohl noch nicht ganz abgelegt.

Einmal erzählte er, wie peinlich es ihm war, als er vor strömenden Regen in eine Art Pavillon flüchtete und ausgerechnet in diesem Moment dort eine ganze Reisegruppe aus einem Bus ausstieg und ihn anstarrend an ihm vorbeiging.

Sven war sehr gut organisiert und beim Finden seiner wechselnden Schlafplätze durchaus kreativ. Als es in einer Nacht stark regnete, legte er sich einfach unter eine steinerne Tischtennisplatte und schlief dort.

Nach dem exzessiven Verhalten von Svenja und Tom und meinem gescheiterten Versuch auf der Wiese zu schlafen, hatte ich mir fest vorgenommen mit Sven mal eine Nacht rauszugehen für den Fall, dass die beiden wieder mal durchdrehen sollten. Ich wollte einen Experten wie ihn, der mir mal zeigte, wie man das am besten macht. Es hätte mich beruhigt zu wissen, im Ernstfall eine Ausweichmöglichkeit zu haben.

Ohne dass Petko meinen wirklichen Beweggrund kannte, war er von meinem Vorhaben völlig begeistert. Ständig fragte er mich lachend: „Und, wann gehst du jetzt endlich mit Sven unter die Tischtennisplatte?"

Sven kam oft auch zu Holger, um bei ihm fernzusehen und den Akku seines Laptops aufzuladen. Mit der Zeit nervte es aber den sonst so geduldigen Holger, denn er meinte, dass Sven völlig teilnahmslos in den Fernseher starre. Eigentlich warf er ihm das vor, was er selbst tat.

Im Laufe ...

... meiner Zeit im Obdachlosenheim verstand ich mich mit Karl immer besser. Ich bemerkte schnell, dass er, der mich anfangs irgendwie angequatscht und so bedrohlich auf mich gewirkt hatte, auch sehr warmherzig sein konnte. Das hatte er mit Tom gemein.

Aber nicht nur das, Karl war oft auch sehr witzig. Lustig fand ich, wenn er von alten Zeiten erzählte und dann den Hinweis auf Kokain gebend, verschmitzt meinte: „Und geschneit hats zwischendurch auch noch", oder: „Mittendrin ist dann noch der Schneemann gekommen".

Am meisten musste ich aber lachen, wenn er aus seiner Wohnzelle schnurstracks, mit festem Schritt und todernster Miene rüber ans ebenerdige Fenster von Hans eilte, so als wolle er etwas ungemein Wichtiges erledigen, dann fest an dessen Scheibe klopfte und laut schrie: „Hans, hör auf zu wichsen, und komm ans Fenster". Dann sah man, verschwommen hinter dem Vorhang, wie der alte Hans, der bis dahin gemütlich fern geschaut hatte, sich langsam von der Couch erhob und ans Fenster schritt, um zu hören, was Karl von ihm wollte. Dann lachten alle, auch Hans.

Karl brachte diese Aktion tausendmal, und ich fand sie immer wieder gut. Es war gegenüber Hans so derb, so rotzfrech, aber irgendwie passte es, und beide kannten sich ja eh schon viele Jahre. Und vielleicht hätte ich Karls Aufforderung an Hans als Titel des Buches nehmen sollen.

Wie Hans war auch Karl, wie bereits erwähnt, im Knast gewesen, doch ich wusste nicht wofür. Ihn danach zu fragen, schien mir nicht angebracht. Ich dachte, solange er es nicht von selbst erzählt, frag ich auch nicht nach. Er fragte nicht nach meinem Lebenslauf, ich nicht nach seinem, etwas, was fast ein ungeschriebenes Gesetz war, denn jeder, der im Obdachlosenheim lebte, hatte längst verstanden, dass wohl irgendetwas schief gelaufen war.

Einmal sagte Karl, wenn er nicht in den Knast gekommen wäre, wäre er wegen des Alkohols schon tot, und der Knast habe ihn gerettet. So war er sich mancher seiner Fehler im Leben durchaus bewusst, und manchmal haderte er mit sich. Auch damit, dass der Alkohol ihm eine „Rockerkarriere", ich glaube beim Gremium MC, zunichte gemacht hatte.

Vor allem aber lag ich mit Karl musikalisch auf einer Wellenlänge. Es war unglaublich. Wir hörten beide wirklich seit Jahrzehnten dieselben geilen alten Sachen. Es war kein Wunder, dass ich, als ich frisch ins Obdachlosenheim eingezogen war, gedacht hatte, dass da meine eigene Schallplattensammlung liefe. Ständig legte Karl Uriah Heep auf, Deep Purple, Black Sabbath, Rainbow. Es war traumhaft. Ständig lief „Child in Time" oder „Catch the Rainbow". Karl liebte diese Musik ebenso wie ich. Und immer wieder gab sie uns ein Gesprächsthema und war oft auch Zugang zu schwierigeren Themen, bei denen wir uns nicht so ohne Weiteres einig sein konnten.

Brannte ich ...

... für Karl anfangs nur eine CD, um mich bei ihm für
seine ausgeliehene CD zu revanchieren, so wurden es
bald mehr und mehr. Im Zeitalter des Internets und
den Brennmöglichkeiten eines Laptops, war dies keinerlei Problem. Ohne die Möglichkeit, die der Laptop
bot, hätte ich aber nichts machen können, denn auch
ich bezog nur Hartz IV, und auch davon wurde mir, obwohl es sich bereits um das Existenzminimum handelte, noch so manches abgezogen.

Karl hatte, ähnlich wie ich, auf seinem turbulenten Lebensweg einen großen Teil seiner Musiksammlung
verloren, und ich wollte, nachdem ich gesehen hatte,
dass er zu dieser Musik eine ebenso starke Bindung
wie ich hatte, dass er wieder über eine richtig gute
Auswahl an CDs verfügen könne. Die Musikdateien
hatte ich sowieso auf dem Laptop, und wenn nicht,
dann besorgte ich sie von Kumpels. Und ein Hunder-
terpack CD-Rohlinge kostete nur wenig.

Als Tom erfuhr, dass ich für Karl einige CDs gebrannt
hatte, fragte er mich, ob ich auch ihm etwas brennen
könne. Ich sagte ihm zu, auch weil er höflich darum
bat. Umso überraschter war ich, als er einige Tage
später eher bedrohlich die CDs von mir forderte. Ich
tat so, als überhörte ich es.

247

Tom hatte manchmal wirklich psychopathische Züge. Fast kam es mir vor, als könne er es nicht fassen, dass er im Leben auch mal etwas kostenlos bekommen würde. Das schien ihm völlig neu, ja geradezu suspekt.

Ich verlangte nie etwas für das Brennen, nicht einmal den Materialwert der Rohlinge, denn ich wollte nicht den Eindruck erwecken, dass es bei mir etwas zu kaufen gäbe und ich an den Menschen im Obdachlosenheim etwas verdienen wollte. Nein, es sollte rein freundschaftlicher Natur sein, und ich brannte für jeden, der mich darum bat.

Ich fand es richtig gut, dass es so einfach war, jemandem ohne nennenswerte Kosten oder Aufwand, eine Freude zu machen. Als ich Karl eine CD mit der Musik von „Jane", einer Rockband aus den Siebzigern, brannte und er die Lieder zum ersten Mal seit Jahren wieder hörte, hatte er fast Tränen in den Augen. Sie hatten wohl eine Menge Erinnerungen in ihm ausgelöst.

Insgesamt wurden es schließlich über 100 CDs, die ich alleine für Karl brannte und so hatte er bald wieder eine größere Auswahl. Ich machte das in diesem Ausmaß aber nur für ihn, auch weil ich sah, wie liebevoll er damit umging, er die CDs ordnete, sie sortierte und nach und nach hörte. Er wusste sie wirklich zu schätzen.

Lustig fand ich ...

... dass Karl, obwohl schon lange auf Niveau der Grundsicherung, d.h. dem Existenzminimum, berentet, noch immer einen Unterschied zum Wochenende machte, den es schon lange nicht mehr gab. Im Grunde war für ihn jeder Tag Wochenende und Partyzeit. Und das einzige, was ihn vom Feiern abhielt, waren seine, wie er selbst sagte, immer wieder auftretenden starken Depressionen oder dass sein Körper das exzessive Feiern einfach nicht mehr vertrug.

Einmal grillten Karl und Tom auf dem Rasen hinter dem gegenüberliegenden Gebäude. Karl stand ja auf diese Lagerfeuer-Atmosphäre, aber das Ganze lief durch Alkohol und Drogen mal wieder völlig aus dem Ruder. Tom hatte einfach das Fahrrad eines Bewohners, den ich nicht kannte und der auf der Rückseite des Gebäudes wohnte, genommen und ins Feuer geworfen, wofür er von diesem eine Anzeige bekam.

Keine Ahnung, was sie noch hineinwarfen. Jedenfalls fotografierte Karl in dieser Nacht mit seinem Handy eine drei Meter hohe Flamme, sodass es kein Wunder war, dass die Feuerwehr anrückte und Tom auf Geheiß der Polizei die Asche zusammenkehren musste. Ein ganzes Stück des Rasens war schwarz, was Hausmeister Rainer nicht erfreute.

Aber auch Karl konnte es im Drogen- und Alkoholrausch übertreiben. Als ich an einem späten Nachmittag nochmals in die Stadt ging und gerade das Obdachlosenheim verließ, hörte ich ein Riesengeschrei zwischen ihm und dem alten gehbehinderten Phil, der in meinem Gebäude ebenerdig am Eck zur Straße hingewandt lebte. Ein Platz, der durch die Lage wie ein Beobachtungsturm war, der alles überblickte.

Kurz darauf traf ich dann auch auf Karl, der von links von seiner Wohnzelle kommend auf die großen Abfallcontainer zuging, um Blumentöpfe und -erde hineinzuwerfen. Er hatte Phils Blumentöpfe, die auf der Fensterbank standen, einfach auf den Boden geworfen. Ich fragte ihn, warum er das getan habe. Karl sagte: „Das verstehst du nicht, wir sind halt so". Mir war klar, dass er mir diese Art von Antwort geben würde. Eine Antwort, die quasi sagte: Frag nicht so dumm.

Keine Ahnung wie es zu dem Vorfall gekommen war. Hatte Phil etwas gesagt, was Karl wütend gemacht hatte? Wie auch immer. Phil jedenfalls, und das wunderte mich, zeigte ihn daraufhin bei der Polizei an. Es wunderte mich, weil Phil bis dahin mit Tom, Karl und Dirk bestens ausgekommen war und alles, was er von seiner Wohnzelle aus beobachtete, direkt an sie weitergab. Vermutlich hatte deshalb auch mein Rufen der Polizei nie wirklich etwas gebracht.

Ich war einige Wochen später zufällig bei Karl, als er die Stellungnahme von der Anzeige ausfüllte. Ich musste lachen, als er vor sich hin murmelnd auf das Formular etwas schrieb von „... ist mir auch völlig unerklärlich, wie so etwas passieren konnte" und dabei schelmisch lachte. Aber es war auch zu erkennen, dass Karl leid tat, was er getan hatte, und bald verstanden sich Phil und Karl trotz der Anzeige wieder. Es gab im Obdachlosenheim zwar eine niedrigere Schwelle für Streit, aber oft eben auch eine niedrigere für das Verzeihen.

Im Obdachlosenheim …

… gab es immer irgendein Geschrei. Immer. Immer lag irgendeine Eskalation in der Luft. Tag für Tag. Und Nacht für Nacht. Zu sagen, jetzt ist wirklich mal davon auszugehen, dass die nächsten Tage ruhig sein werden, das gab es im Obdachlosenheim nicht. Es herrschte eine ständige Anspannung.

Einmal nachts, ich war noch fest im Tiefschlaf, wurde ich von brutal lauter Musik geweckt und erkannte sofort: Das kommt von Karl. Er hatte seine großen Lautsprecherboxen voll aufgedreht. Ich schaute auf die Uhr, es war kurz nach fünf morgens. Ich dachte, das muss ich jetzt sehen, was da wieder los ist und zog mich schnell an.

Ich lief runter zu Karl, der sichtlich auf irgendwelchen Drogen war. Noch bevor ich blickte, was genau los war, kam zufälligerweise auch Holger vorbei. Er hatte wohl wieder einmal die ganze Nacht nicht geschlafen und fern geschaut. Wegen Entzugserscheinungen zitterte er am ganzen Leib. Ich hatte noch nie jemanden in solch einem Zustand gesehen, aber es war offensichtlich, dass Holger in diesem Moment schwer litt.

Wie bei einem Schüttelfrostanfall, wenn man eine schwere Grippe hat.

Dann saßen wir zu dritt da und hörten, nun aber wesentlich leiser, noch etwas Musik. Wieder fragte ich mich: „Wie kann das sein? Gerade noch liege ich träumend auf meiner Matratze, und jetzt sitze ich mit zwei Junkies morgens um fünf auf der Couch und höre Rockmusik". Irgendwie konnte ich Karl aber nicht böse sein, auch wenn er mich geweckt hatte.

Auch ein ...

... andermal endete ein Abend gänzlich unerwartet. Ich war wieder bei Karl, und wir hörten gemeinsam Musik. Alles war entspannt und gemütlich, ja geradezu harmonisch, ein geradezu seltener Moment, als draußen, so gegen 23 Uhr, plötzlich jemand fest ans Fenster klopfte und die friedliche Atmosphäre unterbrach.

Karl stand auf und zog das Rollo hoch. Vor dem Fenster stand Dirk, der im Gesicht stark blutete. Er war, alles andere als nüchtern, mit seinem Fahrrad hingefallen und hatte eine Platzwunde am Kopf. Karl öffnete sofort die Tür und half ihm, was ich richtig gut fand, zumal beide zu dieser Zeit Streit miteinander hatten und eigentlich nicht miteinander redeten. Doch jetzt machten sie in meinen Augen das einzig Richtige und vergaßen, dem Notfall geschuldet, ihren Zwist.

Ich schaute besorgt auf Dirks Wunde und sagte zu ihm, dass sie sicherlich genäht werden müsse, und er solle doch bitte ins Krankenhaus. Doch er zuckte nur mit den Schultern und murmelte „Scheißegal" und ging nicht.

Irgendwie konnte ich ihn verstehen, alleine schon wegen den dummen Fragen der Ärzte. Ich weiß noch als ich in der Nachmittagsschicht von UPS beim Lkw-Beladen einmal fürchterlich schiefgetreten war und in die Notaufnahme eines Krankenhaus ging und mir der behandelnde Arzt unterstellte, dass das Umknicken wohl unter Alkoholeinfluss geschehen sei. Da ich ja so gut wie nie Alkohol trank, fand ich dies schon ziemlich unverschämt. Und so konnte ich Dirks ablehnende Reaktion schon auch nachvollziehen.

Karl und ich gingen dann nach draußen, wo noch Dirks Fahrrad samt Bierkastenanhänger stand, und wir halfen die Scherben der Bierflaschen wegzuräumen.

Die ganze Aktion war symptomatisch für das Leben im Obdachlosenheim. Es war auch schlimm zu sehen wie Dirk, den ich so in Ordnung fand, mit dem ich nicht die Spur eines Problems hatte, mit dem es so einfach war auszukommen, einfach auch nicht vom Alkohol loskam. Es war so schade. Der Alkohol machte ihm alles kaputt. Als gelernter Koch hätte er sicherlich immer wieder einen Arbeitsplatz gefunden und ein besseres Leben führen können.

Das Verhalten beider zeigte auch, dass der Grund ihres Streits, wie so oft im Obdachlosenheim, nur wieder mal eine Lappalie gewesen sein konnte und nicht auf wirklichen Verwerfungen basierte. Aber selbst Kleinigkeiten wurden in dieser Umgebung oft zu Problemen. Aus Mäusen wurden Elefanten.

Das Krasseste ...

... fand dann statt, als ich an einem Nachmittag wieder mal in meiner Wohnzelle saß, den Laptop auf den Knien und mit meiner Website beschäftigt war. Plötzlich hörte ich einen Riesenknall, als ob jemand eine Glasscheibe kaputtschlagen wollte. „Was ist denn jetzt schon wieder los?", erschrak ich, und hörte nur wenige Minuten später Karl und Tom laut mit anderen, die ich nicht kannte, diskutieren.

Die Gespräche wurden immer lauter und aggressiver, bis ich Karl nur noch schreien hörte. Ich gebe es offen zu, ich traute mich nicht raus, das war mir zu arg. Abends erfuhr ich dann was los war. Irgendwelche Leute wollten in die abgeschlossene Wohnzelle der Polen einbrechen und hatten die schwere Scheibe der Glastür eingeschlagen, und Karl und Tom vertrieben die Fremden. Karl hatte wohl sogar ein Messer gezogen.

Ich wäre im Traum nicht darauf gekommen, das Obdachlosenheim mit Gefahr für mein Leben zu verteidigen. Sollte doch die Stadtverwaltung als Hausherr schauen, wie sie ihren Besitz schützt. Schließlich hätte sie dazu auch die Mittel und die rechtliche Befugnis gehabt.

Irgendwie bewunderte ich aber schon wie Karl und Tom gegen eine Überzahl ihren Mann standen und bereit waren, sich derart für etwas einzusetzen.

Mir ging dies dennoch viel zu weit. Ich fand es am besten, wenn alles halbwegs noch in einem normalen Rahmen ablief. Doch was war normal im Obdachlosenheim?

Selbst wenn Holger, Hans und ich bei Karl waren, was ich für die beste Kombination hielt, weil sie lustig war und nicht zu sehr ausartete, war es dennoch so, dass Karl wegen seiner chronischen Bronchitis ständig in einen leeren Tetra-Pak rotzte und diesen danach einfach unter den Wohnzimmertisch stellte, etwas was, wie schon Hans blanker Arsch, wenn er am Fenster stand, niemanden störte.

Ebenso wenig, wenn wir gemeinsam draußen standen und auch Heiner mit dabei war, dieser, weil er zu viel gesoffen hatte, zwei Meter hinters Haus ging, kotzte, und sich dann einfach wieder zu uns dazu stellte und weiter trank. Dies waren so die Dinge, die wenn sie hier und da auch lustig klangen, einen langsam aber sicher von der sog. normalen Gesellschaft entfremdeten.

Gab es ...

... im Obdachlosenheim auch Frauen? Ja, zu meiner Zeit lebten dort drei: Eine, die ich nur vom Sehen her kannte und manchmal Schreianfälle hatte. Eine weitere hieß Simone und die Dritte Frieda.

Simone war eine nette 24 jährige, die ebenerdig in meinem Gebäudeblock zwei Wohnzellen neben Petko wohnte. Sie besaß einen bulligen Hund, der zwar zur Gattung der Kampfhunde gehörte, aber problemlos war. Genaugenommen war ihr Hund einer dieser Kampfhunde, die gar nicht wussten, dass sie Kampfhund waren, sondern lieber kuscheln wollten.

Simone war, wie ich inzwischen begriffen hatte, diejenige, die Petko in seinem wahnhaften Schreien als „Nazihure" beschimpft hatte. Völlig unverständlich, aber es machte eh keinen Sinn in dem, was Petko rumschrie, einen echten Sinn zu suchen, auch wenn es geheißen hatte, dass der Freund von Simone mit der rechten Szene sympathisiere.

Direkt neben Simone wohnte Frieda. In einer Einheit, bestehend aus 2 nebeneinanderliegenden Wohnzellen mit einer gemeinsamen Glastür, waren immer nur entweder Frauen oder Männer erlaubt.

Frieda war so um die 67, also etwa im Alter von Hans. Und sie tat mir leid, denn ich dachte, als Frau und in dem Alter in so einer schwierigen Umgebung, das muss noch schlimmer sein, als für den, der aufgrund seiner Lebenszeit vielleicht doch noch die Chance hat Dinge zu ändern und aus dem Obdachlosenheim rauszukommen.

Frieda sah man nur abends, so gegen 22 Uhr, wenn sie in ganz langsamen Schritten zu den beiden großen Müllcontainern trippelte, um ihren Müll wegzuwerfen. Das war ihr täglicher Gang, ihr einziger, sonst verließ sie nie ihre Zelle.

Frieda und Hans waren irgendwie ein Paar. Oft war er stundenlang bei ihr, und man sah ihn, eine Flasche Wein in der Hand, gut gelaunt zu ihr rübergehen. Dennoch trank er durch sie weniger.

Interessant für mich, immer wieder mal zu sehen, dass manche Frauen einen positiven Einfluss auf die Männer hatten und Dinge erreichten, die nur ihnen möglich waren.

Es war so …

… in dieser Zeit, da ich nun fast alle Bewohner des Obdachlosenheims kannte, dass ich, wenn es draußen warm genug war, die schwere Tür, die ich in den ersten Monaten nach meinem Einzug peinlichst genau abgesperrt hatte, nun, mitsamt der gemeinsamen Glas-Außentür, ganz offen ließ. Ich hatte ein gewisses Vertrauen entwickelt.

Die Türen aufzulassen tat gut, vor allem auch, weil

dann nicht nur durch das einzige Fenster frische Luft hereinkam. Mir zeigte dies, dass ich mich weiter akklimatisiert hatte, etwas was ich nicht nur gut fand, denn es würde mir vielleicht keinen Impuls geben, wieder vom Obdachlosenheim weg zu wollen.

An einem Tag, ich saß wieder auf der Matratze, den Laptop auf den Beinen, lief plötzlich ein Mann einfach so durch die offenstehende Tür direkt in meine Wohnzelle. Erst erschrak ich, dann sah ich, es war Werner, der nicht im Heim wohnte, aber zusammen mit mir bei Gerd schon fern geschaut hatte.

Als er mich sah, entschuldigte er sich und ging wieder. Offensichtlich hatte er eine Bleibe gesucht und war sichtlich enttäuscht, dass die offenstehende Zelle belegt war. Ich verstand das gar nicht. Hatte er nicht gewusst, dass die Zuweisung der Zellen nur über die Stadtverwaltung erfolgte? Aus ihm wurde ich auch nicht so richtig schlau. Gerd erzählte, dass Werner seit seiner Scheidung den Boden unter den Füßen verloren hätte und alles dran setzen würde, dass niemand merke, dass er obdachlos sei.

Wenn ich mich auf der einen Seite irgendwo eingelebt hatte, kämpfte ich doch auch mit den Auswirkungen der Umgebung, vor allem mit Toms exzessivem Verhalten. Durch ihn hatte ich so eine Art Angstmuster entwickelt, ich möchte nicht sagen Zwangsstörung, aber so einen Drang, gegen den ich schwer ankam und kaum vermeiden konnte. Etwas, was mir zeigte, dass in dieser Umgebung die seelische Gesundheit schnell verloren gehen konnte und auch ich, trotz Zen, das diese Gesundheit ja zum obersten Ziel hat, in Gefahr war.

Der Drang bestand darin nachzusehen zu müssen, ob Tom in seiner Wohnzelle war oder nicht. War er nämlich ab etwa 22 Uhr nicht da, so hatte ich festgestellt, konnte ich halbwegs davon ausgehen, dass er nicht mehr kommen, sondern wohl woanders, vielleicht bei einer Freundin, übernachten würde, und ich wusste, ich hätte meine Ruhe, etwa zum Schreiben meiner Texte. Doch wie sollte ich, ohne den Verdacht zu erwecken ihm nachzuspionieren, in Erfahrung bringen, ob er da war oder nicht?

Also ging ich abends raus, spazierte etwas den langen geraden Weg neben der Straße entlang, etwa soweit, dass ich seine Wohnzelle aus der Entfernung sehen konnte, kehrte dann um und schaute, ob bei ihm Licht brannte. Ich tat so, als spazierte ich gemütlich umher.

Manchmal tat ich auch so, als wolle ich Karl etwas bringen, ging dann aber an seiner Zelle vorbei und schaute kurz hoch zu Toms Zelle. Manchmal ging ich in einer Stunde drei, vier mal raus, und Willi, dem ansonsten aller Lärm im Obdachlosenheim scheißegal war, beschwerte sich, weil mein ständiges Hin- und Herlaufen ihn nervte.

Einmal, als ich gerade mitten auf meinem „Kontrollgang" war, kamen mir Tom und Fischer Peter ziemlich besoffen auf halbem Weg entgegen und begrüßten mich. Beide waren bestens gelaunt und in Feierstimmung. Ich dachte: „Na, dann brauch ich ja nicht mehr nachzuschauen, ob Tom da ist". Hätte ich es dennoch getan, hätte ich mir ernsthaft Sorgen um mich gemacht.

Als Tom dann noch sagte, er ginge gleich ins Bett, weil er morgen früh raus müsse, um im Tierheim zu arbeiten, er war vom Jobcenter zum 1-Euro-Job verdonnert worden, und Fischer Peter damit einfach so verdutzt und alleine in der Landschaft stehenließ, hätte ich Tom umarmen können, weil das hieß, dass ich, zumindest von seiner Seite aus, für diese Nacht Ruhe haben würde. So sehr hatte ich Sehnsucht nach ihr.

Ein Abend ...

... war sicherlich der schönste in meiner Zeit im Obdachlosenheim, und wie so oft ungeplant. Sowieso hassten wir sie, die Pläne. Keiner hatte es geplant einmal in ein Obdachlosenheim zu kommen. Und ich schon gar nicht als ich in Excel und Word niederschrieb, wohin mein Leben gehen sollte und dabei die Regeln des Zeitmanagements der Vierten Generation zu berücksichtigen versuchte. Nichts war bei meinen Plänen heraus gekommen. Jeder Vollidiot hätte hinbekommen, was ich hinbekommen hatte.

Um im Obdachlosenheim zu landen und Hartz IV zu beziehen, das wäre auch ohne Planung gegangen. Und auch ohne Abi. Da hätte ich auch gleich nach der

Grundschule abgehen können. Vier Jahre Schule hätten gereicht: Lesen lernen, Grundrechenarten, fertig. Da hätte ich mir meine anspruchsvollen Ausbildungen auch sparen können, vor allem die mit dem beschissenen Verwaltungsrecht.

Jedenfalls ging ich an diesem frühen Abend rüber zu Karl, um ihm eine CD zu bringen, die ich für ihn gebrannt hatte. Eine „Best Of" von Uriah Heep, mit den tollsten Songs wie „Lady in Black" oder „July Morning" etc. Alles Lieder noch gesungen vom von mir ewig geliebten und leider viel zu früh verstorbenen Originalsänger David Byron. Eigentlich hatte ich vorgehabt nicht lange bei Karl zu bleiben, doch er nahm mir die CD sofort aus der Hand und legte sie auf, während ich mich auf seine Couch setzte.

Und schon dröhnte „Gypsy" mit diesem gewaltigen Gitarrenriff am Anfang des Liedes aus Karls Boxen. Als dann Ken Hensley mit seiner brachialen Orgel in das Lied einstieg, schloss Karl die Augen und spielte mit den Händen imaginär die Tastenmelodie mit.

Wir beiden kannten jedes Lied der Uriah Heep CD. In- und auswendig. Jedes Riff, jede Melodie. Lieder, die fast vierzig Jahre alt waren und dennoch nichts von ihrer Faszination eingebüßt hatten. Die einfach zeitlos waren. Zum ersten Mal hatte ich die Songs gehört als ich 12 war. Damals noch auf der Schallplatte meines älteren Bruders.

Karl und ich ließen an diesem Abend in seiner kleinen

Wohnzelle die Uriah Heep der frühen siebziger Jahre wieder auferstehen, was mir zeigte, dass es keinen Ort auf der Welt gab, der nicht zum Leben erweckt werden konnte.

Bis spät in die Nacht hörten wir an diesem Abend noch eine Menge anderer guter Musik bis ich, der eigentlich nur fünf Minuten wegbleiben wollte, um fast zwei Uhr morgens zu meiner Wohnzelle zurückging. Mein Laptop war noch an.

Mit der Zeit ...

... war es im Obdachlosenheim immer mehr zur Normalität geworden zu Petko ans ebenerdige Fenster zu gehen. War es anfangs nur, um sich, wie bei Hans, einige Minuten mit ihm zu unterhalten, wurde der Besuch bei ihm bald zum Event. Vor allem nachdem Petko eine kleine Erbschaft gemacht hatte. Ein Verwandter war wohl gestorben.

Vorher kaum genug, um was zu essen zu kaufen und gezwungen sich durch das Sammeln von Pfandflaschen durchzuschlagen, sprach er von nun an ständig davon, dass Geld keine Rolle spiele.

Und so begann Petko unter meiner Wohnzelle am offenen Fenster Bier zu verkaufen, zu verleihen oder zu verschenken. Während er mit nacktem Oberkörper lachend am Fenster stand, lief hinter ihm auf einem Tisch ein kleiner Fernseher mit alten Disco-Sendungen von Ilja Richter. Petkos Fenster wurde mehr und mehr zu einem „Kiosk".

Weil Petko nicht „nein" sagen konnte, wurde ihm der Trubel, den er schürte, manchmal selbst zu viel, und er klagte sein Leid, dass er wegen der vielen „Besucher" nicht einmal mehr zum essen käme. Dennoch tat ihm die Aufmerksamkeit, die er nun aufgrund ständiger „Kundschaft" bekam, gut, was man daran erkennen konnte, dass er in seinen Selbstgesprächen weniger schrie.

Mir hingegen tat Petkos „Kiosk" weniger gut, denn von nun an hatte ich von früh morgens bis spät in die Nacht ständig Besoffene grölend direkt vorm Fenster. Auch das klirrende Abstellen der Trinkgläser direkt auf Petkos Fensterbank nervte mich zunehmend. Aber es gab eine ganz klare Reihenfolge: Das Bier bei Petko wichtig, die Ruhe von dem, der über ihm wohnt, nicht. Mal etwas Rücksicht auf Andere nehmen? Wozu denn? Hauptsache saufen.

Was alle „Besucher" nicht verstanden bzw. verstehen wollten, war, dass „ich sie immer alle hatte". Waren die einen weg, weil sie voll waren und sich schlafen legten, kamen die nächsten. Wie bei einem Schichtwechsel. Das ging fast rund um die Uhr so. Fast jeden Tag. Das Fenster unter mir wurde mehr und mehr zum Treffpunkt aller saufenden Obdachlosen, nicht nur derer, die dort wohnten, was mich besonders ärgerte. Und jeder faselte: „Ich war gestern doch nur eine Stunde bei Petko".

Wenn Petko ...

... in seinem „Kiosk" stehend auch ständig lachte und für jeden den stets gut gelaunten Unterhalter mimte, so war er doch nicht wirklich glücklich. Oft sagte er, dass er am liebsten gar nicht mehr aufwachen würde. Seit langem konnte er nicht mehr durchschlafen, was mit ein Grund war, warum sein „Kiosk" fast rund um die Uhr geöffnet hatte. Zwischen ihm und seiner Familie gab es einen großen Riss und keinen Kontakt mehr. Seine Kinder wollten wohl nichts mehr mit ihm zu tun haben, was ihn sehr schmerzte.

Ich glaube, niemand im Obdachlosenheim hatte noch etwas, was man eine intakte Familie nennen konnte. Auch ich nicht. Mein Vater beispielsweise war mir immer fremd geblieben, ich kann es nicht anders sagen. Als Kind und Jugendlicher schaute ich jeden Tag mit Angst auf die Uhr, wann er von der Arbeit nach hause kommen würde. Kaum sperrte er die Tür unserer Wohnung auf, veränderte sich die bis dahin behagliche Atmosphäre hin zur Kälte.

Wenn durch meinen Vater und seine unkündbare Beamtenstellung, wie bereits erwähnt, die materiellen Bedürfnisse gesichert und dies keineswegs zu verachten war, ja, er in diesen Dingen sogar richtig großzügig sein konnte, so war es seine Unnahbarkeit, seine grundlosen unberechenbaren Stimmungswechsel, die einem das Leben schwer machten. Ständig musste man sich vergewissern, wie er gelaunt war. Etwas was ich, nicht nur bei ihm, überhaupt nicht ausstehen konnte.

Es war diese Art, mit der ich nur schlecht zurecht kam und die verhinderte, ein normales, ein freundschaftliches Verhältnis zu ihm zu haben. Vor allem nachdem meine Mutter verstorben war und als Vermittler ausfiel.

Doch zurück zu den Bewohnern des Heims. Was auch immer in deren Leben schief gelaufen war, der Wunsch nicht mehr aufzuwachen, tot zu sein, war oft zu hören. Nicht nur von Petko. Auch von Karl, der immer wieder unter starken Depressionen litt.

Und vor allem auch von Holger. Er hatte zeitweise einen Strick mit einem perfekten Henkersknoten in seiner Nähe bereitgelegt, um sich aufzuhängen. Doch dazu fehle ihm, so sagte er, die letzte Konsequenz, es wirklich zu tun. Auch wolle er es seiner verstorbenen Mutter nicht antun, die schließlich ja neun lange Monate gebraucht hätte, um ihn zu gebären, was eine nette Holger-typische Begründung war.

Auf den ersten Blick sah es für die Menschen, die zur „normalen" Bevölkerung gehörten und die den langen Weg am Obdachlosenheim entlang mit dem Hund spazierten, oder mit dem Fahrrad vorbeifuhren, und die mal kurz einen Blick rüber riskierten, wie wir zu sechst oder siebt lachend vor einem Fenster standen, oft aus wie eine fröhliche Gemeinschaft. Aber das Bild trog. Es gab unter uns sehr viel Verzweiflung. Und mehr als einmal wunderte ich mich, dass ich nicht ein einziges Mal einen Sozialarbeiter dort gesehen hatte. Vielleicht war aber auch einer da gewesen, und ich hatte es nur nicht mitbekommen.

Als Gregor, Karls direkter Nachbar, plötzlich mit gerade mal fünfzig Jahren, u.a. durch den Alkohol, verstarb, wurde ernsthaft diskutiert, wer im Heim der Nächste sein würde. „Ich nicht, ich nicht", rief Tom laut. Mich überraschte, mit welcher Eindringlichkeit er das sagte. So als hinge er total am Leben. Aber stand diese deutliche Bejahung des Lebens nicht im krassen Gegensatz zu seinem Lebensstil, der ganz sicher nicht der gesündeste war? Der eher kein langes Leben versprach?

Vor allem eines war hart, und zwar für all die Jungs, etwas von dem ich nicht betroffen war, das Nüchternwerden, das Runterkommen, das Aufschlagen aus der Traumwelt der Drogen und des Alkohols auf die harte Realität. Es war als fielen sie in ein tiefes, tiefes Loch. Und meist sahen sie nur eine Möglichkeit damit umzugehen, nämlich: Weiter trinken.

Nach Gregor ...

... war Frieda die nächste, die in der Zeit, in der ich im Obdachlosenheim lebte, verstarb. Morgens hatte sie, wie üblich, noch gekocht, lag sie nachmittags tot auf dem Boden ihrer Zelle.

Hans war, wie so oft, zu ihr rübergegangen und fand

sie. Und war schwer getroffen. Weil er kein Handy besaß, lief er aufgeregt rüber zu Toms Zelle, um Polizei
und Krankenwagen zu rufen.

Doch ausgerechnet in dem Moment hielt Tom mit Fischer Peter in der Wohnzelle hinter mir eine kleine
Sauforgie ab, was aufgrund der lauten Musik, dem
Gegröle und dem klirrenden Lärm der Bierkästen
auch nicht zu überhören war. Dennoch waren sie
wohl irgendwie in der Lage, die Polizei zu verständi-
gen, die dann auch alsbald kam.

Tom und Fischer Peter zeigten keinerlei Anzeichen
von Mitgefühl gegenüber der toten Frieda. Sie schienen dazu nicht fähig. Holger, den Therapiejargon offensichtlich bis zum Abwinken kennend, nannte dies
eine „dissoziale Funktionsstörung". Das einzige, was
die beiden interessierte, war was sie sich aus Friedas
Wohnzelle von Wert mitnehmen könnten. Es war
reinste Leichenfledderei.

Hans hingegen war untröstlich und wegen der Pietät-
losigkeit verständlicherweise sauer auf Tom und Fischer Peter.

Bis spät in die Nacht blieb ich bei Hans damit er nicht
alleine mit seiner Trauer war. Immer wieder erzählte
er dieselben Stories. Wie er sie in Frankfurt spaßes-
halber auf den Strich schicken wollte, damit sie Kohle
reinbringe und sie darauf erwidert habe: „Strich, ich
geb dir Strich". Er erzählte auch, dass Frieda immer an
die falschen Männer geraten war. Männer, die sie

schlugen.

Ich war mir ziemlich sicher, dass diese Gewalt großen Anteil daran hatte, dass Frieda in Armut lebte. Denn es ist die Gewalt, die dem Menschen die Möglichkeit des Ausdrucks nimmt, und damit die Kreativität, die Schaffenskraft, die Motivation. Alles Dinge, aus denen sich letzten Endes Einkommen generiert.

An Friedas Tod fiel mir besonders auf, wie schnell man, sicherlich nicht nur im Obdachlosenheim, ausgelöscht und vergessen war. Stand die Wohnzelle leer, weil der Bewohner verstorben war, kam schon der Nächste. Neues Klingelschild, fertig. Und ich dachte, mir wird es vielleicht auch mal so gehen.

So gegen drei Uhr morgens ging ich von Hans in meine Wohnzelle zurück.

Lustig wurde ...

... es hingegen als ich wieder einmal aus der Stadt zurück kam. Petko hatte bei einem Discounter eine Art Vorzelt gekauft und vier Mann, darunter Hans und Fischer Peter, versuchten die Plane samt Gestänge aufzubauen, sodass sie quasi ein Dach über Petkos „Kiosk" hätten und bei Regen nicht nass würden. Etwas was mir nicht gefiel, denn dann würden vielleicht noch mehr zu ihm ans Fenster kommen.

Lachen musste ich aber, als ich sah, wie sie die Konstruktion aufbauten. Jeder, wie immer mehr oder weniger benebelt, taumelte hilflos umher und versuchte irgendwie den Bauplan, den Hans in der Hand hielt, was alleine schon Bände sprach, umzusetzen.

Am Abend waren sie endlich fertig und betrachteten stolz ihr Werk. Es hätte nur noch das Schild „Kiosk Petko, Musik und Getränke" gefehlt. Ich schaute von oben aus meinem Fenster drauf und dachte: „Naja, vielleicht ist es doch nicht so schlecht und hält wenigstens den Schall etwas ab". Das Ganze hielt drei oder vier Tage, dann machte ein leichter Wind alles zunichte, und die Plane wurde still und leise wieder weggepackt.

Noch mehr musste ich lachen, als ich wenige Tage später Petko begegnete. Er wollte gerade mit seinem Rad vom Obdachlosenheim in die Stadt und war ziemlich aufgebracht. Er beklagte sich, dass die Leute an seinem Fenster immer dreister Bier fordern würden, deswegen habe er jetzt die Faxen dick und sämtliche Flaschen Bier, die er noch übrig hatte, etwa zwanzig, weggekippt und stattdessen Milch gekauft. Ich dachte, ich hör nicht recht. Für Milch würde wohl keiner an sein Fenster kommen.

Überhaupt der Alkohol; die Mengen, die im Obdachlosenheim getrunken wurden, vor allem auch schon am frühsten Morgen, hätten die meisten direkt mit einer Blutvergiftung ins Krankenhaus befördert. Mich, der Alkohol gar nicht gewöhnt war, sowieso. Hans beispielsweise trank immer aus einem riesigen Becher und lallte fröhlich was von „Ich mach mir noch nen Zerrer", irgendeine Mischung aus Rotwein und Schnaps und weiß der Teufel. Jedenfalls etwas, was tierisch reinzog.

Manchmal, wenn ich Heiner lange Zeit nicht gesehen hatte, war eines sicher, nämlich dass man ihn kurz sehen konnte, wenn er mit dem Rad wegfuhr und mit einem Kasten Bier auf dem Gepäckträger zurückkam. Krass war auch als eine, ich denke, Ex-Freundin von Karl vorbeikam. Erst hatten sie und Fischer Peter, beide noch halbwegs nüchtern, einen Streit, bei dem sie sich beide wie die Bekloppten anschrien. Dann später, als ich wieder aus der Stadt zurückkam, traf ich sie auf halbem Weg, beide so stockbesoffen, dass sie sich gegenseitig stützen mussten und kaum mehr laufen konnten. Sie in Alkohol zu ersäufen, war wohl ihre Art und Weise Konflikte auszutragen.

Aber auch Karl kannte oft keine Grenzen. Einmal, als er, zusammen mit den üblichen Verdächtigen, vor seiner Wohnzelle auf offenem Feuer grillte, bekam ich ihn gerade noch zu fassen, bevor er in es hinein fiel. Der Alkohol ließ ihn kaum mehr stehen. Manchmal aber wurde es selbst ihm zu viel und er machte eine Pause. In völlig überzeugendem Ton, der die Ernsthaftigkeit seiner Aussage unterstrich, meinte er: „Eben ist gerade mal gut", und er trank dann tatsächlich für einige Wochen nichts. Immerhin.

Was mir auffiel, war, dass alle die, die so viel Alkohol tranken, im Grunde nicht mehr schliefen. Es gab gar keine Einschlafphase mehr, sondern nur noch ein plötzliches „Umkippen", weil der Körper mehr als genug hatte. Vor allem auch die ständige Verfügbarkeit des Alkohols war ein Problem. In etwa 2 km Entfernung hatte eine Tankstelle 24 h am Tag geöffnet, jeden Tag, 7 Tage die Woche, mit allem ausgestattet, was ein Trinker begehrte.

Als Simone ...

... schwanger wurde und kurz vor der Entbindung stand, zog sie nach dem Krankenhausaufenthalt vorübergehend zu ihrem Freund. Auch deshalb, weil es geheißen hatte, dass kein Neugeborenes in einem Obdachlosenheim untergebracht sein dürfe. Schon gar nicht zusammen mit einem großen Hund.

So hatte Simone mit Tom abgemacht, dass solange sie weg sei, er sich um den Hund kümmere, was mich schon aufhorchen ließ, denn Tom konnte sich oft ja nicht einmal um sich selbst kümmern. Schon als er den Husky bekommen hatte, war ich in Sorge. Er hingegen hielt sich für einen wirklichen Hundekenner. Doch als er in Simones Zelle ging, um mit ihrem Hund Gassi zu gehen, ließ dieser ihn knurrend nicht an sich heran.

Sein Frauchen vermissend, verängstigt und alleine, bellte und heulte der große Hund von nun an herzzerreißend. Tag und Nacht. Ununterbrochen. Es tat einem in der Seele weh ihn zu hören.

In meinen Augen, und dafür musste man nicht ein alle Lebewesen liebender Buddhist sein, war dies Tierquälerei, zumal ich mir nicht sicher war, ob er überhaupt über genug Wasser und Futter verfügte. Aber kaum jemanden interessierte das Tier, sondern nur der „Lärm", den es machte, den sonst ja nie jemand interessiert hatte.

Als sich mehrere Bewohner bei Tom über den „Lärm" beschwerten und er daraufhin andeutete den Hund töten zu wollen, rief ich die Polizei. Nicht um Tom zu schaden, sondern um den Hund zu retten. Doch wieder einmal interessierte es sie nicht.

Ich rief dann die Feuerwehr, das Tierheim, das Ordnungsamt, es interessierte keinen. Keiner kam, um mal nach dem Hund zu schauen. Einer verwies auf den Anderen. Ein Verhalten, das mir wieder einmal einen vernichtenden Eindruck unserer Behörden gab, die wenn sie das Wort „Obdachlosenheim" nur hörten, einfach nichts unternahmen.

Tom hatte Recht gehabt, als er einmal zu mir sagte: „Du wirst dich noch wundern, wie wenig man sich kümmert, wenn sie hören, dass du im Obdachlosenheim lebst". Es war oftmals eben doch ein rechtsfreier Raum, und die Behörden trugen durch ihre Untätigkeit eine Mitschuld am Leid des Tieres und der Störung der Bewohner.

Wenn Tom von seinem Vorhaben auch wieder abließ, so waren es doch diese Dinge, die mich langsam zum

Fremden im eigenen Land machten. Dinge, bei denen ich mich fragte: „Wo bin ich hier eigentlich? In welchem Land lebe ich? Ist das Deutschland?" Was für ein Land ist dieses Land geworden? Ein sozial kaltes Land. Ein liebloses Land. Oder war es schon immer so gewesen, und ich hatte es nur nie bemerkt?

Erst als Simone etwa drei Wochen später ins Obdachlosenheim zurückkam und ihre Wohnzelle durch Hundekot völlig verdreckt vorfand und mit dem Hund Gassi ging, hörte das Heulen auf.

Dann stand ...

... erneut Weihnachten vor der Tür, bereits mein zweites im Obdachlosenheim. Ich traf Tom zusammen mit Dirk am Fenster von Phil, und Tom war sehr angespannt. Er erzählte, dass er diesen Monat vom Jobcenter kein Geld bekommen habe und dass er jetzt Angst habe, seiner jugendlichen Tochter kein Weihnachtsgeschenk kaufen zu können. Er hätte sogar schon eine Rechtsanwältin eingeschaltet. Ich war überrascht, ich hatte gar nicht gewusst, dass er eine Tochter hatte.

Phil schnauzte ihn gleich an, dass er beim Jobcenter etwas falsch gemacht habe, was Tom ziemlich ärgerte. Ich konnte Toms Ärger gut verstehen, denn es war oft das Jobcenter, das Fehler machte und nicht, oder zu spät, überwies, obwohl man alle geforderten Unterlagen eingereicht hatte. So ganz sicher, dass man sein Geld bekommen würde, konnte man sich nie sein, wie ich selbst des öfteren die Erfahrung machen musste. Ich glaubte es immer erst, wenn ich das Geld in den Händen hielt, keine Millisekunde zuvor.

Jeden Monat war es für mich eine große Nervenbelastung gewesen zum Geldautomaten meiner Bank zu gehen, sodass ich meist Matthias bat mich dabei zu begleiten, wenn ich zitternd die Geheimzahl meiner EC-Karte eingab. Und mehr als einmal musste Matthias mir Geld auslegen, weil aus irgendeinem Grund, der nicht in meinem Verantwortungsbereich lag, der Jobcenter das Alg II nicht überwiesen hatte.

Und wenn du dann niemanden hast, der dir Geld auslegen kann, dann stehst du erst einmal dumm da, hast vielleicht Hunger, kannst dir aber nichts kaufen, willst die Sache klären, erreichst telefonisch keinen, weil sie die Nummer zum Sachbearbeiter nicht herausgeben oder du in einer Warteschleife gefangen bist, die zwar zuckersüß vor sich hin säuselt, dir aber nicht weiterhilft.

Man wird den Eindruck nicht los, dass diese Jobcenter mit dem Bürger nichts zu tun haben wollen, und sich eher abschotten. Sie selbst erwarten natürlich, dass man ständig sofort und überall erreichbar ist. Mit Bürgernähe oder gar Service, wie die Jobcenter vorgeben, hat dies alles nichts zu tun.

Jedenfalls hoffte ich für diese Weihnachts-Feiertage auf ein paar ruhige Tage. Auch darauf, dass weniger

Laster durch die viel befahrene Straße des Industrie-
gebietes fahren würden. Und das war dann auch der
Fall.

Doch wieder geschah etwas, womit ich niemals
gerechnet hätte. Direkt an Heilig Abend traf ich Tom
erneut, und er sagte verbittert, er habe nur noch ein
Päckchen Reis zu essen. Offensichtlich hatte der Jobcenter ihm tatsächlich nichts ausbezahlt.

Mir tat er leid, aber was sollte ich tun? Ihn mit zu mir
nehmen? Nein, Tom war mir einfach zu unberechen-
bar, ansonsten hätte ich mich auf ein bisschen Gesellschaft durchaus gefreut.

Dafür aber „besuchte" mich jemand anderes, und
zwar Aleeke, der sich dummerweise ausgesperrt hatte. Er kam durch die Glas-Außentür zu seiner Zelle
nicht durch, und sein Nachbar, der, wie er, dafür einen
Schlüssel hatte, war nicht aufzufinden.

So nahm ich Aleeke, weil es kalt war, zu kalt, um sich
längere Zeit draußen aufzuhalten, und er auf der Metalltreppe, um sich aufzuwärmen, längst hin und her
gelaufen war, mit zu mir. Kurz überlegte ich, was wohl
Karl, der sich hin und wieder rassistisch geäußert hatte, dazu meinen könnte.

Ich hasste es, dass ich mir in diesem Fall überhaupt
Gedanken um Karls Meinung machte. Und schnell
war mir klar: Aleeke mit zu dir zu nehmen, das ist das,
was du jetzt zu tun hast, egal was andere sagen oder

denken. Und das tat ich dann auch. Er saß dann auf dem anderen Ende meiner Matratze. Mir war es unangenehm, dass ich ihm nichts anderes anbieten konnte, keine Couch oder wenigstens einen Stuhl, aber ich glaube, Aleeke interessierte das alles nicht. Er war froh nicht frieren zu müssen.

Wieder war dies so ein surrealer Moment, wo ich dachte: „Wie kommt es, dass ich jetzt mitten an Weihnachten zusammen mit einem mir weithin unbekannten Afrikaner auf meiner Matratze sitze?". Das Leben schreibt manchmal seltsame Geschichten.

Schließlich kam dann bald sein Nachbar, und Aleeke ging wieder rüber in seine Zelle.

Inzwischen hatte Tom sein Leid bei Dirk im Gebäude gegenüber mit Alkohol ertränkt und war besoffen in seine Zelle hinter mir zurückgekehrt, deutlich zu vernehmen an den „Böhsen Onkelz" in hoher Lautstärke. Und immer dieses Lied, in dessen Text er sich wohl so gut erkannte, das Lied „Erinnerungen" mit der Textzeile: „Hast du wirklich dran geglaubt, dass sich alles um dich dreht?".

Wenn dieses Lied lief, war klar, Tom war mal wieder völlig down. Schlimm für ihn, aber direkt am Heiligen Abend andere mit lauter Musik zu stören, war halt auch schlecht, und wieder einmal schüttelte ich nur fassungslos den Kopf über das unsensible menschliche Miteinander. Dann aber machte Tom alsbald die Musik aus und schlief ein. Und endlich war es ruhig und ein klein wenig besinnlich.

Wieder hatte ...

... also ein neues Jahr begonnen, und nach einigen Wochen wunderte ich mich, Tom hatte sich rar gemacht. Ich sah und hörte ihn kaum noch, was zumindest von der Ruhe her gesehen, gut für mich war.

Dann aber hörte ich ihn eines Tages Geräusche von ihm, auf die ich gerne verzichtet hätte, ich hörte ihn nachts laut stöhnen. Aber ich hörte keine Frau. Ich dachte, was treibt er denn da drüben? Macht er es sich selbst, oder was? Und wenn, muss er dabei so laut sein? Reicht es denn nicht schon alle anderen intimen Geräusche menschlichen Miteinanders mitzubekommen?

Bis ich dann in den folgenden Tagen erfuhr, dass doch eine Frau anwesend gewesen war, die ich aber nicht gehört hatte, weil sie sehr, sehr leise war. Petra war zu ihm gezogen, eine Frau von etwa vierzig Jahren.

Mein erster besorgter Gedanke war: „Hoffentlich keine zweite bekloppte Svenja". Aber meine Angst war unbegründet, denn Petra war das direkte Gegenstück zu ihr. Sie war ein Mensch, der einen guten Einfluss auf Tom hatte und seinem Leben etwas Struktur gab.

Wenn sie mit dem Hund von Tom spazieren ging, machte es Spaß, den beiden zuzuschauen. Bei ihr war er in guter Hand, während Tom, vor allem, wenn er wieder getrunken hatte, was natürlich allzu oft vorkam, der sensible Hund oft weglief und er ihn dann stundenlang suchen musste.

Aber Petra tat mir auch leid. Ich glaube, sie hatte ein hartes Leben. Sie war, wie ich fand, durchaus eine attraktive Frau, doch sie hatte einen schweren Sprachfehler, aufgrund dessen sie wohl nur eine Sonderschule besucht hatte.

Oft saß sie nur ruhig da, weil sie Angst hatte, man würde über ihr starkes Stottern lachen. Etwas worin sie leider allzu oft auch noch bestärkt wurde, denn vor allem der charakterschwache Fischer Peter zog sie immer wieder auf. Ich fragte mich oft, wie das möglich war. Gerade Fischer Peter, der selbst nichts zu bieten hatte, der selbst so dermaßen im Glashaus saß, der geistig auf dem Stand eines sechsjährigen Kindes war, stellte sich über Petra. Und seltsamerweise war Tom, der sonst so bedrohlich sein konnte, nicht in der Lage, Fischer Peter das Nörgeln zu verbieten. Vielleicht hatte er doch etwas Angst vor dessen gefährlichen Bruder.

Eines aber war gut. War Petra da, wusste ich, es gibt keine bekloppt laute Musik, und ich habe, zumindest was Toms Zelle betrifft, eine ruhige Nacht. Etwas Sicherheit in Sachen Ruhe tat auch mir gut. Durch Petra nahmen sogar meine „Kontrollgänge" wieder ab.

Wenn Tom Beziehungsstress mit ihr hatte und sein

Leid klagte, ertappte ich mich dabei, dass ich am liebsten zu ihm gesagt hätte: „Bleib mit ihr zusammen", und ich fragte mich: „Sagst du das jetzt wegen ihm oder dir?". Etwas das zeigte, dass der Ratschlag eines Bekannten nicht immer der Beste sein musste. Das war er nur, wenn das Wegen entfiel.

Eines Tages ...

... wieder einmal saß ich samt Laptop auf meiner Matratze, hörte ich plötzlich eine Stimme aus Toms Zelle, die ich lange nicht mehr gehört hatte, mir aber nur allzu bekannt war. Ich erschrak fürchterlich: „Oh Gott, das war doch Svenja, die ich da gerade gehört habe. Ja tatsächlich, das ist sie". Ich wurde sofort panisch. „Verdammt nochmal, wo ist denn Petra?", fluchte ich vor mir hin. Mir war sofort klar, die kommende Nacht kannst du abhaken. Doch im Gegensatz zu damals, müsste ich dieses Mal ja nicht unbedingt wieder ins Feld, um zu schlafen, sondern hätte jetzt Bekannte im Obdachlosenheim.

So ging ich sofort rüber zu Hans und fragte ihn, ob ich diese Nacht ausnahmsweise mal bei ihm schlafen könne, und er sagte sofort zu, was mich auch etwas an Matthias erinnerte, den ich dafür regelrecht hätte anbetteln müssen. Oft waren die, die nur wenig hatten, diejenigen, die bereitwilliger gaben als die, die mehr hatten.

Am späten Abend lag ich dann mit meiner Decke auf

dem Boden von Hans Zelle. Es war schon nach 24 Uhr, und ich wollte schlafen. Auch er war schon auf dem Weg ins Bett. Doch nur wenige Zentimeter von meinem Schlaflager entfernt lief noch sein großer Fernseher, und ich dachte: „Na, den macht er jetzt doch sicherlich aus". Weit gefehlt, er hatte es nicht vor. Und auf meine Frage hin, meinte er, er habe es sich im Knast so angewöhnt.

Wieder einmal wurde mir klar: Keiner, außer mir, wollte im Obdachlosenheim zur Ruhe kommen. Alle wollten immer abgelenkt sein, sei es durch Alkohol, Drogen, laute Musik oder eben den Fernseher. Nur mal mit sich alleine sein, nur mal Stille, nur mal den eigenen Atem hören, das hielten sie nicht aus. Nicht einmal eine Minute. So liefen etwa die Fernseher immer durch, rund um die Uhr, 24 Stunden, jeden Tag. Auch Karl machte seinen Fernseher nie aus, nicht einmal dann, wenn er Musik über seine Stereoanlage hörte, er stellte dann nur den Ton ab.

Hans machte auf meine erneute Bitte hin den Fernseher dann doch noch aus, was ich richtig nett von ihm fand, wusste ich doch wie sehr er dafür über den eigenen Schatten hatte springen müssen. Dafür aber stand er die ganze Nacht alle Stunden auf, um an den Kühlschrank zu gehen und den Nudelsalat zu essen, den Gerd für ihn gemacht hatte. Ständig wurde ich von seinem Hin- und Herlaufen und seinem lauten Geschmatze wach, und ich fragte mich, ob ich wirklich die richtige Wahl getroffen hatte: Die potentiell bekloppt rumschreiende Svenja oder den zahnlos schmatzenden Hans? Wie würde Black Adder sagen: The agony of choice.

Ich entschied mich bei Hans zu bleiben und nach einer ziemlich unruhigen Nacht stand ich früh auf, um gleich in meine Zelle zurückzugehen. Ich wollte die ganze „Fluchtaktion" eher geheim halten und meine Nacht bei Hans nicht an die große Glocke hängen. Doch schon in dem Moment, als ich sagte: „Also Hans, das muss jetzt nicht jeder wissen", hatte er es Petko erzählt, der es sofort an seinem sich gerade öffnenden Kiosk wie ein altes Waschweib weiter verbreitete.

Klar war meine panikartige Flucht aus meiner Wohnzelle eine übersteigerte Reaktion gewesen. Eine, die aber zeigte, wie blank die Nerven manchmal auch bei mir lagen. Alleine die Erinnerung an die chaotischen Amphetamin-Schreckenswochen war mir genug.

Wieder zurück in meiner Wohnzelle fragte ich mich verärgert, wieso Petra eigentlich nicht da war. Ich musste sofort in Erfahrung bringen, ob statt ihr nun wieder Svenja Toms Freundin sein würde, denn davon würde meine Ruhe der nächsten Wochen oder Monate abhängen.

Ich war sooo beruhigt als ich hörte, dass Petra und Tom noch zusammen waren. Svenja war wohl nur mal zu Besuch da gewesen. Am liebsten hätte ich ihr, wie ein strenger Vater, verboten Tom aufzusuchen.

Zu dieser Zeit ...

... tauchte ein neuer Bewohner auf: Kevin, ein junger etwas übergewichtiger Mann von 18 Jahren war ins Obdachlosenheim eingezogen. Und zwar direkt über die Zelle vom alten Phil.

Wie ein Besucher im Zoo, der mal neugierig in alle Käfige reinschaut, ging Kevin an jedes ebenerdige Fenster und schaute hinein. Ich sah ihn zufällig von meinem Fenster aus, als er gerade bei Holger reinschaute, wie dieser in seiner typisch gekrümmten Haltung fernsah. „Was ist denn das für einer?", dachte ich.

Kevin, von dem es hieß, er sei, und was immer das auch hieß, verhaltensgestört, war ein netter und keineswegs dummer Junge, der aber nicht nett sein wollte. Wie viele seiner Generation hatte er sich dieses unsägliche Gangsta-Rapper-Zeug zum Vorbild genommen. Etwas das, zumindest in meinem Augen, außer dem Satz: „Ey, Alter, ich fick deine Mutter" nicht viel hervorgebracht hatte. Dieses völlig überzogene Machogehabe. Kevin wollte ein Bad Boy sein, ein Gangsta Rapper.

Er war so einer, der ständig ein neues Handy hatte und mit lautem Rap am Ohr bald jeden nervte. Mal klingelte er, der große Gangsta, mit Rehaugen schauend, bei diesem, dann bei jenem, um um ein Stück Schokolade zu bitten. Oder er klingelte, weil sein Handy nicht mehr funktionierte. Immer war etwas. Und gerade das Klingeln ging im Heim jedem auf den Sack. Auch mir, denn klingeln taten nur die Behörden, und mit denen wollte ja keiner was zu tun haben.

Karl beispielsweise hatte, wie könnte es anders sein, mit all seinen Bekannten ein geheimes Klopfzeichen vereinbart. Dum di di dum di dum oder so ähnlich. Ich konnte es mir nie merken. Ich glaube, wer bei Karl geklingelt hätte, hätte sofort von ihm eins mit seinem immer bereit liegenden Prügel auf den Schädel bekommen.

Wegen seines labilen Zustandes hatte Kevin zwei Betreuerinnen, eine die ihm die Zelle in Ordnung halten sollte, eine Art Putzfrau, und eine andere für Verwaltungsdinge. Was mir auffiel, war, dass er, im Gegensatz zu mir, keinerlei Berührungsängste gegenüber den Bewohnern des Obdachlosenheims hatte. Wenn ich bedenke, wie lange ich trotz des großen Altersunterschiedes gebraucht hatte, um die Tür meiner Wohnzelle offen zu lassen.

Zum Teil lag dies aber auch an seiner großen Naivität. Einmal lief er in die offene Wohnzelle „der Polen" hinein und schrie sie grundlos an. Was „die Polen" zum Glück nicht ernst nahmen. Wie ein Löwe, der nur gelangweilt schaut, weil ein Pudel ihn anbellt, schauten sie auch ihn an. Kevin war sich der Gefahr, von ihnen vielleicht auch mal eine aufs Maul zu bekommen, nicht bewusst. Für ihn war das ganze Obdachlosenheim ein großer Abenteuerspielplatz.

283

Eines Tages, als ich wieder einmal den langen ewig geraden Weg von der Stadt zurück zum Obdachlosenheim ging, rasten mehrere Polizei- und Krankenwagen mit Blaulicht und Sirene an mir vorbei. Mir war sofort klar, wo sie hinfahren würden. Und tatsächlich, in der Ferne konnte ich noch sehen, wie sie rechts zum Obdachlosenheim abbogen. Als auch ich dort ankam, standen, ungelogen, vier Polizei- und zwei Rettungswagen da. Ich dachte, ich wäre im falschen Film. Das Einzige, was noch fehlte, war der in der Luft kreisende Polizeihubschrauber und dazu die Musik aus Coppolas „Apocalypse Now".

Hans stand ernst dreinschauend am Fenster. Sofort ging ich zu ihm. „Was ist denn passiert?", fragte ich ihn besorgt, und er erzählte, dass Kevin durchgedreht habe. Kevin sei rüber zu Dirk und hätte ihn gebeten, die Polizei zu rufen, weil Paul, der Nachbar von Heiner, ihm ein Messer an den Hals gehalten habe und ihn bedroht hätte.

Paul? Ich dachte, ich hör nicht recht, denn Paul war zwar ein angeberischer Schwätzer, aber eigentlich harmlos. Ich dachte sofort an eine Beziehungstat, dass Eifersucht oder so etwas im Spiel gewesen sei.

Schon lange hatte ich mich gewundert, dass Paul, der etwas älter als ich war, ständig in die Wohnzelle zum jungen Kevin ging. Nicht dass es mich interessiert hätte, aber es war auffallend. Die beiden waren wohl irgendwie ein schwules Paar und etwas war jetzt eskaliert und hatte diese extremen Reaktionen ausgelöst. Auch Sven, der hin und wieder seinen Laptop bei Kevin aufgeladen hatte, bestätigte mir, dass die beiden immer miteinander alleine sein wollten und ich mit meiner Vermutung wohl nicht so falsch lag.

Die Polizei zog dann ab, und Kevin kam wieder in die stationäre Psychiatrie. Nach etwa einem Monat war er dann aber wieder da und sein Zustand nicht gut. Er nervte immer mehr, und selbst der geduldige Holger hatte irgendwann die Schnauze voll von ihm. Auch Petko war zusehends genervt.

Als Kevin sich, weil er angeblich nichts mehr zu essen hatte, bei zwei Betreuerinnen eher unwahrscheinlich, bei Petko zwei Eier lieh, und Kevin eines davon, kaum dass Petko sie ihm gegeben hatte, direkt vor dessen Augen absichtlich auf den Boden vor die Metalltreppe warf, war Petko völlig außer sich und wollte sofort die Polizei rufen.

Auch wenn ich seinen Ärger verstehen konnte, dachte ich: „Polizei? Wegen was? Wegen eines kaputten Eies?" Na, die werden sich freuen, wenn sie wieder mal wie die Bekloppten mit Blaulicht und vier Wagen her rasen und dann erfahren, weswegen sie her gerast sind, während anderswo vielleicht gerade wirklich die Hölle los ist. Kein Wunder, dass die Polizei nicht gern ins Obdachlosenheim kam und sich ihrer Verantwortung zu entziehen versuchte.

Weil Kevin von nun an von jedem im Obdachlosenheim nur noch als Irrer deklariert wurde, hatte er

Narrenfreiheit. Selbst als er Willis Fahrrad ungefragt genommen hatte, es stand immer direkt vor seiner und meiner Tür auf dem Metallgerüst, damit in die Stadt fuhr und es dann einfach irgendwo in eine Hecke warf, geschah nichts, außer dass seine Betreuerin Willi das Fahrrad bezahlte, damit er von einer Anzeige absehe. Ich wunderte mich, wie billig Kevin damit davon kam. Hatte es vorher immer drohend geheißen: „Wer sich an meinem Fahrrad vergreift, der kann sich warm anziehen", blieb Kevins Verhalten ohne jede Konsequenzen.

Auch der sehr umgängliche Hausmeister Rainer war sauer auf ihn, denn trotz seiner Betreuung sah es in seiner Wohnzelle aus wie Sau. Hin und wieder versuchte ich auf Kevin positiven Einfluss zu nehmen, doch er erlaubte keinen Zugang. Man bekam ihn einfach nicht zu greifen. Sein Verhalten war so, dass man ahnte, dass das nicht ewig gutgehen würde.

Im Grunde war das ganze Umfeld des Heims nicht gut für Kevin. Es verschlimmerte seinen eh schon schwierigen Zustand, aber anscheinend war er schon aus vielen Wohnungen herausgeflogen und man fand keine andere Lösung mehr für ihn als das Obdachlosenheim. Das Sammelbecken für manch schwierigen Fall.

Lange Zeit ...

... hatte die Zelle links neben Petko, und damit die unter meinem Nachbarn Willi, leer gestanden, doch dann zog Nils ins Obdachlosenheim ein. Ein Typ um die vierzig, der mit seinen Spitzbart aussah, als sei er, zusammen mit D'Artagnan, der fünfte der „Drei Musketiere".

Zwei, drei Monate nach seinem Einzug sah und hörte man ihn so gut wie nicht. Ihm war es wohl wie mir gegangen, und vielleicht den meisten, er musste sich erst einmal akklimatisieren. Doch kaum war diese Phase vorbei, war er omnipräsent.

Als ich zu Holger ging, war er plötzlich mit dabei und zwang sich uns auf. Er erzählte, wie toll er sei und was er alles könne, was in etwa so klang: „Ich bin Kranführer, und außerdem führe ich den Kran. Ich bin..., ich bin..., ich bin alles. Ich kann alles". Dann sagte er, dass er im Heim niemanden fürchten müsse, eine wie ich fand, gewagte Aussage für einen Neuen, der ja noch gar nicht wissen konnte, wer dort so alles wohnte, und vor meinem geistigen Auge sah ich schon Karl, der Arroganz über alle Maßen hasste, wie er durchdrehen und nach seinem Prügelstock greifen würde.

Wie bei vielen im Obdachlosenheim konnte man auch bei Nils schnell bemerken, dass mit ihm irgendwas nicht stimmte. Vor allem als er Holger und mir gleich von einem Selbstmordversuch erzählte, den er unternommen hätte. Solch intime Details gleich beim ersten Gespräch zu erzählen, war mir immer verdächtig.

Ich sprach darüber mit Gerd. Er kannte Nils von früher und sagte, dass Nils die Art von Selbstmörder sei, die den Zeitpunkt und den Ort des Selbstmordes immer vorher lauthals ankündigen, um sich dann theatralisch retten zu lassen. Das passte. Das passte genau zu Nils. Das passte zu der Show, die er auch im Heim abzog.

Nils kannte Willi, meinen Nachbarn, von früher und so wie er sich selbst überhöhte, überhöhte er auch ihn, was in etwa so klang: „Ihr wisst gar nicht, wen ihr hier unten habt. Der Willi, das ist... das ist... das ist ein Gigant, eine Koryphäe, ein Wahnsinn". Keine Ahnung, was ihn zu dieser Lobhudelei veranlasste. So schwachsinnig Petkos Beleidigungen über Willi waren, so schwachsinnig waren diese überhöhenden Aussagen von Nils.

Fast ein Jahr wohnte ich jetzt schon direkt neben Willi, und klar, man konnte mit ihm auch mal zwei Worte wechseln, und sicher, er löste täglich Kreuzworträtsel und spielte auch mal Schach. Aber war Willi deshalb ein Gigant?

Auch was Willi früher beruflich getan hatte, warf mich nicht um. Er war, wie er mir selbst einmal erzählte, Sani-Stuffz (Sanitäts-Stabsunteroffizier) bei der Bundeswehr gewesen, und das haute mich nun wirklich nicht um. Nicht dass dies nicht auch ein sehr anspruchsvoller und wichtiger Job sein konnte, das auf jeden Fall, aber wenn ich „Stuffz" hörte, musste ich immer an die alten Stuffze aus meiner Wehrpflichtzeit denken. Etwa an Stuffz Kuck, einen unserer damaligen Ausbilder.

Stuffz Kuck hatte einen Vollbart und brachte es auf die stattliche Körpergröße von 1,55 m. Zwei Merkmale durch die er innerhalb einer Bruchsekunde allen Respekt verlor, als einer aus unserer Kompanie beim Antreten und anschließendem Rechtsummachen rief, dass so etwas wie er bei ihm zuhause im Vorgarten stünde.

Außerdem hatte es geheißen, und für mich klang das damals völlig plausibel, Stuffz Kuck sei von seiner Frau entmündigt worden, weil er den ganzen Sold immer im Puff durchgebracht habe, und er bekäme jetzt jeden Tag von ihr nur noch fünf DM für ein Päckchen Zigaretten und eine Dose Cola. Auch könne er nicht im Gleichschritt marschieren, weil er vor seiner Bundeswehrzeit als Schienenbauer die Schienen ablaufen musste, weswegen er gewohnheitsmäßig den Abstand der Holzleisten in den Beinen gehabt hätte, der dem Marschschritt der Bundeswehr entgegenlief und ihn durcheinander brachte.

Das war in etwa, was mir durch den Kopf ging, als ich Nils Lobhudelei über Willi hörte. Aber ich dachte in diesem Moment auch daran, was Nils wohl dazu sagen würde, wenn er erführe, dass Petko Willi nicht als Giganten und Koryphäen ansah, sondern als „dreckigen, verlausten, verbappten Zigeuner" und ihn auch so beschimpfte. Lange konnte das sicherlich nicht gut gehen und schon gar nicht als unmittelbare Nachbarn, die Petko und Nils nun waren. Da war der Konflikt vorprogrammiert.

Zunächst hatte ...

... es so ausgesehen, als wolle Nils für eine Entwicklung sorgen, durch die das Obdachlosenheim als ganzes profitiert hätte. Ein Vorhaben, dem ich mich, wenn ernst gemeint, grundsätzlich gerne angeschlossen hätte, doch ihm ging es eher nur darum sich wichtig zu tun. Sowieso war ich angesichts der Erfahrungen, die ich dort bis dahin gemacht hatte, skeptisch, ob er damit nicht scheitern müsse. Doch ich dachte auch: „Lass ihn mal machen, vielleicht irre ich mich ja, und er findet Wege, die ich nicht gefunden habe".

So besorgte er beispielsweise Blumenerde und Pflanzensamen, um die verdorrten, dafür vorgesehenen hässlichen Löcher auf der Wiese zwischen den beiden Gebäuden wieder zum Leben zu erwecken, etwas was ich in der Sache richtig gut fand. Gleichzeitig war mir aber auch klar, dass ein einziger Rausch von Tom und Karl, den beiden Pyromanen, genügen würde, den Pflanzen den Garaus zu machen. Längst hatte Tom vier Holzstämme, die einen kleinen, jungen Baum stützten, für ein Grillfeuer verheizt, was Hausmeister Rainer natürlich nicht gefiel, aber wie immer ohne Konsequenzen blieb. Es war in meinen Augen unmöglich im Obdachlosenheim etwas Schönes aufzubauen, etwas zu bewahren, weil das menschliche Umfeld dafür einfach zu kaputt war.

An einem Tag eskalierte es zwischen Nils und mir. Das Ganze begann damit, dass er direkt vor seiner Wohnzelle an einer Staffelei malte. Hans, der gut zeichnen konnte, dies in seiner Gefängniszeit für viele Mitinsassen auch getan und dafür sogar Zigaretten getauscht hatte, fand es furchtbar, und ehrlich gesagt, ich auch. Nils Geschmiere hatte so gar nichts mit einer sensiblen Pinselführung und einem künstlerischem Ausdruck zu tun. Bei ihm war es mehr so ein: „Seht mal alle her, was ich alles kann". Er machte einen auf Künstler, wie so viele in Speyer. In ganz Speyer gibt es nur Künstler.

Während er also malte, ließ er Musik dazu laufen, und zwar Rammstein. Genau das Richtige für eine sensible Tätigkeit. Aber das war für mich nicht das Problem, vielmehr die kleinen Boxen auf seiner offenen Fensterbank, die an seinem Laptop hingen und nach außen gerichtet waren. Er hatte sie so laut gestellt, dass sie mich in meiner Wohnzelle auch bei geschlossenem Fenster störten.

Weil Nils bis dahin, trotz seiner ständigen Prahlerei, auch umgängliche Momente gehabt hatte, überlegte ich, ob ich nicht einfach mit ihm reden und ihn bitten sollte, etwas leiser zu stellen. Ich wollte nicht wieder den Fehler machen wie damals als ich die Polizei rief, statt erst einmal selbst mit den Leuten zu reden. So ging ich von meiner Zelle aus nochmals runter und bat ihn höflich, ob es denn nicht möglich wäre, eine Spur leiser zu machen. Ich war überrascht, er reagierte sehr freundlich und machte sofort leiser. Ja, er bot mir sogar an, gemeinsam mit ihm den Punkt auszuloten, an dem es mich stören und nicht stören würde, was ich für eine sehr gute Idee hielt, und er fügte noch hinzu, dass wenn es mich dann noch stören würde, er sogar den Kopfhörer nehmen würde.

Mit diesem erfreulichen Ergebnis unserer Unterredung ging ich wieder nach oben, überzeugt das Richtige getan zu haben, auch wenn irgendetwas in mir sagte, dass das doch alles etwas zu glatt gelaufen war. Und tatsächlich. Kaum saß ich wieder auf meiner Matratze, hörte ich wieder seine laute Musik. Verärgert, doch bemüht höflich zu bleiben, lief ich nochmals die scheppernde Metalltreppe runter und fragte ihn, was das solle. Er redete von unterschiedlichen Dynamiken, dass also manche Lieder lauter seien als andere.

Ich war verunsichert, denn manchmal stimmte das, vor allem bei diesen MP3-Dateien. Wieder ging ich rauf, und wieder war es zu laut. Jetzt war mir klar, er legte mich rein. Immer wenn ich oben in meiner Zelle war, stellte er unten wieder lauter. Und nach viel aufgeregtem Hin und Her, bei dem er mir das Wort im Mund herumdrehte, er Ursache und Wirkung, und damit auch Opfer und Täter, verwechselte, indem er argumentierte, dass ich nicht tolerant sei, weil ich ihm nicht erlaube, sich ungehemmt auszuleben, drohte ich ihm mit der Polizei.

Tatsächlich war mir diese Drohung in all der Aufregung, und weil ich mir gegen ihn nicht mehr zu helfen wusste, eher so herausgerutscht, denn in seinen Ohren klang der Ruf nach der Polizei, als riefe man nach seiner Mama. Es waren ihm gegenüber die falschen

Worte. Aber was kann man tun, wenn der Andere grundsätzlich gegen alle Argumente ist, weil es ihm nicht um die Sache geht, sondern nur darum dem Anderen zu schaden? Eine schwierige Frage.

Vielleicht hätte die Lösung in einer körperlichen Auseinandersetzung gefunden werden müssen, doch dazu war ich alles andere als bereit. Und dass ich dazu nicht bereit war, wurde nicht nur von Nils allzu schnell bemerkt.

Warum war ich dazu nicht bereit? Weil ich Buddhist war? Nein. Auch ein Kampf konnte gewaltlos sein, wenn hinter den Handlungen des Kämpfers kein Ich stand, zu bewundern etwa im großartigen Aikido.

Nein, ich war nicht zum körperlichen Kampf bereit, weil ich in etwa wie folgt dachte: Wenn Worte auch sehr weh tun konnten, so konnten körperliche Verletzungen doch unwiderruflich sein. Im Gegensatz zu Worten. Sie musste man „nur" verzeihen, um die Verletzung aus der Welt zu schaffen.

Zurück zum Streit; wieder oben in meiner Zelle ärgerte ich mich über mich. Hätte ich wegen der Lautstärke nur nichts zu Nils gesagt, das wäre besser gewesen, denn jetzt wusste er, wie er mir schaden konnte, und das war das Einzige, was ihn an Menschen interessierte. Er wollte ihren Schwachpunkt herausfinden.

Ich war ganz sicher nicht der einzige mit dem er so eine Scheiße abgezogen hatte. Das steckte tief in seinem Charakter und war sicherlich mit ein Grund, wenn nicht sogar der Grund, warum er letzten Endes im Obdachlosenheim gelandet war.

Von nun an hatte ich keinen Zweifel mehr über Nils üblen Charakter und verstand, dass er einer jener Menschen war, die es brauchten, dass sich der Andere wegen ihm mies fühlte. Er genoss es geradezu zu provozieren. Eigentlich hätte er ok sein können, wenn er anders gewesen wäre. Aber wie sagte der Kabarettist Rolf Miller so zutreffend: „Das ist immer so. Wenn die Katze ein Pferd wäre, könnte man die Bäume hinaufreiten".

War der Lärm bei Petko mit all den Säufern direkt unter meinem Fenster nicht schon störend genug, kam nun also auch noch Nils laute Musik dazu. Nicht mehr aber nur, wenn er malte, sondern seit dem Streit tagtäglich. Wobei sich Nils Rücksichtslosigkeit von der von Tom und Karl darin unterschied, dass letztere, wie Zen es nennen würde, absichtslos handelten, also nicht etwa feierten, um andere zu stören, sondern um zu feiern, und wenn es andere dann störte, war es ihnen egal, Nils aber war jemand, der nicht feierte, um zu feiern, sondern um andere zu stören.

Seine laute Musik war nur darauf bedacht mir zu schaden, und dies war eine Störung, die mich mehr störte als nur den Krach, den sie machte. Sie war anders beseelt, sie war ein ständiger Angriff auf mich und psychisch schwerer zu verkraften.

Doch es ...

... wurde noch schlimmer, denn eines Tages kaufte Petko, angestiftet durch die täglichen „Kiosk-Besucher", die ihm zu verstehen gaben, dass der Sound an seinem „Kiosk" Mist sei, neue Lautsprecher-Boxen. Abends probierte er sie aus, und mich traf schier der Schlag. Diese kleinen billigen Dinger waren „laut wie die Sau" und der Subwoofer hatte tiefe Bässe. Es war kein schöner Sound, aber extrem nervend und störend.

Ich war mir sicher, am nächsten frühen Morgen, wenn die ersten an sein Fenster kommen würden, würde er laute Musik machen, um stolz seine neuen Boxen zu präsentieren. Sein kleiner Fernseher oder CD-Player hatten mich nie wirklich gestört, weil deren Lautsprecher einfach kein Volumen hatten. Doch jetzt war es was anderes. Und wie ich am Vorabend befürchtet hatte, so kam es dann auch. Morgens gegen halb zehn, ich war noch fest am Schlafen, ging es los, bumm, bumm, bumm. Ich war sofort hellwach, nicht nur wegen der Störung durch die Musik, sondern weil genau das eingetreten war, was ich befürchtet hatte. Verärgert lief ich runter zu Petko. Hans und Sven standen schon an seinem Fenster, und ich sagte zu ihm, dass ich nicht bereit sei, diesen Krach jetzt jeden Morgen mehrere Stunden auch noch zusätzlich zu all dem anderen Lärm zu ertragen.

Aufgeregt ging es hin und her. Dann erpresste mich Petko, indem er sagte, er würde, wenn er keine Musik mehr machen dürfe, jedem, der an sein Fenster käme, sagen, dass er wegen mir kein Bier mehr ausgeben dürfe, womit er letzten Endes jeden Penner gegen mich aufhetzte. Und wie ein Alkoholiker darauf reagiert, wenn ihm jemand sein Bier wegnimmt, kann sich jeder denken. So einigten wir uns schließlich auf einen Kompromiss, einen mündlichen Vertrag, den wir per Handschlag besiegelten.

Der Vertrag sah vor, dass Petko jeden Tag von 11 bis 14 Uhr so laut stellen konnte, wie er wollte, auch mit den neuen Boxen, außerhalb dieser Zeit aber die neuen Boxen abhängen und zu seinen alten zurückkehren musste. Er selbst war es, der die Dauer von drei Stunden als ausreichend vorschlug.

Natürlich hatte Nils als direkter Nachbar von Petko die Auseinandersetzung mitbekommen und nun ein weiteres Druckmittel gegen mich. Mir war sonnenklar, er würde den Vertrag zwischen mir und Petko nun mit allen Mitteln torpedieren und auf ihn einwirken, den Vertrag zu brechen. Und es dauerte nicht lange, da kündigte Nils auch mir gegenüber an ebenfalls größere Boxen kaufen zu wollen. Einfach nur um mich zu provozieren. Mich wunderte seine Ankündigung überhaupt nicht. Arschlöcher sind oft sehr leicht zu lesen.

Doch Nils ging noch weiter. Von nun an versuchte er alles, um mich mit Tom und Karl zu verfeinden. Er hatte sich das so gedacht, er würde, wenn Tom und Karl mit dabei waren und mit ihm und anderen draußen

Musik hörten, diese wieder so laut stellen, dass ich empört runtergelaufen kommen und dann ihn, Tom und Karl zum Gegner haben würde.

Und so machte er es dann auch. Wobei ich das längst durchschaut hatte und ihm den Gefallen nicht tat. Wie Rambo, der zwar den Funk abhört, sich aber nicht aus seinem Versteck locken lässt, blieb auch ich in meiner Zelle.

Beide, Tom und Karl, hatten nicht kapiert, dass Nils sie in diesen Momenten gegen mich instrumentalisierte. Es war einzig Tom, und das sprach für ihn, der, als es lautstärkemäßig voll abging, zu Nils sagte, man müsse es jetzt auch nicht übertreiben. Eine bemerkenswerte Aussage von jemanden, der sonst selbst keine Grenzen kannte.

Tom hatte für einen kurzen Moment bemerkt, dass Nils Absicht nicht in der Musik und dem Feiern lag.

Schlimm war vor ...

... allem aber auch Petkos Verhalten. Nicht dass er nicht bemüht gewesen wäre, den Vertrag einzuhalten, das versuchte er wirklich, aber er konnte einfach nicht einmal die Klappe halten. Während ich darauf wartete, dass sich der Vertrag so allmählich zur alltäglichen Normalität entwickeln würde, die keiner Rede mehr bedurfte, sprach er ihn jeden Tag bei jedem, der an sein Fenster kam, wieder an. Jeden Tag. Woche für

Woche.

Es war seine Art die Aufregung, die an ihm nagte, zu verarbeiten. Wie bei seinen Selbstgesprächen musste er darüber reden. Und die Auseinandersetzung mit mir nahm ihn so mit, weil es für ihn schien, als würde ich ihm seine Freunde wegnehmen wollen. Doch waren die, die zu ihm ans Fenster kamen, wirklich seine Freunde? Nein, sie kamen nicht wegen ihm oder der Unterhaltung, die er bot. Sie kamen nur wegen dem Bier, das er ihnen gab. Petko war ihnen egal. Und Videos von Ilja Richter sowieso.

Überhaupt war der Vertrag, wenn von Petko und mir auch gut gemeint, eine saublöde Idee, denn er bedeutete sich an feste Zeiten halten zu müssen, etwas was im Obdachlosenheim schon lange niemand mehr konnte. Ich hätte es noch gekonnt, aber gerne tat auch ich es nicht. Auch mich nervte es nun jeden Tag kurz vor 11 Uhr zu flüchten, meist in die Stadt, und kurz nach 14 Uhr wieder zurückzukommen, um der brachialen Musik zu entkommen. Es waren gerade auch diese festen Zeiten, die zusätzlich dafür sorgten, dass der Vertrag immer Gesprächsthema blieb.

Erschwerend kam hinzu, dass Petko in der Aufregung den Vertrag nicht richtig verstanden hatte und ich ihn dummerweise viel zu spät darauf aufmerksam machte. Denn von nun an ließ er die Musik und den Fernseher, von den drei Stunden abgesehen, ganz aus. Jedes Mal, wenn Leute vor 11 oder nach 14 Uhr an seinen „Kiosk" kamen, stand ich nun als der Bösewicht da, wegen dem man nicht mehr feiern dürfe. Was gar nicht stimmte, denn Teil unserer Abmachung war ja gewesen, dass man, wie all die Monate zuvor, natürlich auch außerhalb dieser Zeit weiter Musik hören könne, nur eben nicht mit den neuen Boxen.

Durch dieses dumme Missverständnis baute sich im Obdachlosenheim langsam aber sicher eine Stimmung gegen mich auf, die vor allem durch Nils noch geschürt wurde. Natürlich stellte er, und er war ja Petkos direkter Nachbar, seine Musik nun absichtlich so laut, vor allem auch außerhalb der vertragsfreien Zeit, dass es kaum auszuhalten war und Petko zu Recht fragen ließ, weshalb Nils dies dürfe und er nicht.

Viele Tage und ...

... Nächte in dieser Zeit wurden für mich zu einem Alptraum. Es war nicht nur der Lärm durch die ständige Musik, sondern vor allem auch die gehässigen Gespräche, die nun stattfanden und die ich selbst bei geschlossenem Fenster mitbekam. All dies wurde schließlich so schlimm, dass ich nicht mehr wusste, wohin ich noch fliehen sollte. Um wenigstens noch eine weitere Tür zwischen dem Gegröle, dem Hass, der dröhnenden Musik zu haben, verzog ich mich in das kleine Bad meiner Wohnzelle, schloss dessen Tür und setzte mich samt Laptop neben die Toilette auf den gefliesten Boden und versuchte dort „zu arbeiten", d.h. meine Website aktuell zu halten, und schließlich auch dort zu schlafen.

Ich hatte nun kein Rückzugsgebiet mehr, ich war buchstäblich in die Ecke gedrängt. Neben dem Klo sitzen oder liegen zu müssen, war der Tiefpunkt meiner Zeit im Obdachlosenheim, und wie nur eineinhalb Jahre zuvor, als ich mich in meiner kleinen Wohnung versteckt hatte, um den Mietern, denen ich noch Geld schuldete, nicht begegnen zu müssen, auch hier der Tiefpunkt der Freiheit, die ich mir viele Jahre zuvor so gewünscht und angestrebt hatte.

Unerträglich war es auch wegen der Sommerhitze, die sich in der kleinen Zelle aufstaute, ich wegen dem Lärm und den gehässigen Gesprächen aber kein Fenster mehr öffnen konnte. Manchmal wenn es im Bad so heiß wurde, dass ich völlig nassgeschwitzt war, ging ich wieder in den kaum kühleren Wohnraum zurück, nahm meinen Kopfhörer und stellte meine eigene Musik laut genug, um von außen nichts mehr mitzubekommen. Eine Lösung, von der Zen nicht gerade begeistert ist, weil sie die subtile Wahrnehmung der Welt stört, aber ich wusste mir nicht mehr zu helfen. Den ganzen Hass, der auf mich projiziert wurde, konnte ich kaum verkraften.

Hin und wieder versuchte ich durch Zen von den hasserfüllten Worten nicht gefunden zu werden, ichlos zu sein, keinen Widerstand zu leisten und alles ungehindert durch mich hindurch gehen zu lassen. Und manchmal gelang mir das auch, aber es kostete mich sehr viel Kraft. Ich war an meinen Grenzen angelangt.

Die Lieblosigkeit mir gegenüber, nicht nur die im Obdachlosenheim, sondern oft auch von der sonstigen Gesellschaft, vor allem gegenüber dem Hartz-IV-Empfänger im allgemeinen, machte mir als sensiblem Menschen schwer zu schaffen.

Wie konnten Menschen so sein? Auf solche Situationen hatte mich meine Schulzeit nicht vorbereitet. Ja, Wurzelziehen und Integralrechnung, das hatte ich gelernt, das konnte ich, und das hatte sicherlich irgendwo auch seinen Platz, aber hier fehlte es mir an etwas, das mir ermöglicht hätte, mich durchzusetzen. Zu viele im Heim machten mit mir den Depp, und ich war trotz einer der höchsten Ausbildungen, die man in Deutschland absolvieren kann, nicht in der Lage mich zu wehren. Wieder dachte ich an den Porzellanhersteller Philipp Rosenthal, der, um ihn erneut zu zitieren, einmal sagte: „Ich bin mir nicht sicher, wo ich mehr gelernt habe, in Oxford oder der Fremdenlegion".

Symptomatisch war Rosenthals Aussage auch, wenn man Karl und mich verglich. Er war in seinen Drohungen, im Gegensatz zu mir, glaubwürdig. Er wog 40 Kilo weniger als ich, war gesundheitlich ziemlich angeschlagen, doch wenn es ihm vor seiner Wohnzelle zu laut wurde, und das wurde es ihm schnell, vor allem wenn er seine Depressionen hatte, genügte ein einziges Wort und keiner der „Affen" machte mit ihm den Deppen, wie sie ihn mit mir machten. Auch Großmaul Nils zog dann schnell den Schwanz ein.

Woran lag das? Vielleicht daran, dass Gewalt Karl, im Gegensatz zu mir, immer auch vertraut gewesen war. Sie stresste ihn gar nicht so sehr wie mich. Alleine dadurch strahlte er eine höhere Gewaltbereitschaft aus. Man wusste, sich mit ihm anzulegen, würde einen hohen Preis fordern. Ich musste sehr aufpassen, dass mein „buddhistischer Wunsch" gewaltlos durchs Leben zu gehen, nicht als Schwäche angesehen würde, denn das war vielleicht ich, nicht aber die Gewaltlosigkeit.

Besonders traf es mich auch, dass Hans, den ich längst als einen guten Kumpel angesehen hatte, eines Morgens in der musikfreien Zeit des Vertrags rüber zu Petko ging und als dieser standhaft zu ihm sagte: „Nein, Hans, keine Musik, es ist noch nicht 11 Uhr" Hans daraufhin erwiderte: „Was, noch keine Musik? Wegen dem da oben? Tritt ihm doch einfach in die Eier".

Das zu hören, war echt heftig, alleine schon, wenn ich daran dachte, wie ich, und vor allem auch an Friedas Tod, mit ihm umgegangen war und ihm bis spät in die Nacht geduldig zugehört hatte und wie er nun mit mir umging. Das war für mich völlig unverständlich und menschlich sehr enttäuschend.

Auch Hans setzte Petko so unter Druck den Vertrag zu brechen. Es war ja klar, je mehr von Petko fordern würden sich nicht an unsere Abmachung zu halten, umso eher würde er nachgeben, zumal er ja selbst nicht gerade der Fels in der Brandung war, und ich würde als völliger Verlierer dastehen. Jemand, dem klar gezeigt würde, dass er gar nichts zu melden habe.

Ich wollte auch in diesen Momenten niemandem im Obdachlosenheim etwas Böses. Eigentlich hatte ich immer nur versucht mit jedem irgendwie auszukommen, aber es war schwer, sehr schwer, und mir wurde nun auch besser verständlich, warum ein Mensch irgendwann durchdreht und Amok läuft und dann mit einem Schlag 20 Menschen tötet und es daraufhin mit jammerndem Unterton heißt: „Das können wir gar nicht verstehen, der war doch immer so nett und ruhig".

In schwierigen Momenten ist man empfänglich für solche Gedanken und dann vielleicht irgendwann auch fähig zu solchen Taten. Wer behauptet, ihm könnten solche Gedanken nicht kommen, kennt den Menschen nicht. Oder aber er ist tatsächlich ein Heiliger, denn jeder, außer ihm, besitzt diesen Punkt, an dem es ihm einfach zu viel wird. An dem es kippt.

„Dieses hohle ...

... dumme, asoziale Pack", schimpfte ich zu dieser Zeit, da ich fast rund um die Uhr gestört wurde, wütend vor mich hin. Es war nicht verwunderlich, dass sich in dieser Zeit der enorme Stress, unter dem ich stand, auch körperlich bei mir zeigte. Nur wenige Minuten der Gehässigkeit genügten, und ich wurde leichenblass.

Seltsamerweise fiel Hans das natürlich sofort auf. Dafür hatte er den Blick, dafür besaß er die Sensibilität. Im Destruktiven, da wusste er, wenn es einem schlecht ging. Das erkannte er. Aber wenn es um die Sensibilität ging, mal seine eigenen Fehler zu erkennen, kapierte er nichts. Er verhielt sich in dieser Zeit nicht besser als Tom und Fischer Peter, über die er sich wegen der fehlenden Sensibilität gegenüber Friedas Tod beklagt hatte.

Es störte mich gewaltig, dass mir die Blässe so sehr anzusehen war, und ich versuchte mich mit einer Wetterfühligkeit herauszureden, was nicht sehr überzeugend war, zumal auch meine Stimme in diesen Momenten nicht mehr kraftvoll rüberkam, sondern eher schwach klang. Ich glaube, ich stand in dieser Zeit sehr nah am Nervenzusammenbruch.

Überhaupt war Hans völlig widersprüchlich. Auf der einen Seite war er durch seine ständigen Sticheleien maßgeblich daran beteiligt, dass es mir so schlecht ging, auf der anderen Seite versuchte er mich aufzumuntern und mir Ratschläge zu geben. So erzählte er mir, wie er sich im Knast immer gesagt habe: „Mich kriegt ihr nicht", als wolle er mir damit einen Tipp geben. Aber kaum war er wieder mit den Anderen unter sich, konnte ich hören, wie er sagte: „Passt auf, der kippt bald um, der machts nicht mehr lange". Wo kam diese Feindschaft her? Was hatte ich ihm nur getan? Seit ich den Vertrag mit Petko geschlossen hatte, verhielt sich Hans mir gegenüber sehr feindselig.

War ich ...

... von Hans menschlich zutiefst enttäuscht, so konnte ich mich, zumindest in dieser Hinsicht, auf Holger verlassen. Er sprach nie schlecht über mich, selbst wenn andere versuchten negative Reaktionen von ihm mir gegenüber zu provozieren. Im Gegenteil, oft verteidigte er mich und sagte: „Ich kann den ganzen Lärm auch nicht immer haben".

Einmal hätte ich aber auch Holger umbringen können, weil er Petko, der vor lauter Sauferei morgens um drei wie tot in seinem Sessel eingeschlafen war, wieder weckte, um ihm zu sagen, er habe sich Sorgen um ihn gemacht. Doch das hatte nicht gestimmt. Es war Holger in diesem Moment nicht um Petko gegangen, sondern nur darum noch ein Bier zu bekommen. Ich war so froh gewesen endlich, endlich Ruhe zu haben, und was macht Holger? Er geht hin und weckt ihn wieder auf.

Keine Frage, ich mochte Holger, diesen „armen Irren", diesen liebevollen Menschen, der anderen niemals etwas zu leide tat, sondern „nur" sich zugrunde richtete, aber ich sah es auch bei ihm nicht ein, dass ich wegen ihm leide und ständig mit herabgezogen wurde.

In dieser schlimmen Zeit hatte ich die Schnauze dann so voll, dass ich mir sagte, ich rede im Obdachlosenheim mit keinem mehr. So eine Art stummer Protest, der daraus entstand irgendeine Möglichkeit zu finden mich auszudrücken und all die, die so rücksichtslos mir gegenüber waren, irgendwie einmal zum Nachdenken zu bewegen. Wenn ich nach draußen ging, egal wer es war, ging ich geradeaus schnurstracks weiter. Was wollten sie denn dagegen tun? Sie taten doch eh schon alles, bewusst oder unbewusst, um mir zu schaden. Das aber passte ihnen natürlich auch nicht. Ausgerechnet Nils regte sich am meisten auf. „Der grüßt nicht mehr", schrie er völlig empört. Als ob es ihm jemals darum gegangen wäre, gegrüßt zu werden. Was er wollte, war Unterwerfung.

Petko, der noch immer hin- und hergerissen war zwischen Vertragseinhaltung mit mir und zu tun, was die Meute verlangte, sprach nun ständig davon, dass es unmöglich sei mit jedem im Obdachlosenheim klar zu kommen. In seiner typischen ungewollt komischen Art murmelte er etwas von: „Ich hab zu Heiner gesagt, ich will hier unten mit keinem Streit, ich will hier unten mit jedem Freund sein, und Heiner hat gesagt, du kannst hier unten nicht der Freund von jedem sein, also hab ich gesagt, dann von jedem zweiten".

Nach etwa einer Woche gab ich meinen stummen Widerstand auf. Ich bemerkte, dass dieser gar nicht verstanden wurde, sondern nur noch mehr Missverständnisse erzeugte und mich als den Deppen dastehen ließ, der nur das bestätigte, was an Petkos und Hans Fenster über mich behauptet wurde.

Als Tom, Holger und Karl einmal zusammenstanden und mich ernsthaft fragten, was mit mir los sei, log ich und sagte, es hätte mit ihnen nichts zu tun, sondern ich hätte nur einen „Obdachlosenheimkoller", woraufhin alle verständnisvoll und nachvollziehend nickten. Holger sagte mir später, so wie in diesem Moment, habe er mich noch nie erlebt. Offensichtlich war meine Wut bis in die Haarspitzen erkennbar gewesen.

Warum hatte ich ihnen nicht offen gesagt, was los war? Weil es in meinen Augen keinen Sinn machte. Sie waren, und dazu kannte ich sie inzwischen alle zu gut, nicht in der Lage ihrem egoistischen Ausleben eine Grenze zu setzen, zumal auch sie täglich bei Petko am Fenster standen, um Musik zu hören und Bier zu trinken. Sie waren Teil des Systems, das mir das Leben so schwermachte.

Holger war ...

... zu dieser Zeit dennoch ein wichtiger Kontakt für mich, und ich war mir nicht sicher, wem es dreckiger ging, ihm, mit seinen tiefen Depressionen, oder mir. Hin und wieder versuchte ich mit ihm spazieren zu gehen, raus aus dem Mief der kleinen Wohnzelle, gemütlich, bisschen quatschen, nicht nur weil es ihm gut getan hätte, sondern auch mir, denn mit ihm konnte ich mich am besten unterhalten. Und wenn er es auch selbst für eine gute Idee hielt, kam es nur einmal zu einem längeren gemeinsamen Spaziergang.

Es war seltsam, auf der einen Seite ein Holger, mit

dem man wirklich gut reden konnte, auf der anderen ein sehr anstrengender Holger, der ständig auf den Boden schaute und ihn nach Dingen absuchte, die er mitnehmen und gebrauchen könnte. Ich vermutete, dass diese Angewohnheit noch aus seiner Zeit aus dem Leben auf der Straße herrührte, wo dieses Verhalten vielleicht lebensnotwendig war. Aber jetzt störte es mich gewaltig, weil es ständig den Gesprächsfluss unterbrach.

Richtig gut von Holger fand ich, dass er, als ich einmal zu wenig eingekauft und noch Hunger hatte, mir einen großen Teil der Waren, die er von der Speyerer Tafel hatte, abgab. Ging auch ich zur Tafel? Nein. Warum nicht? Weil ich es nicht musste. Und darüber war ich echt froh. Mir reichte es schon täglich die Armut im Obdachlosenheim mitanzusehen.

Meine bescheidenen finanziellen Verhältnisse, ich hatte, rein zum Leben, monatlich ca. 320 Euro zur Verfügung, waren nur deshalb etwas stabiler, weil ich nicht alkohol- und drogenabhängig war, wodurch ich das Geld wirklich auch für Lebensmittel ausgeben konnte. Ganz abgesehen davon, dass Matthias, wenn es am Monatsende zu eng wurde, und das wurde es oft, mich etwas unterstützte.

Einmal kochte Holger sogar für mich, was mich wirklich freute, zumal er ein passabler Koch war. Schon so lange hatte niemand mehr für mich gekocht, ohne dass ich dafür zahlen musste. Ich versuchte mich zu revanchieren, und als er erwähnte, dass er mit dem

Gedanken spiele, seine Erfahrungen mit Drogen und dem Leben auf der Straße aufzuschreiben und als Buch herauszubringen, lud ich ihm das sehr gute und kostenlose Textprogramm „Open Office" auf seinen kleinen Handheld PC, den ihm mal jemand geschenkt hatte,

Nicht nur hätte er damit wieder eine Aufgabe gehabt, er hätte sich auch einiges von der Seele schreiben können, zumal ich den Stoff für sehr lesenswert hielt und man in der heutigen Zeit keinen Verlag mehr braucht, der zur Veröffentlichung seine Zustimmung gibt, sondern die Bücher preisgünstig bei einer Publikations-Plattform selbst herausbringen kann.

Aber Holger benutzte den kleinen Computer nie. Es war so typisch für ihn. Viele gute Ideen, viele Pläne, aber niemals etwas davon umsetzen. Er konnte es einfach nicht.

Als Holger in dieser ...

... Zeit in Briefen schier erstickte und aufgrund seiner Depressionen keinerlei Termine mehr wahrnahm, bot ich ihm an zu helfen. Ich selbst kannte das Problem mit der Post und ließ mir von Matthias helfen, denn den Inhalt mancher Briefe verkraftete man einfach nicht mehr. Man zitterte schon beim Aufmachen. Für den anderen galt das nicht, weil er schlicht nicht davon betroffen war und das Ganze mit Abstand betrachten konnte.

Seine Bewährungshelferin hatte ihn schon zweimal angeschrieben und dringendst um einen Termin gebeten, wobei sie, so sagte mir Holger, beim dritten Mal die Befugnis hätte, dies als Verstoß gegen die Bewährungsauflagen zu werten, wodurch er wieder in den Knast hätte müssen, was er ganz und gar nicht wollte. Es war also allerhöchste Zeit, und mit Holgers Zustimmung rief ich mit seinem Handy bei ihr an. Ich leitete das Gespräch kurz ein, dann gab ich den Hörer an ihn weiter. Er entschuldigte sich bei ihr, und sie gab ihm einen neuen Termin, bei dem ich ihn, damit er ihn auch wirklich wahrnahm, begleitete.

Weil Holger seine Briefe aufgrund seiner schlechten inneren Verfassung nicht immer öffnen konnte, versäumte er viele Termine, weswegen er aufgrund von Sanktionen durch das Jobcenter oft auch weniger oder manchmal gar kein Hartz IV bekam. Ein Punkt, an dem diese, die eh schon fraglich sind, noch fraglicher werden, denn du liegst ja schon am Boden, und die Sanktionen machen es noch schwerer sich wieder zu erheben. Oftmals sind sie kontraproduktiv.

Einmal kam es sogar soweit, dass Holger einen Gerichtstermin hatte, aber nicht hinging. Doch die Richterin ließ ihn zu sich ins Gericht bringen. Morgens holte ihn die Feuerwehr aus seiner Wohnzelle. Da er aber immer mit Ohropax schlief, hatte er, zumindest sagte er es so, das Klingeln und Klopfen, das eigentlich geeignet gewesen wäre, Tote zu erwecken, nicht gehört, weshalb sie das Schloss aufbrachen und Holger die kaputte Tür bezahlen musste.

Petko, der das Ganze am Fenster gegenüber live verfolgt hatte, erzählte die Story an dem Tag jedem mindestens hunderttausendmal.

Für Holger ging die ganze Sache glimpflich aus. Er sagte mir, er wolle, dass die Richterin erkenne, dass er kein schlechter Mensch sei, sondern nur ein armer Narr. Und das tat sie dann wohl auch.

Völlig fassungslos ...

... war ich dann wieder einmal einige Tage später. Es war so gegen 3 Uhr nachts, als draußen endlich alles ruhig war und ich endlich einschlafen konnte. Gerade mal zwei Stunden später, um 5 Uhr morgens, wurde ich aber schon wieder geweckt. Willi latschte mit lauten Schritten über die scheppernde Treppe runter zu Petko, der offensichtlich wieder mal nicht schlafen konnte, um bei ihm jetzt um diese Zeit Käsekuchen zu essen und sich dabei laut mit ihm zu unterhalten.

Soweit war es jetzt schon. Die Feinde von einst waren jetzt auch noch zu Freunden geworden, und beide gingen mir gewaltig auf den Sack. Auch weil ich mir wieder mitanhören musste, wie sie über mich sprachen. Willi, der sich nun alleine durch die Anwesenheit von Nils erhoben fühlte, meinte zu Petko: „Der hat Angst vor Nils".

Nils schlechter Einfluss hatte nun auch Willi erfasst, mit dem ich mich bis dahin bestens verstanden hatte

und für den ich froh war ihn als umgänglichen harmlosen Nachbar zu haben. Doch nun begann er ebenfalls die Klappe aufzureißen.

Aufgrund der ständigen Störungen und dem hasserfüllten Gerede versuchte ich mich zu dieser Zeit so
wenig wie möglich im Obdachlosenheim aufzuhalten.
Ein, zwei Tage blieb ich bis spät in die Nacht in der
Stadt und setzte mich von Bank zu Bank, ohne etwas
zu tun zu haben. Es war sehr deprimierend. Oder ich
legte mich, um den fehlenden Schlaf nachzuholen,
nachmittags auf den Rasen eines Parks in der Nähe
des Rhein.

Einmal, kaum war ich eingenickt, weckte mich ein
Passant. Aus etwas Entfernung hatte er mich liegen
gesehen, und weil ich mich anscheinend eine Viertelstunde nicht bewegt hatte, sorgte er sich, ob ich noch
am Leben sei und wollte vorsichtshalber mal nachfragen. Er meinte es gut, und ich war ihm nicht böse,
aber manchmal war es echt zum Heulen.

Fast alle Versuche auch nur etwas Ruhe zu bekommen, scheiterten. In ganz Deutschland schien es für
mich keinen Platz zu geben.

Dann kam die ...

... Fussball-WM 2010, und die Geltungssucht von Nils
führte dazu, dass er den Bereich zwischen den beiden
Gebäuden zum Public Viewing verwandelte. Er hatte

seinen Fernseher samt Lautsprecherboxen nach draußen gestellt.

Ich hätte nichts dagegen gehabt und mich aus freien Stücken sicherlich auch ab und zu einmal dazugesetzt. Zwar war ich kein Fußballnarr, aber das ein oder andere Spiel hätte mich schon auch interessiert. Aber bei Nils wurde es zu einem Gruppenzwang, dessen Tenor war, dass jeder, der nicht dabei ist, eben ein Depp sei. Ein Außenseiter. Eine Haltung, wie ich sie oft auch in meinen Jobs kennengelernt hatte.

Jeder, der in seine Wohnzelle wollte, und dazu an der Fußball-Gemeinschaft vorbei musste, musste sich nun quasi rechtfertigen, warum er nicht auch dazukomme.

Natürlich stellte Nils den Fernseher so brachial laut, dass es zwischen den Gebäuden wie bekloppt hin und her schallte und jeden Bewohner über mehrere Stunden belästigte. Er kam nicht eine Sekunde auf die Idee, dass es im Obdachlosenheim auch Menschen geben könnte, die sich einen Dreck für Fußball interessierten und denen er das jetzt aufzwang. Einem größeren Narzissten wie ihm war ich nie begegnet.

Kaum war ...

... die WM vorbei, nervte jemand, mit dem ich am wenigsten gerechnet hätte. Lange Zeit hatte Karl sich mit Alkohol merklich zurückgehalten, doch an einem Tag war er so derart besoffen, gereizt und mies drauf, dass er die ganze Nacht vorm Fenster von Hans stand und herumschrie. Es war unmöglich zu schlafen. Es begann am frühen Abend und ging, sage und schreibe, die ganze Nacht durch bis morgens um zehn Uhr. Erst dann ging er zu Bett, und erst dann war Ruhe. Ich konnte die ganze Nacht wieder mal nur ungläubig den Kopf schütteln.

Mit Karl in diesem Zustand zu reden, war nicht möglich, dafür kannte ich ihn inzwischen viel zu gut. Nils allerdings nicht, er dachte, er hätte inzwischen genügend Einfluss im Heim und ging gegen 2 Uhr nachts raus zu Karl, um ihn zu bitten leiser zu sein, doch Karl schrie daraufhin noch lauter und ließ ihn abblitzen.

Ich fand es interessant, dass auch Nils mal seine Ruhe haben wollte, eine Ruhe, die er mir ja so oft verweigert und meinen Wunsch nach ihr lächerlich gemacht hatte. Warum hatte Nils denn jetzt nicht die Toleranz es Karl zu erlauben, soviel Lärm wie er nur möchte, zu machen? Aber das war ja klar, bei ihm war das natürlich etwas ganz anderes als bei mir.

Hans, sich durch Karl stark fühlend, drehte jetzt ebenfalls die Musik auf, was dann aber wiederum Nachbar Holger störte und er mit beiden Streit bekam. Hans redete daraufhin wieder von mir und meinte zu Holger: „Hat der da oben dich jetzt angesteckt, oder was?".

Nils miese Art hatte im Heim wirklich alles durcheinander gewirbelt und erinnerte mich stark an Destructivus aus dem Comic „Streit um Asterix", der, wo immer er auftaucht, nur Streit erzeugt und von Julius Cäsar gegen das „uns bekannte gallische Dorf" eingesetzt wird, um es doch noch zu erobern.

Karl schaute mich aufgrund seines nächtlichen Verhaltens in den nächsten Tagen an, als habe er ein schlechtes Gewissen. Aber ich verhielt mich so, als sei nichts gewesen. Ich stellte mich dumm und sagte, auch ich würde, wie Holger, beim Schlafen Oropax benutzen und nichts hören. Warum hätte ich etwas sagen sollen? Es machte einfach keinen Sinn, was zu sagen, sie machten eh, was sie wollten, oder besser, wozu sie vor allem durch die Sucht getrieben waren. Und mit ihnen sprechen oder Kompromisse schließen, naja, das hatte ich ja an Nils und Petko gesehen, wie „gut" das funktionierte.

Durch den Zuzug von Nils, und die sich durch ihn verschobene Balance, war alles seltsam geworden. Und wenn er dieses Mal seine Finger auch nicht im Spiel hatte, bekamen nun auch Dirk und Fred, die schon lange zusammen in einer Zelle wohnten, miteinander Streit. Dirk, den ich noch nie hatte schreien hören, schrie Fred an und warf ihn aus der Zelle heraus. Ich unterhielt mich später einzeln mit beiden. Für mich klang es so, als hätte es keinen wirklichen Grund für ihren Streit gegeben, außer dem, dass sie sich aufgrund der Enge und den fehlenden Rückzugsmöglichkeiten eben auf die Nerven gegangen waren.

Eines Tages musste Karl ins Krankenhaus, eine Operation stand an, und man sah ihm die Angst an. Gar nicht mal so sehr vor der Operation, sondern davor im Krankenhaus einem Umfeld mit anderen Regeln ausgesetzt zu sein. Doch alles verlief glimpflich, und er war froh bald wieder zuhause in seinem Obdachlosenheim zu sein. Und bei seiner geliebten Couch. Doch dann musste er nochmals rein, ja, sogar der Notarztwagen wurde gerufen.

Für mich sah es so aus, als würde der exzessive Lebensstil, den Karl Zeit seines Lebens geführt hatte, nun langsam aber sicher seinen Tribut fordern. Als er dieses Mal wieder aus dem Krankenhaus kam, überraschte er uns alle. Er hatte sich gegen den Rat der Ärzte selbst entlassen. Er war sehr ernst und auch auf mein mehrfaches Nachfragen nach einer Diagnose, konnte ich ihm außer einem Karl-typischen „Ich bin Maurer und kein Arzt" nichts entlocken. Schon lange machte ich mir Sorgen um ihn. Es war schlimm mitanzusehen wie Karl immer mehr abmagerte und kaum noch Appetit hatte.

Ich sprach dies bei einem Termin mit der Stadtverwaltung an und erwähnte auch Valentin, Karls Nachbarn, der ebenfalls immer mehr abgemagert war. Ich sagte: „Da sterben demnächst einige, wenn man nicht einmal etwas unternimmt". Natürlich waren meine Worte wieder mal in den Wind gequatscht. Wobei ich fairerweise dazu sagen muss, dass ich nicht gewusst hätte, was sie konkret hätten unternehmen sollen.

Hatte ich einige ...

... Zeit mit dem Gedanken gespielt, ich will nicht sagen, im Obdachlosenheim zu bleiben, aber es wäre mir nicht so dringend gewesen wieder wegzukommen, überlegte ich nun mich doch ernsthaft um eine neue Wohnung zu bemühen. Eigentlich wäre es mir am liebsten gewesen mich treiben zu lassen, bis sich von selbst etwas ergab.

Es war erst diese Widerlichkeit, verursacht vor allem durch Nils miesen Charakter, die mich schließlich dazu veranlasste, wieder den Willen einzusetzen. Etwas was ich gar nicht mehr gerne tat. Warum? Weil dann nie etwas dabei herausgekommen war.

Aber ich war jetzt wirklich an dem Punkt angelangt, an dem ich mich mit den Gegebenheiten des Obdachlosenheims nicht mehr auseinandersetzen wollte. Ein Gedanke, der mir nicht immer gefiel, weil er auch etwas von Flucht hatte. Mir wäre es lieber gewesen auch diesem schwierigen Ort gewachsen zu sein, was ich aber nicht immer war. Und auch das galt es zu berücksichtigen. Wollte ich warten bis ich wirklich nervlich zusammenbrach?

So bat ich Matthias, noch immer meine einzige Verbindung nach draußen, er möge mir bei der Wohnungssuche helfen, woraufhin er vorschlug eine Annonce im Internet aufzugeben. Eine gute Idee, wie ich fand. Was aber sollte in dieser Annonce stehen? Vielleicht „Hartz-IV-Empfänger, derzeit wohnhaft im Obdachlosenheim, sucht Wohnung"? Nicht so der Renner. Also schrieb ich „Buchautor sucht Wohnung". Das klang schon wesentlich gesellschaftskonformer. Und stimmte ja auch, denn ein Buch von mir war ja ganz offiziell erschienen und in jedem Buchladen erhältlich.

Ich hatte Bedenken, ob diese eine Anzeige reichen würde, vor allem nachdem ich gesehen hatte, wie viele Annoncen Gerd abklappern musste, um Erfolg zu haben. Wenn es regional auch unterschiedlich sein mag, so war es in Speyer und Umgebung längst nicht mehr so einfach eine Wohnung zu finden, vor allem wenn man Hartz-IV-Empfänger war und sie deshalb innerhalb der äußerst fragwürdigen weltfremden engen finanziellen Grenzen liegen musste, die das Jobcenter vorgab. Ganz zu schweigen vom problematischen Leumund, den man als ein solcher hatte.

Nach Wochen des Wartens bekam ich auf die Annonce eine einzige Antwort, und es kam zu einer Wohnungsbesichtigung. Im Grunde war diese Wohnung wie meine alte, aus der ich rausgeflogen war: Derselbe Schnitt, derselbe hässliche Hochhausbau. Dennoch hätte ich sie natürlich genommen, denn alles war besser als das Obdachlosenheim.

Obwohl ich eine feste schriftliche Kostenzusage des Jobcenters vorgelegt hatte, die auch die Dringlichkeit der Wohnungssuche bestätigte, denn das Obdachlosenheim war ja nur für „Notfälle" und Menschen mit einem schwierigen Hintergrund gedacht, und ich ihnen auch als Person sympathisch war, sagte mir der Vermieter nach Prüfung meiner Finanzen, für die er sogar einen Notar beauftragt hatte, ab, und das war gerade zu dieser Zeit für mich nicht leicht zu verkraften. Wenn sich erst Hoffnung aufbaut und man dann doch wieder ins Obdachlosenheim zurück muss. Ich wunderte mich aber auch, dass der Vermieter nicht noch eine Blutprobe von mir hatte haben wollen. Aber das mit dem „Autor" in der Suchanzeige war vielleicht auch mein Fehler. Zwar war es keine Lüge, musste aber in Bezug auf meine finanziellen Möglichkeiten doch einen anderen Eindruck erwecken.

Meine zweite Annonce war dann ganz offen: „Hartz IV Empfänger, ruhig, Nichtraucher, sucht kleine Wohnung oder möbliertes Zimmer". Und dieses Mal hatte ich wahnsinniges Glück. Eine ältere Dame meldete sich bei mir, die herzensgute 87-jährige Frau Alt, die in Speyer ein großes Haus besaß. Zum ersten Mal überhaupt hatte sie zusammen mit ihrer Enkelin ins Internet geschaut, um einen Nachmieter für ihren Jura-Studenten zu finden.

Sofort machten wir einen Besichtigungstermin aus, und alsbald saß ich zusammen mit ihr und ihrer Enkelin im gemütlichen Wohnzimmer und tranken gemeinsam Kaffee. Frau Alt verschwieg ich weder, dass ich Hartz-IV-Empfänger war, noch dass ich derzeit im Obdachlosenheim lebte. Sie, die durch den Zweiten Weltkrieg den Verlust ihres Hauses in Ostpreußen zu beklagen hatte und in Speyer von vorne beginnen musste, hatte verstanden, dass manches im Leben eines Menschen schief gehen kann und man darüber nicht leichtfertig urteilen sollte.

So war sie mir gegenüber sehr sozial eingestellt und schaute nicht darauf, wo ich herkam. Vielmehr war sie daran interessiert, wie es dazu überhaupt hatte kommen können. Ganz offen sagte sie: „Herr Scherer, wenn ich nicht Mieteinnahmen durch das Haus hätte, müsste auch ich von Sozialhilfe leben".

Natürlich legte sie auch Wert darauf, ob ich zuverlässig sei. Doch in der Hauptsache war ihr wichtig, ob ich ihr sympathisch war, und das war ich ihr. Alles andere war damit für sie geklärt.

Mit ihrer Zusage die kleine Wohnung an mich zu vermieten, ging ich zum Jobcenter. Dort gab auch die zuständige Sachbearbeiterin grünes Licht, weil die kleine Dachwohnung im vorgeschriebenen Rahmen lag.

Frau Alt war dermaßen fair auch die Mietkaution auf zwei sehr geringe Monatsmieten zu begrenzen, die das Jobcenter mir vorlegte und die ich zinsgünstig abstottern konnte.

Dann unterzeichnete ich den Mietvertrag und war happy. Und ich werde es Frau Alt niemals vergessen und ihr immer dankbar sein.

Es galt jetzt lediglich noch 15 Tage im Obdachlosenheim auszuhalten. Lächerliche 15 Tage. Ein Zeitraum, den ich mit links absitzen würde. Ein tolles Gefühl, wenn man unbedingt irgendwo weg möchte und dies dann auch tatsächlich kann. Ich war nun wie ein Arbeitnehmer, der die letzten Tage noch in der alten Firma arbeitet und bald in der neuen anfängt. Ich war unantastbar.

Sollten sie im Heim doch reden, was sie wollten, sollten sie doch Lärm machen, soviel sie wollten. Mich betraf es nicht mehr. Zur Not würde ich mich die restlichen 15 Tage in den Park legen und dort schlafen. Doch ich hielt alles geheim. Keineswegs wollte ich in Kenntnis von Nils miesem Charakter Gefahr laufen, von ihm doch noch zu einer Reaktion provoziert zu werden, mit der ich mir in den letzten Tagen doch noch alles versauen würde, etwa in einen gewalttätigen Konflikt verwickelt zu werden und dann vielleicht doch noch in den Knast zu wandern.

Jedes Mal, wenn ich in diesen letzten 15 Tagen Nils begegnete, grüßte ich ihn freundlich, denn er war mir so was von egal. Er würde bleiben müssen, ich konnte gehen, und alles, worum er in einer Rangliste, die nur in seinem Kopf bestand, gegen mich gekämpft hatte, würde nun zusammenbrechen.

Einmal besuchte ich noch Karl. Als ich auf die Rückseite des Gebäudes seiner Zelle ging, stand er gerade an seinem weit geöffneten Fenster. Er sah traurig aus, und nachdenklich. Ohne auch ihm zu sagen, dass ich bald ausziehen würde, gab ich ihm, dem alten Rocker, die Hand. Es war das letzte Mal, das wir uns sahen.

Wenige Tage ...

... später begann ich, zum ersten Mal seit ich ins Obdachlosenheim eingezogen war, meine Umzugskisten zu öffnen und alles wegzuwerfen, was ich nicht mehr gebrauchen konnte. Vieles konnte ich wegwerfen, und schließlich blieben nur noch sieben Kisten übrig.

Dann war es soweit. Wie abgemacht kam Matthias früh morgens um sieben Uhr mit einem geliehenen Kombi, und wir luden die Kisten ein. Es war sehr hektisch, und ich war furchtbar angespannt, denn ich wollte so schnell wie möglich weg sein, bevor die ersten aufwachen würden. Ich wollte keinem begegnen, auch nicht, damit Matthias in irgendeinen Konflikt reingezogen würde.

Die einzigen, die etwas mitbekamen, waren Hans und Frühaufsteher Willi. Hans schloss sofort das Fenster und Willi, dessen war ich mir sicher, würde nie wieder einen so angenehmen Nachbarn wie mich bekommen.

Dann war alles aus meiner Wohnzelle raus. Am nächsten Tag ging ich nochmals hin, um sie, wie mit Hausmeister Rainer abgemacht, besenrein zu fegen. Ich verabschiedete mich von ihm als einzigem. Dann ging ich noch zur Stadtverwaltung und sagte Bescheid, dass ich auszog. Und siehe da, das 3-Monate-Intervall war eh gerade abgelaufen. Es passte alles derart gut, wie es nicht besser hätte passen können. Ich konnte kaum glauben, wie gut das lief, war so viel in der letzten Zeit doch schief gelaufen.

Fast zwei Jahre hatte ich im Obdachlosenheim gelebt. Jetzt galt es erst einmal Abstand zu gewinnen und zur Ruhe zu kommen.

Bewusst nahm ich Friedas alten Regenschirm mit. Hans hatte ihn mir kurz nach ihrem Tod geschenkt. Der einzige Schirm, den ich aus Vergesslichkeit niemals irgendwo stehen ließ. Ich betrachtete die Mitnahme symbolhaft für sie aus der Hölle des Obdachlosenheims herauszukommen.

Die Zeit danach

Nach meinem Auszug besuchte ich das Obdachlosenheim nicht mehr, auch wenn ich Holger und Karl gerne wiedergesehen hätte. Es hätte mich zu sehr aufgeregt auch auf die zu treffen, die ich nicht mehr sehen wollte.

Karl starb, wie ich es schon befürchtet hatte, ein dreiviertel Jahr nach meinem Auszug. Hausmeister Rainer fand ihn leblos in seiner Wohnzelle. Er wurde 54.

Die zahlreichen CDs, die ich für Karl gebrannt hatte, fielen nach seinem Tod in Toms Hände. Etwas was nie beabsichtigt war. Weder von Karl, noch von mir.

Karl hatte mir gesagt, dass sie im Fall seines Todes an seinen besten Kumpel Udo gehen sollten, der ebenfalls auf diese Musik stand und ihn öfters im Heim besucht hatte. Doch nicht einmal Karls letzter Wille wurde zur Wirklichkeit.

Auch Dirk starb kurze Zeit später in etwa demselben Alter. Ihn hatte ich noch einmal zufällig in der Nähe meiner neuen Wohnung getroffen, wo er mit mir unbekannten Kumpels Bier trank. Einige kurze freundliche Worte hatte ich mit ihm noch gewechselt.

Hin und wieder traf ich auch Hans in einem Einkaufszentrum, und trotz seines miesen Verhaltens mir gegenüber, sprach ich auch mit ihm ein paar freundliche Worte. Er wurde zeitweise depressiv und verließ seine Wohnzelle nur noch selten. Schließlich wurde er sogar wieder verhaftet, um eine vierwöchige Strafe abzusitzen. Manchmal besucht er Friedas Grab.

Auch Tom traf ich wieder, und er wünschte mir Glück. Mein Eindruck war, dass auch er gerne weg würde, denn er fragte mich, wie ich es nur geschafft hätte eine Wohnung zu finden. Auf der anderen Seite aber weiß ich, dass Tom das Obdachlosenheim für seinen wilden Lebensstil braucht.

Auch Sven sah ich immer wieder mal in der Stadt, und wir wechselten ein paar Worte. Er besucht das Obdachlosenheim ebenfalls nicht mehr. Noch immer aber schläft er draußen, all sein Hab und Gut aufs Rad gepackt.

Fred sah ich öfters eher streunend in den Straßen und Parks der Umgebung. Manchmal begleitete ihn dabei eine Frau, die ich aber nicht kannte.

Ab und zu sah ich auch Petko, wie er seine tägliche Tour für das Flaschenpfand abfuhr. Zwei Jahre später verließ auch er das Obdachlosenheim und zog in eine andere Stadt. Ich hatte nie wieder mit ihm gesprochen.

Auch den jungen Kevin sah ich wieder. Es war reiner Zufall. Ich saß in einem kleinen Café in der Stadt, als ich sah, wie er vor der sich in der Nähe befindenden Stadtverwaltung von der Polizei in Handschellen abgeführt wurde. Immer wieder war er in das Gebäude hineingelaufen, obwohl er bereits mehrfach verwiesen worden war. Auch er wohnt nicht mehr im Obdachlosenheim, vielleicht aber wieder in der Psychiatrie.

Auch Hausmeister Rainer traf ich wieder, und wir wechselten ein paar freundliche Worte.

Den meisten Kontakt hatte ich zu Holger, weil er hin und wieder dasselbe Einkaufszentrum, wie ich aufsuchte. Nach dem unerwarteten Krebstod seiner geliebten Ex-Frau Barbara, die er immer nur „sein Mädchen" nannte, stürzte er noch tiefer ab. Alleine im einem Jahr machte er acht Entziehungskuren. Doch bereits auf dem Weg von der Klinik nachhause begann er wieder zu trinken.

Inzwischen zeigen sich die körperlichen Folgen seiner langen Drogen- und Alkoholsucht darin, dass er kaum mehr gehen kann und sogar einen Rollator benutzen muss.

Holger starb schließlich im Jahr 2018. Ein kurzer Bericht erschien im Lokalteil einer Speyerer Zeitung. Ich hatte ihn einen Tag zuvor noch vor meinem Einkaufszentrum gesehen, an dem er oft stand. Er hatte in den letzten Wochen seines Lebens sehr, sehr schlecht ausgesehen. Täglich trank er, so zumindest hörte ich es, 3 Flaschen Wodka.

Bleibt letzten ...

... Endes nur noch ein Wort zur Freiheit.

Auch wenn in jeder Umgebung geübt werden kann, so fiel es mir durch meinen Umzug in eine ruhige Wohnung und Umgebung sehr viel leichter Zazen zu praktizieren, d.h. in den Bereich der Stille (Leere) einzutreten.

Die Stille ist mein eigenes Sein.

„Mein" und „eigen" sind überflüssig.
Bleibt grenzenloses Sein.
Bleibt Sein.

Das ist Freiheit.

Sie war immer schon da, ich hätte sie nie suchen müssen. Aber um das zu verstehen, musste ich sie suchen.

Ralf Scherer

Gedanken zur Schaffung einer liebevollen Gesellschaft

oder: Die Verringerung der Armut

In diesem Kapitel möchte ich aus meinem geschilderten Lebensweg einige Dinge nennen, die ich zur Schaffung einer liebevollen Gesellschaft für erwähnenswert halte.

Sie sind quasi das Fazit meiner Erfahrungen mit Geld, Börse, Arbeit, Leiharbeit, Hartz IV, Armut, Obdachlosigkeit etc.

Man könnte die folgenden Ausführungen, in Anlehnung an die „Katholische Soziallehre" eines Oswald von Nell-Breuning (1890 - 1991), auch die „Zen-buddhistische Soziallehre" nennen.

Als ich, wie geschildert, 1998 Freiheit suchte, vermutete ich sie in Geld, und ich versuchte, um frei zu sein, soviel Geld wie möglich zu machen.

War dies falsch? Oder anders gefragt: Liegt Freiheit überhaupt im Geld?

Um diese Frage zu erörtern und aufzuzeigen in welche Richtung eine Antwort gehen könnte, möchte ich zunächst darauf eingehen, warum Geld und Freiheit leicht verwechselt werden können.

Zunächst zur Freiheit:

Man könnte sagen, Freiheit ist an nichts (an)gebunden. An keine Dinge gefesselt. Das was an keine Dinge gebunden ist, ist los (frei) von allen Dingen. Es ist bedingungslos. Es ist also nicht relativ. Was aber nicht relativ ist, ist absolut[2] und könnte daher Gott genannt werden.

Es wäre daher besser zu fragen, warum Geld und Gott leicht miteinander verwechselt werden können.

Gott ist also ungebunden, d.h. einzig an Gott gebunden. Damit ist er seine eigene Bindung. Seine Bindung ist in sich.

Aber auch Geld besitzt eine gewisse Ungebundenheit. Deutlich wird sie, wenn ein Mensch, etwa zu Weihnachten, einen anderen Mensch beschenken möchte, aber weil er kein geeignetes Geschenk weiß, Geld verschenkt.

Der Beschenkte kann sich mit dem Geld dann das kaufen, was ihm gefällt. Der Schenkende läuft also nicht Gefahr, das falsche Geschenk zu kaufen. Eines, das dem Beschenkten nicht gefällt.

---

2 Wird das Absolute geteilt, ist der Teil nach wie vor das Ganze. Gott ist damit unteilbar, denn auch ein Teil von ihm ist Gott. Im Absoluten kann also ein Teil nicht relativ zum anderen stehen. Sie können nicht in Relation zueinander sein. Die Teilung des Absoluten ist damit ohne Wirkung. Das Nach ist das Vor. Das Absolute bleibt unangetastet (unberührt).

Wird Geld verschenkt, so ist in diesem Sinne das Geschenk immer richtig, also niemals falsch, was auf eine gewisse Fehlerlosigkeit, d.h. Absolutheit, des Geldes hinweist.

Man sagt dann, dass Geld zu verschenken, unpersönlich sei, was nichts anderes heißt, als dass es eben nicht an eine Person, an ein Subjekt, gebunden ist.

Indem es also jedem gerecht wird, besitzt Geld diese hohe Anpassungsfähigkeit. Geld passt jedem.

Und das muss auch so sein, damit Geld kompatibel und für den Kauf der Dinge zweckmäßig ist. Geld ist der gemeinsame Nenner aller. Ein Nenner, auf den sich alle geeinigt haben. Ein Nenner, den jeder versteht. Geld versteht jeder.

In dieser Hinsicht ist also das Verwechseln von Gott und Geld nicht verwunderlich. Auch nicht, dass manche Menschen eher das Geld anbeten und nicht Gott. Und auch der Spruch der Bibel *„Ihr könnt nicht Gott und dem Mammon dienen"* (Matthäus 6,24) weist auf diese Nähe hin.

Stellt nun eine Gesellschaft statt der Freiheit, die Gott ist, Geld in den Mittelpunkt ihrer Betrachtung, so ist sie neoliberal und meint eine Freiheit des Egoismus, einen entfesselten Egoismus. Einen sich verbreitenden Egoismus.

Oder anders ausgedrückt: Der Neoliberalismus unterwirft sich dem Geld, wohingegen die wirkliche Freiheit das Einssein mit Gott ist.

So sollte Gott der gemeinsame Nenner aller sein, nicht das Geld, damit eine Gesellschaft eine freie, eine liebevolle, ist. Und nur dann beruht Freiheit nicht auf der Unfreiheit des anderen, sondern die Freiheit ist aus sich heraus frei.

Selbstverständlich meine ich - für den, der diese Klarstellung braucht - mit Gott nicht eine Vorstellung von ihm. Etwa die eines alten gütigen Mannes mit langem weißen Bart. Auch nicht die eines schönen Sonnenuntergangs, sondern das genannt, das jenseits aller Vorstellungen, aller Gedanken, aller Definitionen liegt. Das jenseits aller Sinneswahrnehmung[3] ist, d.h. das Sein der einzige Sinn ist.

Ich meine mit Gott also das, das nicht umrandet ist. Das, das eigenschaftslos ist. Das, das nicht formuliert ist. Das damit auch namenlos ist und Gott der Name dieser Namenlosigkeit ist. Ein Name, der keiner ist. Ein Nicht-Name.

Ich meine den, der weder männlich noch weiblich ist und doch beides im selben Moment.

Ich meine den, der unverursacht ist. Den, der aus sich

---

3 Oder anders ausgedrückt: Jede Wahrnehmung wird (bejaht und) verneint bis sich das Nein auflöst und alle Dinge, und damit das Leben, bejaht werden. Dies ist, nur um es zu erwähnen, die Arbeitsweise des berühmten Kôan Mu.

heraus ist[4]. Den, der ungeboren ist und niemals stirbt. Den, der ewig (zeitlos) ist.

Ich meine den, der sein eigener Widerspruch ist. Den, bei dem zwei eins ist.

Ich meine mit Gott das (reine) Sein[5].

Nun besitzen Geld und Gott also eine gewisse Nähe zueinander, aber sie sind dennoch nicht dasselbe. Was ist es, was Geld nicht kann, dafür aber Gott?

Der Unterschied liegt darin, dass es Dinge gibt, die man nicht kaufen kann. Die unverkäuflich sind, die unbezahlbar sind, die keinen Preis benennen. Welche sind das? Etwa die Liebe. Sie kann man sich nicht kaufen. Auch nicht das Glück. Oder die Gesundheit. Die Jugend. Auch kann man Gott nicht kaufen. Übrigens der Grund, warum Gott niemals korrupt ist. Man kann auch keine Überzeugungen kaufen. All dies sind Dinge, bei denen Geld keine Rolle spielt, ja manchmal vielleicht sogar stört.

Weil es also Dinge gibt, die kein Preisschild besitzen, sind sie umsonst, etwa der Tod. Auch die Liebe gibt es umsonst, wenn sie Liebe ist. Gott gibt es umsonst, wenn es Gott ist. Weil Gott umsonst ist, macht er kei-

---

4 Weil Gott sich also aus Gott erhebt, darf Geld sich nicht aus Geld erheben (generieren). Geld für sich arbeiten lassen und von Zinsen zu leben, ist fragwürdig.

5 s.a. Johann Gottlieb Fichte (1762 - 1814): *„… denn die Freiheit oder das Wissen ist das Seyn selbst"*

nen Unterschied zwischen arm und reich. Jeder erhält Zugang zu ihm. Jeder kann sich Gott leisten. Niemand ist ausgeschlossen.

Mag Geld also kompatibel zu allen Menschen sein, so ist doch Gott die höchste Kompatibilität zu den Dingen, und zwar indem er die Dinge selbst ist, er sie durchdringt (transzendiert).

Wird Gott, wie bereits oben erwähnt, in den Mittelpunkt aller Betrachtung gestellt, d.h. bei jeder noch so kleinen Entscheidung nicht gefragt, wie viel „Zaster" ich machen kann, sondern ob sie im Sinne Gottes ist, so wird eine Gesellschaft liebevoll, d.h. gerecht und sozial.

Die Verteilung des Geldes ist dann eine absolute, keine relative, d.h. nicht der Egoismus verteilt, sondern die Unteilbarkeit, was wiederum heißt, dass die Gerechtigkeit verteilt. Durch diese Nicht-Verteilung würde sich eine andere Verteilung ergeben als diejenige, die derzeit erfolgt, in der nur ganz ganz wenige Menschen sehr sehr viel besitzen. Die Teilhabe der Menschen an den Dingen (Güter) der Schöpfung wäre eine sehr viel bessere. Es gäbe eine bessere Balance zwischen Arm und Reich.

Zur Verringerung der Armut wäre dies ein wichtiger Punkt. Egoistische Menschen, d.h. Menschen deren Ego den Blick auf Gott verdeckt, sollten also nicht über viel Geld verfügen. Geld ist bei denen in den besten Händen, die ihr Ego abgelegt oder zumindest verringert haben. Menschen, für die Menschlichkeit kein Fremdwort ist.

Gott in den Mittelpunkt einer Gesellschaft zu stellen hat natürlich Auswirkungen auf die Staatsform. Wenn also das Gegenteil des Egoismus herrscht, und einzig das ist Demokratie, dann wird die Staatsform formlos. Tatsächlich wird der Staat dabei vernichtet, nicht aber in einem destruktiven Sinne, was dann Anarchie wäre, vielmehr in dem Sinne, dass der Staat so unauffällig (still) wird, dass ihn keiner sieht. Er ist da, ohne da zu sein. Ohne (leer) ist sein Dasein.

Der Staat ist dann wie ein guter Schiri beim Fußball. Einer, der wichtig ist, sich aber nicht wichtig tut. Der weder auf der einen noch anderen Seite steht, und dies von beiden anerkannt und befürwortet wird und damit eben doch auf beiden Seiten steht.

Nun zu einem weiteren Gedanken.

Als ich, wie im Buch geschildert, an der Börse gescheitert war und statt Millionär zu werden, Hartz IV Empfänger wurde, wurde ich da von meiner inneren Überzeugung her vom Kapitalisten zum Sozialisten? Verteufelte ich nun den Kapitalismus?

Nein, das nicht, aber ich wurde gegenüber dem Kapitalismus kritischer. Was mir aber zusagte, war die „kapitalistische Art", die quasi eine Psychoanalyse betrieb. Zu sehen etwa in banalen TV-Kochshows.

Kochshows? Sicherlich kennt jeder diese Kochshows, in denen ein Restaurant nicht gut läuft, ja vielleicht sogar schon vor der Pleite steht, und ein erfahrener Restaurant-Unternehmer und Spitzenkoch um Hilfe gebeten wird. Leute wie Gordon Ramsay oder Christian Rach.

Er schaut sich die Strukturen und Abläufe des Restaurants an und sieht, wo es hakt. Wo quasi der Fluss unterbrochen ist. Manchmal liegt es daran, dass der Koch ein großer Narzisst ist und meint, er sei der beste Koch der Welt, obwohl die Gäste ausbleiben, weil ihnen das Essen nicht schmeckt. Manchmal liegt es an der unfreundlichen Bedienung, oder an der schlechten Kommunikation zwischen Küche und Service etc.

Der zu Hilfe gerufene Fachmann sieht also wie die Realität ist, wie die Dinge wirklich liegen und schaut nach dem Widerspruch, den man wie folgt formulieren könnte: Werter Superkoch. Wenn also das Essen, das du kochst, so gut ist, wie du sagst, wie kann es dann sein, dass es so wenigen Gästen schmeckt, sie sich beschweren oder einfach wegbleiben. Wie „großer Koch" erklärst du dir das?

Der Fachmann schaut also was ist, nicht was mancher meint, das sei. Er befreit das Vorgefundene von den subjektiven Meinungen und versucht eine Objektivität herzustellen, die meinungsunabhängig ist. Dies gelingt ihm umso mehr er selbst das Subjekt, die Meinung über sich, abgelegt hat, d.h. ichlos geworden ist.

Nur dann überblickt er das Ganze und nicht nur Teilabschnitte. Es bedeutet aus den Augen Gottes zu sehen, aus der Nicht-Perspektive.

Fachmann oder Experte ist also einzig der, der sich selbst kennt. Gut ist, dass er von außen kommt, also nicht Teil der destruktiven Strukturen ist. Besser aber, wenn er eins mit Gott ist. Dann gehört er dazu und doch nicht. Er ist innen und doch außen vor und durchdringt die Situation ganz.

Könnte das zum Restaurant Beschriebene auch ein Mittel für die Politik sein? Jedenfalls sagt der Fraktionschef der CDU Volker Kauder, wohl in Anlehnung an Kurt Schumacher (SPD): „Politik beginnt mit dem Betrachten der Wirklichkeit."

Selbstverständlich ist dem zuzustimmen, wobei man hinzufügen könnte, dass alles mit dem Betrachten der Wirklichkeit beginnt. Das ist Realpolitik.

Die Wirklichkeit zu betrachten, heißt Gott zu betrachten und ergibt ein Wissen, das nicht durch Bücher angelesen, sondern nur in sich selbst erfahren werden kann. Dieses Wissen ist keine Intelligenz, sondern Weisheit und alle Bildung in den Schulen ist auf letzteres auszurichten. Es ist ein Wissen, das nicht weiß, und steht damit in bester sokratischer Tradition. Es ist ein Wissen, das der Mensch selbst ist. Es ist in ihm.

Dieses Wissen ist kein lexikalisches, kein auswendig

gelerntes, angesammeltes. Es ist nicht nachgeplappert, ist keine Phrasendrescherei, sondern findet seine eigenen Worte. Nur weil jemand beispielsweise die Bibel auswendig lernt, bringt ihn das Gott keinen Millimeter näher. Er hat das auswendig Gelernte innerlich ja nicht nachvollzogen. Umgekehrt aber weiß der, der Gott erkannt hat, was in der Bibel steht, ohne sie auch nur ein einziges Mal gelesen zu haben.

Hierzu ein Zitat des großen Zen-Meisters Bassui Tokusho (1327 – 1387):

Einem jeglichen Menschen wohnen die Sûtras[6] inne. Erblickst Du Dein Selbst-Wesen auch nur einen Nu, kommt es dem Lesen und Verstehen aller Sûtras gleich, und auch der kleinste Punkt bleibt nicht ungelesen, und ohne dass Du dabei auch nur ein Sûtra in der Hand hieltest oder ein Schriftzeichen läsest. Ist das denn nicht wahrhaft «Sûtra-Lesen»?

Alle Bildung ist auf die Selbsterkenntnis auszurichten. Weg vom stumpfsinnigen Ansammeln von Wissen. Hin zum selbständigen, zum freien Denken.

Interessanterweise werden durch die Bildung, die Weisheit ist, dann auch Mathematik und Physik besser verstanden, etwa die Problematik rund um Pi und dessen Transzendenz. Auch die Zusammenhänge im

---

6 Sûtra. (Skt.) (Jap. kyô): wörtliche Bedeutung dieses Sanskritwortes: Leitfaden. Die Sûtras sind die buddhistischen Schrifttexte, d. h. sie haben die Gespräche und Predigten des BUDDHA ŚÂKYA-MUNI (Siddharta Gautama, 563 - 483 v. Chr.) zum Inhalt.

Einheitskreis, Stichworte Sinus und Kosinus. Ebenfalls wird verstanden, warum der Physiker Heisenberg eines seiner Bücher „Der Teil und das Ganze" nannte. Oder auch warum Einstein seiner berühmten Theorie den Namen „Relativitätstheorie" gab.

Ganz zu schweigen davon, dass Strukturen in Sprachen besser erkannt werden, also ob Ding und Begriff des Dinges übereinstimmt.[7]

Das Betrachten der Wirklichkeit ist das, was die falschen, d.h. die destruktiven, die den Fluss verhindernden Strukturen heilt, also die Dinge wieder ins Laufen, ins Fließen, bringt. Und damit wieder eine Verbindung herstellt. Im Falle der Kochshows, zu den Gästen. Geben und Nehmen werden wieder eins. Der Gast bezahlt und bekommt dafür den Gegenwert, für den er zu zahlen bereit war.

Die Herstellung der Verbindung zwischen den Dualen, hier Geben und Nehmen, ist das Soziale. Die Trennungen (Klassenunterschiede) werden aufgehoben. Oder anders ausgedrückt: Die Gegensätze von Arm und Reich verringern sich. Die Schere schließt sich. Die Mitte wird gestärkt. Extreme, auch politische, werden

---

7 s.a. Friedrich Nietzsche (1844 – 1900): *„Wir glauben etwas von den Dingen selbst zu wissen, wenn wir von Bäumen, Farben, Schnee und Blumen reden und besitzen doch nichts als Metaphern der Dinge, die den ursprünglichen Wesenheiten ganz und gar nicht entsprechen."*

geschwächt. Gott wird zur einzigen Klasse. Sie ist wie ein Kreis, in dem oben und unten überwunden ist.

Was mir also an dieser „Art" von Kapitalismus gefällt, ist dass erst die Wirklichkeit erkannt werden muss, damit das Restaurant läuft, sprich Erfolg und Gelderhalt einsetzen. Es muss erst der Egoismus verringert werden. Der Narzissmus abgelegt werden.

Das Geld des Restaurants kommt so nicht durch schlechtes Essen und Service zustande. Aus dem Schlechten generiert sich dann kein Geld. Das ist gesunder Kapitalismus. Gott und Geld entsprechen einander.

Geld ist also nicht an Gold zu binden (USA[8]), auch nicht an die Arbeitskraft des Menschen (Drittes Reich[9]), sondern an die Wirklichkeit, kurzum an Gott. Dies kann und muss eine Gesellschaft, die nicht von Geld beherrscht werden will, fordern.

Es sollte zum Gelderhalt also eine Voraussetzung, eine Bedingung, geben, die quasi sagt: Sei ein guter Mensch, d.h. ein menschlicher Mensch. Wie? Indem du die Wirklichkeit erkennst.

Oder anders ausgedrückt: Die Bedingungslosigkeit

---

8 Goldstandard (USA) bis 1973
9 Laut einer Rede Adolf Hitlers (1889 – 1945) aus dem Jahr 1940 vor den Arbeitern der Borsigwerke zum Goldstandard: *„Wenn wir schon kein Gold haben, dann haben wir Arbeitskraft. Und die deutsche Arbeitskraft, das ist unser Gold ..."*

muss die Bedingung sein, um Geld zu erhalten.

So habe ich etwa mit dem bedingungslosen Grundeinkommen, das immer wieder diskutiert wird, ein Problem.

Nicht für Menschen wie mich, also einen Menschen, der an vielen Dingen Interesse hat. Für mich wäre das bedingungslose Grundeinkommen besser gewesen als das fordernde Alg II, denn es waren die grauenvollen Möglichkeiten der „Hartz-Gesetze", die mir, als ich arbeitslos wurde, Angst machten und mich blockierten und die Dinge für mich verschlimmerten. Sogar so schlimm, dass ich durch meine Blockade und der mit ihr verbundenen Untätigkeit die Wohnung verlor. Eine existenzsichernde Zahlung an keine Bedingung geknüpft, hätte mir sehr geholfen. Und nach einiger Zeit wäre ich von alleine, d.h. aus mir heraus, aktiv geworden und hätte mich darum bemüht, wieder auf eigenen Beinen zu stehen. Hier macht das bedingungslose Grundeinkommen in meinen Augen Sinn. Quasi eine Hilfe zur Selbsthilfe.

Aber ich sehe es problematisch bei Menschen, die innerlich so öde sind, dass sie an gar nichts Interesse haben. Menschen, die völlig unproduktiv sind. Die gar nichts tun.

Bei ihnen bestünde die Gefahr, dass durch eine bedingungslose Geldzahlung eine falsche Konditionierung stattfindet. Eine, die sie weiterhin in der inneren Öde hält und für diese sogar belohnt. Sie sich so nie einmal aufraffen, etwas zu tun und diese Zahlung für sie zu einem Dauerzustand wird.

Dies war, so denke ich, auch die Befürchtung des ehemaligen SPD-Vorsitzenden Franz Müntefering, als er den umstrittenen Satz sagte, dass der, der nicht arbeite, der nichts tue, auch nicht essen solle. Und wenn er auch nicht davon spricht das Essen an eine Bedingung zu knüpfen, so fordert Ferdinand Lasalle, ein Gründervater der SPD, doch, dass Arbeiter nur sei, wer den Willen habe, sich in irgendeiner Weise für die Gesellschaft nützlich zu machen.

Ich würde Lasalle darin zustimmen.

Aber man muss auch genau hinschauen, um welches Nichtstun es sich handelt. Handelt es sich um die unproduktive Öde oder um die wertvolle fruchtbare Leere? Geht es also um das relative Nichts oder um das absolute Nichts?[10]

Zur Klärung möchte ich an dieser Stelle einen Dialog mit dem großen indischen Heiligen Sri Bhagavan Ramana Maharshi (1879 – 1950) anführen:

Ein Ausspruch von Laotse aus dem Tao Te King wurde in der Halle vorgelesen: »Durch sein Nichttun regiert der Weise alle.«

---

10 Die Geldschöpfung darf nur aus dem absoluten Nichts erfolgen, nicht aus dem relativen Nichts. In letzterem fehlt der Bezug zur Produktivität. Das aus dem relativen Nichts geschaffene Geld ist faul (öde).

Sri Bhagavan bemerkte: »Nichttun ist unaufhörliche Aktivität. Der Weise zeichnet sich durch ewige und unaufhörliche Aktivität aus. Seine Stille ist wie der scheinbare Stillstand eines schnell rotierenden Kreisels. Er bewegt sich zu schnell, als dass es das Auge sehen könnte, und so scheint er still zu stehen. Dennoch rotiert er. So verhält es sich mit der scheinbaren Inaktivität der Weisen. Man muss das erklären, weil die Leute im Allgemeinen Stille fälschlicherweise für Trägheit halten. Dem ist nicht so.«

Der Weise tut also absolut nichts und ist höchste Produktivität. Der öde Mensch tut relativ nichts, er ist unproduktiv, an nichts interessiert, langweilig, faul, träge.

Klar ist, dass der Mensch umso produktiver, sprich lebendiger ist, je geringer sein Ego ist. Das reine Sein, d.h. die Ichlosigkeit, ist die höchste Produktivität. Deshalb ist der, den man heilig (Jnani) nennt, wenn er still sitzt, höchst produktiv, obwohl er keinen Finger rührt. Alleine indem er ist, macht er sich für die Gesellschaft nützlich.

Der das nicht verstehen kann, würde den dasitzenden Weisen, den höchst produktiven, als faul bezeichnen. Und damit in seiner Beurteilung so falsch liegen, wie man nur falsch liegen kann.

Die Arbeit, die also jeder Mensch im Leben zu bewältigen hat, ist zu sein. Dann hat er etwas geleistet. Dann war er wirklich produktiv. Es ist der Dialog: „Was willst du denn mal werden?" „Der ich bin".

Es sollte also nicht die Arbeit in den Mittelpunkt gestellt werden, sondern das Sein[11], kurzum Gott. Wieder einmal läuft alles auf ihn hinaus. Dann würde in einer Gesellschaft nicht nur der Arbeitende etwas zählen, sondern auch der Arbeitslose, der Hartz-IV-Empfänger.

Überhaupt sollte sich eine Gesellschaft nicht über die Arbeit definieren. Schon gar nicht, wenn es wegen der sog. Industrie 4.0 zu einem Wegfall vieler herkömmlicher Arbeitsplätze kommen könnte. Aber wenn nicht über die Arbeit, über was dann? Über das, das nicht definiert werden kann.

Und man muss auch dazu sagen, nur weil jemand in einem Arbeitsverhältnis steht, heißt das noch lange nicht, dass er arbeitet. Dass er wirklich produktiv ist. Etwa der angestellte Arzt im Krankenhaus, der bei der Diagnosestellung nicht das Wohl des Patienten im Auge hat, sondern das Geld und nur wegen letzterem zu einer Operation rät. Oder meinen früheren Bekannten Matthias, der zwar selbst nichts dafür konnte, aber über Jahre hinweg in seiner Firma bei vollem Lohnausgleich lediglich noch körperlich anwesend sein musste. Und eine ganze Zeit lang nicht einmal das.

---

11 Auch der Nazispruch „Arbeit macht frei" bedarf einer Berichtigung. Es ist nicht die Arbeit, die frei macht, sondern das Sein, das die Arbeit ist. Dies wäre der wirkliche „Goldstandard".

Umgekehrt mag mal etwas Gammeln eine willkommene und sogar produktive Abwechslung sein, quasi eine Auszeit, um sich neu zu orientieren. Aber kein Mensch, der innerlich gesund ist, will ewig herumgammeln. Für ihn ist das Gammeln irgendwann anstrengender als jede Arbeit. Er will etwas produktives tun. Er will etwas mit seinem Leben anfangen. Er will etwas sein.

Aber man muss natürlich auch sehen, dass selbst für die, die innerlich gesund sind und etwas produktives tun möchten, die Arbeit in den letzten Jahrzehnten sehr widerlich gemacht wurde. Vor allem durch die Agenda 2010, die viel zu sehr vom Neoliberalismus geprägt ist und die Position des Arbeiters stark geschwächt hat.

So kann sich unter Bekannten durchaus der folgende Dialog ergeben: „Du, der Schmidt, der hat nen neuen Job. Da muss er richtig ranklotzen." „Ach komm, der schafft doch gar nicht. Dem machts doch Spaß". Wenn Arbeit Spaß macht, wird sie von vielen gar nicht als Arbeit betrachtet. Man bringt also Spaß und Arbeit nicht mehr in einen Zusammenhang. Ein Armutszeugnis, dass es soweit kommen konnte und Arbeit, die ja durchaus das edle Tun sein kann, durch den Neoliberalismus derart entwertet wurde. Und eine Gesellschaft muss aufpassen, dass Arbeit nicht nur noch widerlich, d.h. unproduktiv, ist und zu Recht keiner mehr Lust zum Arbeiten hat.

Es ist ja nicht nur, dass oft miserable Löhne bezahlt

werden oder Praktikanten gar keinen Lohn erhalten, oder dass, selbst für Akademiker, oft nur befristete Verträge abgeschlossen werden, die jede (Familien)Planung unmöglich machen, oder dass die inzwischen weit verbreitete Leiharbeit den unverwechselbaren einzigartigen Mensch zum völlig beliebig Austauschbaren degradiert, sondern auch dann, wenn eine Tätigkeit mal Spaß macht, wie mir damals das Programmieren und auch Lohn und Vertrag akzeptabel sind, es einem durch ein egoistisches Arbeitsumfeld vermiest werden kann.

Gerade auch das Mobbing ist dazu geeignet. Und ich glaube nicht, dass man es durch Gesetze in Griff bekommt, sondern nur durch Menschen, die liebevoll sind, die beispielsweise den Neid überwunden haben und Anderen Erfolg gönnen können. Menschen, die nicht immer recht haben müssen.

Es gibt nun mal Missstände in einer Gesellschaft, denen mit Gesetzen nicht beizukommen ist. Bei denen Gesetze unzureichend sind. Unpraktikabel sind. Ein Verbot etwa des Mobbing oder auch des Rassismus ist nur die Behandlung von Symptomen, nicht aber eine wirkliche Veränderung der Gesellschaft. Der Konflikt schwillt unter dem Verbot weiter. Menschen müssen zu Überzeugungen gelangen, damit sie sich ändern. Es muss ihnen einleuchten. Ihnen sollte näher gebracht werden, warum es gut für sie ist, sich um Gott zu bemühen.

Es ist geradezu tragisch, dass Gott, so wie er zu verstehen ist, nämlich jenseits des Verstehens, durch die Religionen so in Verruf gebracht wurde. Ja, so sehr sogar, dass weithin eine Teilung in weltlich und geistlich stattfand, was impliziert, dass das Weltliche Gott nicht mehr braucht. Der Glaube Gott durch Technik ersetzen zu können, ist ein Irrtum. Man wird, außer der Transzendenz, keinen Algorithmus finden, durch den das Unbeschreibliche, das Gott ist, beschrieben werden kann.

Auch der Mindestlohn ist etwas, bei dem eine gesetzliche Regelung nicht die beste Lösung ist. Weitaus besser wäre es, wenn der nicht egoistische Unternehmer von sich aus Löhne zahlen würde, die eine gesetzliche Regelung überflüssig machen würde. Auch hier gilt: Es ist besser nicht zu töten, nicht weil es durch ein Gesetz verboten ist, sondern weil der Mensch das Töten nicht in sich findet und dadurch ein Gesetz eher überflüssig wird. Dann wird Gott zum Gesetz (Gebot).

Selbstverständlich muss der Unternehmer auch in der Lage sein entsprechende Löhne zahlen zu können. Hierbei darf es aber kein Vergleich mit dem, sagen wir mal, chinesischen Wanderarbeiter geben, der nur einen Hungerlohn erhält und zu zehnt in einem am Arbeitsort beigestellten Container wohnt. Einen Vergleich darf es nur mit Gott geben. Ein Unternehmer darf einzig mit dem Konkurrenzlosen, sprich Gott, konkurrieren. Gott ist der Maßstab, an dem sich alle Dinge bemessen, auch der gerechte Lohn. Nur so kann eine Globalisierung gelingen.

Was wäre sie? Wäre sie internationaler Sozialismus, wie der Kommunismus? Nein. Wäre sie nationaler Sozialismus? Ein auf die Nation begrenzter Sozialismus wie im Dritten Reich? Nein. Sie wäre weder Sozialismus noch Kapitalismus.

Auch wäre sie nicht „America (USA) first". Oder „Germany first" oder „China first".

Sie wäre aber „Gott first".

Der, der von vorne wie von hinten der Erste ist, also Erster und Letzter, stünde auf dem Platz, der ihm zusteht. Dem Platz, der eine gerechte Hierarchie unter den Nationen ermöglicht. Eine stufenlose Abstufung. Dann wäre die Welt ohne Nation, d.h. alles Gottes Land. Die Nationen wären noch immer da, aber die Teile, und damit jede einzelne Nation, würde(n) zum Ganzen. Alle Nationen aufsummiert würden 1 ergeben.

Dieses Gottes Land, diese globale Nation, wäre eine liebevolle Welt. Eine, in der die Relativität, der Konflikt zwischen oben und unten, zwischen arm und reich, überwunden wäre. In ihr wären nicht alle Menschen gleich[12], sondern eins. Das Eine, d.h. Gott, wäre

---

12 Die Gleichheit statt des Einsseins war der Fehler des Kommunismus. Die Gleichheit ist der relative Durchschnitt, das Einssein der absolute Durchschnitt. Letzterer ist „jeder Mensch nach seinen Möglichkeiten", wobei das Pronomen „Seine" Gott meint, d.h. den, der das „Ein und Alles" ist. „Seine" wäre damit ein besitzloses Besitzpronomen, ein Nicht-Pronomen.

in allem und entspräche, um erneut auf ihn zurückzukommen, der Aussage von Ferdinand Lasalle: *„„Arbeiter sind wir alle, insofern wir nur eben den Willen haben, uns in irgendeiner Weise der Gesellschaft nützlich zu machen. Dieser vierte Stand, in dessen Herzfalten kein Keim einer neuen Bevorrechtung mehr enthalten ist, ist eben deshalb gleichbedeutend mit dem ganzen Menschengeschlecht. Seine Sache ist in Wahrheit die Sache der gesamten Menschheit. Seine Freiheit ist die Freiheit der Menschheit selbst. Seine Herrschaft ist die Herrschaft aller"*.

Kurzum, in der gerechten Globalisierung wäre Geld nur ein Mittel zum Zweck. Es würde mit Gott nicht konkurrieren.

Ebenfalls der liebevollen Gesellschaft abträgliche Dinge sind Alkohol und Drogen. Im Obdachlosenheim hatte ich tagtäglich erlebt, wie diese auch die kleinsten Strukturen des Produktiven behinderten und zerstörten. Wie sie es unmöglich machten etwas zu bewahren. Auch ihnen ist mit gesetzlichen Verboten kaum beizukommen. Die Prohibition hatte dies einmal vergeblich versucht.

Und niemand möge mir erzählen, dass Drogen und Alkohol zu kontrollieren seien. Dazu habe ich zu viele daran zugrunde gehen und sterben sehen, die auch dachten, sie hätten sie im Griff. Vielleicht mag dies bei einigen wenigen Menschen auch tatsächlich der Fall sein, aber es ist ein gefährliches „Spiel".

Auch Holger war in seiner Jugend einmal der Meinung, dass Alkohol und Drogen Spaß seien. Doch sein schleichendes Sterben war kein Spaß, es war purer bitterer Ernst. Ich habe niemand mehr leiden sehen als ihn. Er ging, Tag für Tag, durch die Hölle. Bis zum letzten Tag seines Lebens.

Viel Aufmerksamkeit sollte darauf verwendet werden, dass eine Gesellschaft eine liebenswerte ist, damit der Drang sich durch Alkohol und Drogen ablenken zu müssen, um durch den Tag zu kommen, so gering wie möglich gehalten wird. Vor allem, wenn der Tag durch ein mieses hartes Arbeitsumfeld geprägt ist.

Zu beachten ist, dass durch Alkohol und Drogen keine falsche Konditionierung stattfindet, dass etwa immer zu diesen gegriffen wird, wenn man schwierige Momente im Leben erlebt und so das Schwierige mit ihnen verknüpft wird.

Unendlich besser ist es, schlechten wie guten Zeiten gleichgültig zu begegnen und damit gut und schlecht zu überwinden, d.h. jeden Moment im Leben als gut zu begreifen. Auch die schlechten Momente. Dann wird dem Schlechten die beste Antwort gegeben, und das Schlechte erhält einen Sinn, wodurch das Schlechte vielleicht gar nicht mehr schlecht ist.

Selbstverständlich ist dies oft alles andere als einfach, wie ja auch ich, etwa im Obdachlosenheim, oft erfahren musste. Dennoch ist es die einzuschlagende Richtung. Was Schwierigkeiten hat, ist immer nur das Ego.

Das aber ist der Mensch nicht. Hier liegt der Ansatzpunkt das Schwierige zu meistern, d.h. in dem Ablegen des Egos die Leichtigkeit des Seins zu erfahren. Und damit das Glück, das von den Umständen, den Widrigkeiten des Lebens, unabhängig ist.

Klar ist, dass durch eine falsche Konditionierung die Entfernung zu Gott, d.h. dem Bedingungslosen, vergrößert wird. Und damit auch zur Liebe. Da Gott aber, wie oben beschrieben, nicht relativ ist, findet hier etwas Interessantes statt, nämlich dass das Mehr als Gott Gott ist, d.h. Gott immer in sich bleibt. Die Steigerungsform von Gott ist also Gott. Das Absolute kann nicht gesteigert werden, weil es schon absolut ist. Man kann sich von Gott also nicht entfernen. Damit aber kann jeder Mensch, auch wenn er sich noch so weit von Gott entfernt hat, wieder zu ihm zurück. In dieser Paradoxie liegt große Hoffnung für jeden Menschen. Ohne sie wäre er verloren.

Ein weiterer Gedanke, den ich für wichtig halte, ist einer, auf den auch der große Psychoanalytiker Erich Fromm (1900 - 1980) hingewiesen hat. Er nennt das Beispiel eines Menschen, der eine schöne Blume betrachtet und sie haben will. So pflückt er sie, wodurch er sie allerdings zerstört. Das was er wollte, ist nicht mehr das, was er wollte.

Da ist der andere Mensch, der ebenfalls eine schöne Blume betrachtet, doch statt sie zu pflücken, um sie zu haben, genügt es ihm, die Blume zu transzendieren. Der eine hat die Blume, der andere ist die Blume.

Letzterer belässt sie. Er muss sie nicht haben, sondern ihm genügt es, dass sie auf dem Feld steht und blüht. Er ist froh, dass sie dort ist, wo sie hingehört. Nur er besitzt die Blume wirklich. Ein Besitz, der nicht zerstört. Ein gewaltloser Besitz.

Dieses Besitzen ohne zu besitzen, sodass also das Ohne, sprich Gott, besitzt, gilt, um ein weiteres Beispiel zu nennen, auch für die widerlichen Trophäenjäger, die Wildtiere schießen. Dem menschlichen Menschen ist es am liebsten, diese edlen Geschöpfe springen putzmunter in der Wildnis herum, statt als totes Fell an der Wand zu hängen. Das versteht er unter Besitz.

Möchte der Mensch den Materialismus an sich überwinden, so muss er die Dinglichkeit der Welt erkennen, dass also die Welt, wie auch der eigene Körper, nur gedacht sind. Sie nur Gedanke sind. Je mehr der Mensch meint von der Welt getrennt zu sein, umso mehr wird er sie verraten und verkaufen. Dem Unbezahlbaren ein Preisschild umhängen. Erkennt er aber die Welt als seinen Körper, so ist er die Welt, d.h. nicht er ist in der Welt, sondern die Welt ist in ihm, und er setzt aus dieser absoluten Nähe zu ihr, dem Einssein, alles daran die Unbezahlbarkeit der Schöpfung zu bewahren.

Sicherlich sind diese Ausführungen nicht abschließend, dennoch möchte ich zum Schluss kommen. Und zusammenfassen mit dem Satz: Stell Gott in den Mittelpunkt einer Gesellschaft, und alle Dinge ordnen sich so, wie sie sein sollen. Eine natürliche Ordnung entsteht. Eine, in der Gott der Anreiz zum Tun ist, nicht das Geld.

Aber ist eine solche Gesellschaft, ein solcher Staat, denn dann nicht ein Gottesstaat? Es ist ein Gottesstaat, in dem Gott aber keine Rolle mehr spielt. Zurück bleibt die liebevolle Gesellschaft, die Gott (und damit auch die Religion) überwunden hat. Und diese Überwindung, die ist dann Gott. Gott tritt für Gott zurück.

Steht Gott im Mittelpunkt bedeutet dies, dass jeder Punkt Mittelpunkt ist. Dies hängt mit der nicht vorhandenen Relativität Gottes zusammen. Damit aber steht jeder Mensch im Mittelpunkt. Oder anders ausgedrückt: Jeder einzelne Mensch ist der Staat. „L'État, c'est moi!" gilt für jeden. Jeder ist König in der liebevollen Gesellschaft. Jeder ist etwas besonderes, jeder ist König unter Königen. Keiner ist beliebig. Keiner ist ausgegrenzt.

Dass jeder Punkt Mittelpunkt ist, ist die beste Vereinigung von Zentrale und Fläche, wie sie auch von Bundestag und Bundesrat angestrebt wird. Jeder Punkt ist Zentrale und Fläche. Eine Ghettobildung ist nicht möglich.

In dieser Gesellschaft gibt es keinen rechtsfreien Raum, d.h. keinen gottfreien Raum. Gott also ist das Recht. Aber kollidiert dieses absolute Recht denn nicht mit dem Grundgesetz? Nicht wenn das Grundgesetz Artikel 1 folgt, nämlich dass die Würde des Menschen unantastbar ist. Dann folgt das Grundgesetz der oben erläuterten Unteilbarkeit, die Gott ist. Gott und Würde „berühren" sich. Sie sind dasselbe absolute „Material".

Alles hängt also von Gott ab und unserem Streben ihn zu erkennen. Je tiefer, desto besser. Eine liebevolle Gesellschaft beginnt und endet mit ihm.

So ist es schlecht den Menschen nicht zur Ruhe kommen zu lassen, indem er ständig kämpfen muss, damit er über die Runden kommt. Dies erschwert ihm in die Stille zu gelangen. Dort wo Gott zu finden ist.

Die Liebe, die Gott ist, ist das einzige Mittel gegen Armut.

Ralf Scherer

Weitere Bücher von Ralf Scherer

Erschienen im BoD-Verlag sind:

Der Liebende ist kein Sünder, Zen-Erfahrungen

„Alles, was ich weiß, ist Gott", Zen in Frage und Antwort

Kôan Mu, Erfahrungsbericht und Einordnung

„Adolf Hitler", Eine zen-buddhistische Betrachtung

Website

Ralf Scherer betreibt die zen-buddhistische Website:

„Es (abs.), Nicht"

https://sites.google.com/site/esabsnicht